大夏书系·教学艺术

小学语文名师教学艺术
（第二版）

雷玲 主编

华东师范大学出版社

图书在版编目(CIP)数据

小学语文名师教学艺术/雷玲主编. —2版. —上海:华东师范大学出版社,2012.8
ISBN 978-7-5617-9900-0

Ⅰ.①小… Ⅱ.①雷… Ⅲ.①小学语文课—课堂教学—教学研究 Ⅳ.①G623.202

中国版本图书馆 CIP 数据核字(2012)第 211619 号

大夏书系·教学艺术

小学语文名师教学艺术(第二版)

主　　编	雷　玲
策划编辑	李永梅
审读编辑	周　莉
封面设计	戚开刚
责任印制	殷艳红
出版发行	华东师范大学出版社
社　　址	上海市中山北路 3663 号 邮编 200062
网　　址	www.ecnupress.com.cn
电　　话	021-60821666　行政传真 021-62572105
客服电话	021-62865537
邮购电话	021-62869887　　地址　上海市中山北路 3663 号华东师范大学校内先锋路口
网　　址	http://hdsdcbs.tmall.com/
印刷者	北京密兴印刷有限公司
开　　本	700×1000　16 开
印　　张	16
字　　数	260 千字
版　　次	2014 年 4 月第二版
印　　次	2022 年 8 月第八次
印　　数	21 101－23 100
书　　号	ISBN 978-7-5617-9900-0/G·5872
定　　价	32.00 元
出版人	朱杰人

(如发现本版图书有印订质量问题,请寄回本社市场部调换或电话 021-62865537 联系)

目 录

1. 郭学萍：从诗歌里走出来的童话老师　　　　　　1－36

画外音
从诗歌里走出来的童话老师　　　　　　　　　　　　2

课堂教学艺术
之一：童话教学——登上童话列车，任想象轻舞飞扬　　5
之二：童诗教学——风过声起，情飞满天　　　　　　7
之三：阅读教学——撑语言的长篙，向思想更深处漫溯　　11

经典课例
演绎母语教育的哲学　　　　　　　　　　　　　　15

观　点
我们追求什么样的语文课堂　　　　　　　　　　　25

解　读
诗意·童心·真情　　　　　　　　　　　　　　34

2. 孙双金：情智课堂   37－66

  画外音
    把课堂变成点石成金之地   38

  课堂教学艺术
    之一：引导不着痕迹   40
    之二：轻松但不失深邃   41
    之三：上课如领学生登山   43
    之四：把自己巧妙地"藏"起来   45

  经典课例
    创造性，情智语文之魂   47

  观　点
    情智语文的工具性和人文性   62

  解　读
    独特的教学风格源于文化底蕴   63

3. 王崧舟：精致大气的诗意课堂   67－96

  画外音
    王崧舟超越着王崧舟   68

  课堂教学艺术
    之一：读出画面——教学构思的超越   69
    之二：让学生自己提问——教学模式的超越   71
    之三：情与情的谐振——教学艺术的超越   73
    之四：反教案——教学习性的超越   75
    之五：归于平淡——教学风格的超越   77

经典课例
　　王崧舟阅读教学经典课例集锦　　　　　　　　　　79

观　点
　　徜徉在诗意语文之途　　　　　　　　　　　　　85

解　读
　　欲把西湖比西子　　　　　　　　　　　　　　　87

4. **张祖庆：简约而丰满，扎实而灵动的语文课**　97－124

画外音
　　士不可以不弘毅　　　　　　　　　　　　　　　98

课堂教学艺术
　　之一：入课，简而丰，实而灵　　　　　　　　　100
　　之二：巧引学生会思考　　　　　　　　　　　　106
　　之三：在猜想中诱发期待　　　　　　　　　　　110

经典课堂
　　无中生有也精彩　　　　　　　　　　　　　　　112

观　点
　　语文能够做什么　　　　　　　　　　　　　　　116

解　读
　　让孩子的心灵自由飞翔　　　　　　　　　　　　120

5. **闫学：语文就是人"道"**　　　　　　　　　125－156

画外音
　　其课如茶　　　　　　　　　　　　　　　　　　126

课堂教学艺术

之一：导课如"暖壶"   127

之二：品读"一唱三叹"   129

之三：结课"余音绕梁，三日不绝"   133

经典课例

一堂好课的场效应   135

观　点

语文就是人"道"   146

解　读

由语文看闫学   152

6. 何捷："写作本位"的阅读教学　　　157－194

画外音

印象何捷   158

课堂教学艺术

阅读教学当以写作为本位   160

经典课例

让"白鹅"活在眼前，活在心里   168

观　点

让孩子喜欢语文课的秘密   181

解　读

一言一行关语文　一心一意为学生   189

7. 盛新凤：雅俗共赏之美的"和美语文"　　　　　195－216

画外音
雅俗共赏之和美　　　　　　　　　　　　　　　　196

课堂教学艺术
之一：朗读，大雪无痕　　　　　　　　　　　　　197
之二：怎一个"美"字了得　　　　　　　　　　　201
之三：课堂中的"水墨诗情"　　　　　　　　　　204

经典课例
美丽流淌于诗情画意间　　　　　　　　　　　　　207

观　点
盛新凤课堂教学感悟　　　　　　　　　　　　　　211

解　读
语文课堂的审美追求　　　　　　　　　　　　　　212

8. 周益民：诗化语文教学　　　　　　　　　　　217－245

画外音
一位走在路上的追梦人　　　　　　　　　　　　　218

课堂教学艺术
之一：无法预约的精彩　　　　　　　　　　　　　220
之二：没有"围场"的课堂　　　　　　　　　　　222
之三：在阅读中拔节　　　　　　　　　　　　　　224

经典课例
给心灵寻找一块栖息地　　　　　　　　　　　　　229

观　点
　　让语文课堂成为儿童"梦"的故园　　　　　　　　　　236

解　读
　　诗化语文与语文教学的审美化　　　　　　　　　　　240

1. 郭学萍：从诗歌里走出来的童话老师

郭学萍，小学语文特级教师。她又名"长辫子老师"。现任南京市下关区第二实验小学副校长。曾获江苏省优秀教育工作者、江苏省基础教育课程改革先进个人、南京市知识型女职工十大标兵、全国课题实验研究先进工作者，"全国优秀案例评比一等奖"、"江苏省优质课竞赛一等奖"、"南京市课堂教学优质课竞赛一等奖"、"南京市课外阅读优质课竞赛一等奖"、"南京市首届教师网络范文大赛第一名"、"南京市首届基础教育教学成果一等奖"等荣誉。二十多家媒体对她进行过专栏报导和介绍。《教师博览》的首批签约作者，出版了个人专著《诗意语文 博客春秋》，累计发表文章100多万字。

画外音

从诗歌里走出来的童话老师

先在杂志上看到她的许多文字,然后才在生活中见到她本人。

她的文字灵动而诗意,像一泓活泼的清泉,流淌着对语文的挚爱与深情。见到她的时候,她正站在教室里,满心喜悦地凝望着她的学生,快乐而从容。

她用自己的方式解读新课标 75 首古诗

有些诗,需要在琵琶声里,缓缓念出。这声音不能靠近,犹如月色花影,它是芬芳的,空灵的,娴静的,带着春意的欢喜泊在江南的绿韵中。有些诗,需要伴着舞蹈而行。弦声切切,舞姿翩跹,有多少婉转缠绵,在水袖轻舞间,春去夏来。

江南的夏日,离不开一池池清荷。碧绿的荷叶,玉石翡翠般挤满荷塘。是怎样的一种繁茂与旺盛啊!你听,窸窸窣窣的声音响起,一群采莲的姑娘翩然而至。她们素衣罗裙,低眉含笑,婉转的姿态,如荷叶间散出的古典的沉香……

——选自《漫读古诗》(江苏美术出版社)

这是郭学萍在以自己的方式解读 2011 年版《义务教育语文课程标准》推荐背诵的 75 首古诗。《江南》这样一首浅近直白的汉乐府,经过郭学萍的妙语解读,变得余音袅袅,韵致无穷。她的文字犹如她的人一样,单纯,诗意,美好。

"读一首诗,犹如赴一场精神的华宴。因为每个人的阅历、学识、爱好、心境皆不同。面对同一首诗,会产生迥然相异的理解。有人说《晓出净慈寺送林子方》是一首纯粹的写景诗,我却认为这不是一首单纯的写景诗,诗人言在此,而意在彼。"郭学萍娓娓而谈,丰厚的古诗文积淀,使她的古诗解读清新如此,深刻如此。

她用童话把学生变成自己的小"粉丝"

五月的麦田像金色的海洋,在纯净的阳光里翻滚。热烈的夏蝶汹涌而至,麦田里吹过幸福的风。

长辫子老师像孩子一样,在麦田里奔跑,风扬起她白色的裙角,整齐的刘海趴在额前。她的发梢上用粉色的手绢扎成一个好看的蝴蝶结。跳跳鼠就站在蝴蝶结上,扯着脖子唱起了歌:我叫跳跳鼠/从来就不爱读书/只要一提起做功课/闭上眼睛就打呼噜/只要一提起做游戏/那是一点也不含糊……

所有的孩子都跟着唱了起来。麦浪滚滚,欢乐的情绪奔腾到每一个角落。

——摘自郭学萍《星期八》

所有见过郭学萍的人,一定会被她甜甜的笑容深深地打动。曾有人担心,像她这样整天生活在童话里的人如何能管住孩子。然而事实和人们猜想的完全不同,她就像一个有魔法的仙子,能让每一个孩子都情不自禁地爱上她,爱上语文。

"我当然相信严师出高徒,我也相信不打不成材,可是,我更欣赏凭借教师的个人魅力征服学生。班级管理不是一项技术活儿,心灵的交融才是最重要的。教育,更多时候是一种了然无痕的浸润。"从与郭学萍的交流中,你总能感受到这份深深的从容和自信。曾经在期刊上连载了五年童话的她,就像那个永远也长不大的彼得潘,永远住在儿童的世界里。是童话,让她和孩子们彼此相拥。

她像"炖老母鸡一样"教会学生写作文

早就听说南京市下关第二实验小学有一个不可思议的长辫子老师,她班上的学生个个都是"小书迷",光是把近期的读书单列出来,就足以让你惊叹不已。许多世界级名著都成了班里人人皆知的"班书",有的人甚至读了几十遍依然爱不释手。《世界上最伟大的推销员》、卡耐基《人性的弱点》、《菜根谭》等许多成人都不愿意去读的书,却是他们的枕边书,涉猎范围之广远远超出对小学生的界定。这个绝大多数同学都在各类报刊上发表过作品,多数同学在全国、全省、市、区范围内展获奖项无数的班级,堪称"奇迹"。对于他们来说,读书和吃饭、睡觉一样,是日常生活中必不可少的环节……

——摘自一个记者的手记

如果你想了解郭学萍作文教学的秘诀,她会毫不隐瞒地告诉你:"功夫在诗外!"她会在开学第一天,给孩子们讲诺贝尔文学奖获得者略萨的故事;她会在期末复习的时候,向孩子们介绍冯友兰的《我的读书经验》、鲁迅的《随便翻翻》、王蒙的《学习是我的骨头》;她会在临近小升初之际,让全班每一个孩子都走上讲台,做阅读小导师,进行名著交流分享。

"我的语文作业一贯偏少,机械性的抄写更是少而又少。虽然在应试教育大行其道的当下,分数固然是每一位教师不敢忽视的要素,但是,语文教学除了我们想要的分数外,一定还有更重要的东西,比如兴趣、习惯、热情、能力等。'任尔东西南北风,我自岿然不动',在教育集体浮躁的当下,只有放慢脚步,才能真正领略语文学习过程中的润泽和芳香。"说这些话的时候,我能深刻地感受到郭学萍骨子里的那份韧劲和坚持。

她就是那个快快乐乐的"童诗"推广人

郭学萍老师:人家称你辫子老师,你的课堂里,满含了甜蜜。戴达老师赠你的诗《花儿》写得太好了,我稍稍改动了几个字,已得到他的同意。鲁守华的网站,将专发老师写的诗,它是"中国童诗"发展的希望所在。中国的童诗诗人群,将在这里诞生,他们是明天的叶圣陶、陈伯吹。对此,我满含期待。你的一堂讲诗课,使我感觉到,春天就从这里飞来!顺致:我的敬意,我的感谢!

——摘自圣野的一封信

这是中国当代儿童诗诗坛的泰斗,九十岁高龄的"老诗娃娃"圣野写给郭学萍的一封信。郭学萍在第四届中国童诗年会上上了一节童诗欣赏创作课《听,夏的声音》,让这位"老诗娃娃"备受感动。他鼓励郭学萍进行童诗创作,为儿童诗教学的发展与推广做出自己的努力。

"儿童诗是最贴近儿童的文学样式。让儿童诗进入教学现场,唤醒儿童的想象力和思辨力,增强儿童语文学习信心和兴趣,是一件多么有趣而又有意义的事啊!"谈起儿童诗,郭学萍兴致高昂,"正如我们的习作课不是为了把每一个孩子都培养成作家,指导孩子写诗,也并不是要让所有的孩子都成为诗人。儿童诗教学的根本目的,是让孩子拥有一颗诗意的心灵,将自己融入社会,融入生活,学会去观察、思考、想象,并从中学会表达。"

郭学萍自信的话语让我相信:只要她和孩子们坚持走过这样一段诗意的旅程,不但沿途能看到美丽的风景,而且尽头一定会有更多美好的东西等待着他们。(江苏省南京市理工大学附属小学 袁永红)

课堂教学艺术

之一：童话教学——登上童话列车，任想象轻舞飞扬

《飞翔的童话》教学片段

师：时间过得可真快呀！不知不觉这辆童话列车已经到达想象岛。在想象岛的正前方，有一棵巨大的圣诞树，这可不是一般的圣诞树噢！仔细看看，这棵树和你平时看到的圣诞树有什么不同？

生：这是一棵长满童话的圣诞树！

师：想看看这些童话吗？那就跟我来吧！

（教师根据学生的自主选择，随机交流圣诞树上的四本童话书，这里只列举两本书的教学片段）

《爱德华的奇妙之旅》

师：看看这本书的封面，你能知道这本书的主人公爱德华是谁吗？

生：一只兔子。

师：准确地说，是一只有着人一样心思的瓷兔子。

师：（出示书中最前面的一幅插图）找一找，爱德华在哪里？

生：他正坐在窗口。

师：我们现在只能看到他的背影，猜猜看，他在干什么？怎么会一个人坐在窗口呢？

生：他正在看窗外的风景。

生：他很寂寞，正在等待主人回来。

生：他也许在回忆曾经的快乐时光。

师：（出示书中的部分插图，共六幅）这注定是一只不同寻常的兔子，看看书中的这些插图，猜猜看，发生了什么事情？

生：小瓷兔子被一只凶恶的大狗叼起来，简直太危险了！

生：小瓷兔子好像被什么人扔进了大海。

生：一个流浪汉模样的人把小瓷兔子放在自己的膝盖上，他们面对着火堆，

可能在交谈着什么。

师：（出示书中结尾部分的最后一幅插图）看看此时爱德华在哪里。

生：坐在一个货架上。

师：如果仔细看的话，你还会发现，他的脸上有了很多裂痕，这究竟是怎么回事呢？

生：可能是那只大狗咬的。

生：可能是小主人不小心摔的。

（出示书中的一段文字，请学生读）

多少个季节过去了，秋而后冬，冬而后春，春而后夏。树叶从商店敞开的门吹进来，还有雨，还有春天的绿色的充满希望的充沛的阳光，人们来来往往。

爱德华在等待着。

季节更迭，年复一年。

爱德华在等待着……

师：爱德华在等待什么？是像《小王子》中的那只等爱的小狐狸吗？是像那个等着燕子飞来把自己带出鼹鼠洞的拇指姑娘吗？

生：爱德华在等待他的小主人把他带回家。

师：在爱德华的这次奇妙旅程中，有的是愉快的经历，有的则是痛苦的回忆；有的人对他很好，有的人对他毫不在意，有的人对他很粗鲁……如果没有爱，一个故事如何会有幸福的结局？这本书的作者是美国当代童书界最耀眼的明星迪卡米洛，她写过《傻狗温迪克》、《浪漫鼠德佩罗》，并且凭借《浪漫鼠德佩罗》夺得当年纽伯瑞文学奖金奖。

《兔子坡》

师：一看书的封面就知道，这个兔子坡肯定是个不同寻常的地方，这坡上的居民会是谁？

生：是一群小动物。

师："有一户新人家要来了！"这个消息像一枚重磅炸弹，在兔子坡上炸开了。小乔奇跌跌撞撞地跑下兔子洞，当他重新躺回温暖的草堆中时，便开始唱起他的歌来：新人家来了！嗨哟！/新人家来了！嗨哟！/新人家来了！嗨哟！/嗨哟！嗨哟！

师：这是一首简单的歌，没有很多歌词，也没有很多音符，很多人都会觉得单调，但是却十分合小乔奇的口味，请同学们用自己熟悉的旋律大声唱这首歌。

（生打着节拍大声唱）

师：请同学们再用自己熟悉的旋律小声地唱这首歌。

（生打着节拍小声唱）

师：就这样一口气唱了四遍。一开始，只是小乔奇一个人在唱。

（一个人站起来唱）

师：后来，兔子坡的居民都跟着唱了起来。

（全班一起唱）

师：新人家究竟是谁？新人家来了之后，又会发生些什么呢？小乔奇和兔子坡的居民在书中等着你们呢！

评析

郭老师的课堂，让我惊讶！她仅仅用三十分钟的时间，就完成了那么多童书的引领。这份大餐，没有学生会拒绝。郭老师的语言极具唤醒力，那诗性的语言就像母亲早晨叫醒孩子的声音，被叫醒的孩子，就像听到集合号的士兵一样。在她的课堂上，学生的心灵是自由的、飞翔的，他们始终情绪饱满，又满含期待地听着郭老师介绍童话书。每一本书，郭老师都选取了一个特别的角度、一个特别的切入点，就那么轻松地、不着痕迹地把孩子们的阅读兴趣鼓荡到了极致。

这样的童书推荐课，本身就是一个童话！（香港教育学院　叶建源）

之二：童诗教学——风过声起，情飞满天

《风》教学片段

一、听风

（多媒体播放：寒风的声音）

师：听，你们听到了什么？

生：我听到了北风呼啸的声音。

生：我听到了凛冽的寒风在呼呼地刮着，发出狼嚎般的声音。

师：闭上眼睛，你们看到了什么？

生：我看到了风猛烈地吹着，吹弯了小草，吹折了大树，人们像鱼一样逆风而行，每一步都是那么艰难。

生：我看见卖火柴的小女孩赤脚走在寒风中，她的手脚红通通的，像透明的胡萝卜，她的嘴唇冻得乌紫。

生：真是太冷了，我缩着脖子，裹紧衣服，风像刀一样割在我的脸上，好疼啊！

师：这情景让我想起"千里黄云白日曛，北风吹雁雪纷纷。"

（多媒体播放萨克斯演奏的《望春风》）

师：再听，你们又听到了什么？

生：我听到了柔和的春风悄悄地向我们走来。

生：我听到了明媚的春光里花儿绽放的声音。

师：这段萨克斯演奏的乐曲，名叫"望春风"，在这段优美的旋律中你们看到了什么？

生：我看到阳光像流水一样从天边流过。

生：我看到露珠从花瓣上跌落下来。

生：我看到了繁星一样雪白的梨花，在春风中欢笑。

师：把梨花想象成漫天的星星，多么有创意的表达啊！这一树一树的星星，不仅多而美，还散发着甜甜的香味呢！你见过带着香味的星星吗？它就开放在四月的梨花枝头，它就居住在想象的天空里。

二、赏风

（多媒体出示诗句：我们应该感谢春风，是它，给我们送来了一个粉嘟嘟、甜滋滋的春天。）

师：读了这首小诗，你们想说什么？

生：春风原来是有味道的，也有颜色，还有形状。

师：春风有颜色，那是什么颜色？

生：粉嘟嘟的，像桃花一样的颜色；嫩黄嫩黄的，像柔柳一样的颜色；暖暖的橘色，像太阳一样的颜色……

师：春风是有味道的，那是什么味道？

生：香香的，桃花的味道；淡淡的，青草的香气息；浓浓的，玉兰花的味道；醉人的，蔷薇的味道……

师：春风也有形状，那是什么形状？

生：春风的形状像丝绸一样；春风像妈妈的手，柔柔的，软软的……

师：是啊，"吹面不寒杨柳风"，这是春天的风，那么夏天的风、秋天的风、冬天的风又给人怎样的感觉呢？

生：夏日的午后，静静的荷塘，没有一丝微风。荷花才不怕呢，它开出娇丽的花朵，给人们送去一丝丝清凉。这时候，它仿佛觉得自己就是——夏日无言的风。

生：秋风，这个装腔作势的理发师，不会剃头，却把树儿的绿头发染得枯黄。看看实在不像样，又一束束，一束束地，把树儿的头发剃得精光。

生：呼啸的北风，撕破了天妈妈的大棉袄，掉下大片大片的棉絮。我要拿一个小布袋，把它们装起来，做成雪花枕头，这样，每个夜晚，我都能梦到白雪公主了。

师：不同季节的风有着不同的个性，不同人心中的风有着不同的感情。

三、寻风

师：让我们一起，把手掌打开，再慢慢合上，然后用心感受一下，风里究竟有些什么？

生：风里有蝉儿的鸣声。

生：风里有稻花的香味。

生：风里有思念的味道。

生：风里有遥远的祝福。

……

师：感受了风的气息，让我们再一起去寻找它的踪迹，你们看见它了吗？

生：我看见风了，它在草地上走过，小草们高兴得摇头晃脑。

生：我看见风了，它在树林里钻来钻去，弄得树叶哗啦啦直响。

生：我看见风了，它到处闲逛，累得气喘吁吁，可是还不肯歇脚。

师：在同学们的眼里，这哪里是风，这分明是一个活泼可爱的孩子。打开诗歌那双奇妙的眼睛，你们一定还能看到什么？

生：我看见秋风奔跑时鼻尖上渗出的汗珠。

生：它会把花瓣儿从枝头拽下来。

生：它把小姑娘头上的帽子摘下来了。

生：它鼓起腮帮子，把金色的稻田吹得浪涛滚滚。

四、写风

师：通过刚刚的交流，你们发现儿童诗有什么特点？

生：儿童诗是儿童自己的诗，很简单，也很有趣。

生：儿童诗中有着无边无际的想象和无穷无尽的快乐。

生：儿童诗是无拘无束的，像风一样自由、生动、活泼。

生：儿童诗是活生生的，充满了勃勃生机。

师：诗是什么？诗就是每个人心底流淌出来的最自由的声音。下面，就请同学们拿起手中的笔，把你看到的风，闻到的风，触摸到的风，以及心中想到的风，自由地写下来。

评析：课堂因"丰富"而精彩

做郭老师的学生是幸福的！这是我和身边一位听课老师一直在讨论的话题。如果我是学生，我也愿意听这样的老师上课——轻松、轻盈、轻快，就像一条明媚的小溪，欢快地跳跃在山野，静静地流淌在平地。在这样的境界中，学生如沐春风，生机勃勃！他们畅所欲言，诗性勃发。不知不觉中，40分钟就过去了。

听郭老师的课是幸福的！作为一名年轻老师，有幸听到郭老师的课，我很感动。郭老师扎实的文学功底、深厚的语文素养，令我折服。从这节课中，我学到很多，并一直在思考：为什么郭老师的课堂如此灿烂多彩、诗意奔腾、才情纵横？我想，这应该来自她的——"丰富"。

1. 丰富的教学情感。郭老师热爱写童话，是一个情感极其丰富的人。课堂上，我们看到的郭老师总是笑意盈盈，为孩子一个稚气的错误、一个奇妙的想象、一个夸张的说法……于是我们看不到孩子的拘谨，他们和郭老师一样，笑意盈盈，那一份沉浸和投入，那一份沉醉和忘情，令人怦然心动。只有在这样的课堂上，随时可见孩子敢于超越教师，超越自己的语言，实现诗意的飞翔。

2. 丰富的教学语言。"语言不是蜜，但是可以粘东西。"在课堂上，郭老师声情并茂的朗读，恰到好处的点拨，机智幽默的旁逸，开合自如的迁移，一切都了无痕迹。学生在不知不觉中，受到了濡染，获得了感动。那像山泉一样美丽的声音，停留在我心中，也感动着激发着吸引着孩子们展翅翱翔于儿童诗的天空。

3. 丰富的教学经验。郭老师的教学设计匠心独运，新颖跳脱，整个课堂的教学设计切入点贴近孩子，能激发孩子最大的兴趣，引领孩子去想象，去发展语言。郭老师巧妙的引导和点评，同学们精彩的发言和互动，让大家感受到了一份震撼、一份欣喜。原来，儿童诗可以这样轻松地走进孩子们的心灵；原来，儿童诗可以像"魔法树"一样，牢牢抓住孩子们的心。

4. 丰富的阅读积累。我想这一定是郭老师自己的班级，是一群和郭老师一样的爱读书的人，是一群有着深厚语言底蕴的孩子，因为我闻到了浓浓的书香。感受到的是自信和激情，领会到的是对自己、对老师、对亲人、对生活的热爱！没有日积月累的读书、厚积，要薄发出这样的课堂，要生成这样的精彩是不可能的。（江苏省南京市理工大学附属小学　袁永红）

之三：阅读教学——撑语言的长篙，向思想更深处漫溯

《爱如茉莉》教学片段及点评

师：同学们，先看老师在黑板上写一个字，一起读——"爱"。

师："爱"，是一个温暖的字，如三月的春风，能融化寒冷的冰雪。让我们一起轻声地读——"爱"。

师："爱"，是一个博大的字，如高山流水，江河飞瀑。让我们一起大声地读——"爱"。

师："爱"，是一个深情的字，如慈母手中线，游子身上衣，蕴涵着心与心彼此的感动。让我们一起深情地读——"爱"。

[点评：人的情感总是在一定的情境中产生的，这就是"触景生情"。在教学中，郭老师正是凭借单字"爱"与创设的一个个相应的情境，调控、生发出学生的情感，内化为他们自我的情愫，为理解下文中父母之间的"关爱"铺陈垫设。]

师：每个人对"爱"的感悟、理解都不一样，每个人都试图在自己的生活中找到满意的答案。今天这节课，我们就一起来学习一篇关于"爱"的文章，题目就是——"爱如茉莉"。（师板书课题）

师："茉莉"是两个生字，通过预习，谁已经会写这两个字了？请上来写在黑板上，并介绍记住"茉莉"这两个字的方法。

生1：我是这样记住"茉"字的：它是上下结构，茉莉是一种植物，所以它是草字头，下面是"末"，也是这个字的读音。

生2：我记"莉"字的方法跟记"茉"字的方法是一样的：它是上下结构，它也是草字头，下面的"利"是这个字的读音。

师：刚才两位同学是根据形声字的构字特点来记住这两个字。现在请大家试着根据形声字的构字特点学习生字，你还记住了哪些字呢？

（学生依据这个方法分别记住了"掏"、"揉"、"胳"、"膊"四个生字）

生："掏"、"揉"都是表示动作的词语，所以都是提手旁。

生："胳"、"膊"都是月字旁，古时候月字旁的字都和肉有关，表示身体的一部分。

师：请大家在书上描红、临写这四个字。

[点评：从课程计划标准的"总目标"和年段目标中，我们都能找到有关识字、写字的具体要求。虽然是高年段的学生，但郭老师仍旧遵循着"学生是语文学习的主人"这个原则，让学生掌握"双基"，"注重培养学生自主学习的意识和习惯"，鼓励学生选择适合自己记忆的方式来识字，从学生已有的生活经验，"教给识字方法，力求识用结合"。]

师：请大家初读课文，找出课文中描写茉莉花特点的词语，找到后圈出来。

生：平淡无奇、洁白纯净、幽香缕缕、充满诗意。

[点评：郭老师根据高年段学生的学习特点，要求他们运用自己的阅读方法和能力，联系上下文，对课文的主体内容作出正确的判断，并以词的形式作出鉴赏，为下文真正欣赏词句的内涵，体会其表达效果作前期的准备。]

师：生活就像流水一样，平淡无奇，波澜不惊。可是有一天，妈妈生病了，就如一粒石子投入了水中，平静的水面顿时漾起圈圈爱的涟漪。下面就请同学们快速浏览全文，看看课文从哪一小节到哪一小节写的是妈妈病中的事情？

生：课文的第6小节到第17小节写了妈妈病中的事情。

师：下面，就请同学们默读课文的6—17小节，找出使你感动的细节，用横线画出来。并选择一个最打动你的细节，读给你的同伴听。注意：要读出你的感情，读出你的感动。

[点评：这是一篇叙事性很强的作品，郭老师在学生充分阅读的基础上，突出重点段落，从而找出"使你感动的细节"，这也符合课标对于高年段的要求："描述自己印象最深的场景、人物、细节，说出自己的喜欢、憎恶、崇敬、向往、同情等感受。"]

生：第二天早晨，妈妈用虚弱的声音对我说："映儿，本来我答应今天包饺子给你爸爸吃，现在看来不行了。你呆会儿就买点现成的饺子煮给你爸吃。记住，要等他吃完了再告诉他我进了医院，不然他会吃不下去的。"

师：让你最感动的细节是哪儿呢？

生：大家看这个句子中"虚弱"这个词，它的意思是身体不结实，疲弱无力。妈妈虽然身体不舒服，但仍然关爱着爸爸，从这里我看到了妈妈对爸爸的一片真爱。

师：你能读一读吗？

（生大声朗读）

师：能这样大声地读吗？为什么？

生：不能！因为妈妈身体不舒服，甚至连说话的力气都没有了。

师：你能再朗读一遍吗？

（生压低嗓子再读）

师：普通的饺子，平凡的小事，看上去是那么的平淡无奇，却饱含着妈妈对爸爸真切的爱。

[点评：郭老师在此环节中以读带"情"，关注细节描写。叶圣陶先生曾提出"美读"的要求，即把作者的感情在读的时候传达出来，激昂处还他个激昂，委婉处还他个委婉，诸如此类。郭老师采用的便是"美读"教学，引导学生进行"美读"，使学生正确地把握语言文字的"美"，从而调动学生的听觉和思维，使文章中的人物、情景跃出纸面，浮现于眼前。]

生：（有感情地朗读）"然而，爸爸没有吃我买的饺子，也没有听我花尽心思编的谎话，便直奔医院。"

师：这个语句又为什么让你感动呢？

生：这个句子中的两个"没"和一个"奔"体现出了爸爸对妈妈的关心。

师：文章的细节就像电影中的特写镜头，下面就请同学们张开想象的翅膀，想象爸爸"直奔"医院时是怎样的一幅情景。你能感受到爸爸当时是什么样的心情？

生：我能想象到爸爸飞一般的动作。

生：我似乎看到了爸爸焦急的神态，而且奔跑的速度非常快。

生：爸爸此时一定很着急，也可以看出他对妈妈的关心、体贴，这份茉莉般的爱看似平淡却情真意切。

师：让我们把镜头拉近，对准爸爸，大家仔细看，看到了什么？

生：我看到爸爸的额头上渗着颗颗汗珠，鼻尖上也渗着细小的汗珠。

生：我看到爸爸的两颊因为急速奔跑而变得通红通红。

生：我听到了爸爸呼哧呼哧大口喘气的声音，他的眉头拧成了疙瘩，心也揪得紧紧的。

师：爱是什么？爱就是这份默默的关心和牵挂。爱，不是空洞的口号，爱，就表现在每一个细节之中。

生：似乎是我惊醒了爸爸。他睡眼蒙眬地抬起头，轻轻放下妈妈的手，然后蹑手蹑脚地走到门边，把我拉了出去。

师：读一读这段话，哪个词语，或者哪个动作打动了你？

生：我印象最深的是爸爸"轻轻"的动作。他"轻轻放下妈妈的手"主要是不惊扰妈妈的睡眠，为了让妈妈多休息，好得快些。

生：我印象最深的是爸爸"蹑手蹑脚"的细节。这个词形容爸爸走路时脚不出声，可以看出爸爸照顾妈妈时的细腻，也可以看出爸爸对妈妈的爱。

师：爱是一堆细节，从这堆细节中，我们感受到了爸爸对妈妈的爱，就像那素雅洁白的茉莉花瓣，细腻而柔美。

[点评：为了更好地理解"爱"，郭老师在本处教学的过程中，紧紧围绕重点"字词"，将之作为突破口，如"没"、"奔"、"轻轻"、"蹑手蹑脚"，结合学生的朗读、想象，加强了学生语感的训练，提高了学生对语言文字的理解能力，发展了学生的认识能力，多角度、多方位地关注细节。]

评析

郭老师的这堂课，从教学流程看，无论是揭示课题时对"爱"字的解读，还是感受细节时对"细节"的诠释，或是最后归纳延伸时对"爱"的升华，还有标点的玩味和课间穿插的语言，都非常精心和精致。我曾胡乱地想：就这篇课文，如果我有你郭学萍这样的素质，课堂上我就不让学生说一句话（偏激了点），只是老师动情地讲（用上你所有精心的预设），讲到合适处让学生动情地读。我想学生对这篇语言文字也会感悟良多，对这堂课也会终身有印象的。也许有人要问：这怎能体现学生的自主性呢？新课标下的课怎能这样上呢？嘿嘿，那我就说不好了。从你的课堂看得出你的学生一定是很爱你，也很喜欢你的语文课，所以很希望你能保持自己的风格。（江苏省南京市百家湖小学特级教师　刘志春）

经典课例

演绎母语教育的哲学
——《灰椋鸟》教学实录及评析

课堂回放

一、歌曲导入，引出作者

（课前多媒体播放《一个真实的故事》，铃声响，画面定格歌词）

> **一个真实的故事**
> 有一个女孩她从小就爱丹顶鹤，
> 在她大学毕业以后她仍回到她养鹤的地方，
> 可是有一天她为了救一只受伤的丹顶鹤，
> 划进了沼泽地里就再也没有上来……

师：同学们，刚刚我们听到的是一首老歌，名字叫"一个真实的故事"，故事中那个为了救一只丹顶鹤不慎陷入沼泽的女孩，名字叫——徐秀娟。徐秀娟一生爱鸟，不惜为鸟牺牲了自己的生命。今天这节课，我们就来学习她生前写过的一篇关于鸟的文章，题目就叫——

生：灰椋鸟。

二、揭示课题，学习生字

师：请同学们拿出手来，跟着我一起端端正正写课题。"灰"是一个半包围结构的字，火字旁，最后一笔捺要写长。"椋"是一个生字，左右结构，写的时候要注意，左窄右宽。"木"的最后一笔变成点，往里收。右边是一个"京"，读的时候可不能读半边音，应该读 liáng 。"鸟"，头顶的羽毛高高翘起，它昂着头，稳稳地站在树枝上。让我们一起把课题连读一遍——

生：灰椋鸟。

师：像"椋"这样的生字，课文中还有两个，指名认读。

(生个别读 椭（tuǒ） 栖（qī））

师："椭"是左中右结构，在写的时候要注意，中间的耳朵旁要窄一些，整个字要写得紧凑一些。"栖"右边第五笔是竖弯，不能写成竖。把这两个生字分别组成词语之后，谁再来读一读。

(生先个别读，后齐读 椭（tuǒ）圆形　栖（qī）息）

三、出示图片，认识灰椋鸟

（多媒体出示灰椋鸟的图片）

师：看，这就是灰椋鸟。它正栖息在树的枝头，让我们一起仔细地看一看，它的嘴——

生：尖尖的。

师：它的背——

生：灰灰的。

师：远远望去——

生：黑乎乎的。

师：有什么好看的呢？然而，就是黄海滩涂这种再普通不过的鸟，在徐秀娟的笔下却那么富有生气，尤其是在灰椋鸟归林的时候。

四、初读课文，整体感知

师：请同学们打开书，快速浏览全文，看看课文中哪些段落具体描写了灰椋鸟归林时的情境。

（生默读课文）

师：谁来说一说？

生：课文的4、5自然段具体描写了灰椋鸟归林时的情境。

师：请同学们自由、轻声地读一读课文的4、5自然段，初步感受一下灰椋鸟归林时的场面。

（生自由、轻声地读课文）

师：如果让你用一个词语来概括当时的场面，你会想到哪个词？请把你想到的词写在黑板上。

（生陆续上黑板板书——）

| 壮观　浩浩荡荡　气贯长虹　排山倒海　气势磅礴　排空而至 |
| 百鸟争鸣　遮天蔽日　铺天盖地　热烈　热闹非凡　喧闹…… |

师：同学们的感受还真不少呢？请大家看看黑板上的板书，哪些词语可以归为一类，为什么？

生：我认为这些词语可以分为两大类，一类描写了灰椋鸟归林时场面的壮观，如：浩浩荡荡、气贯长虹、排山倒海、铺天盖地……另一类写出了灰椋鸟归林时气氛的活跃。如热闹非凡、喧闹、百鸟争鸣……

五、渗透学习方法，品读第4自然段

师：群鸟归林，场面壮观、气氛热烈。现在，就让我们一起轻轻地走进那片树林，走进灰椋鸟的世界，根据自学提示，自学课文的第4自然段。

（多媒体出示学习方法）

> **自学提示**
> 读：默读课文的第4自然段。
> 画：画出你喜欢的描写鸟的句子。
> 思：边读边思，你喜欢这些句子的理由。

（生根据要求自学）

师：谁愿意交流一下。

生：我喜欢"投入"这个词，因为从"投入"可以看出灰椋鸟非常喜欢这片刺槐林，就像孩子投入母亲的怀抱一样，灰椋鸟就是这片刺槐林的孩子。

（多媒体出示两张图片，一张是单株的刺槐，一张是成片的刺槐。）

师：看，这就是刺槐树，每年五月就是槐花飘香的季节。这一棵棵刺槐树，组成了一片刺槐林。在灰椋鸟眼里，刺槐林就像母亲温暖的怀抱，就像它们温馨的家园。谁来读一读这句话。

（多媒体出示）

> 一开始还是一小群一小群地飞过来，盘旋着，陆续投入刺槐林。

（生个别读）

师：请同学们用手势做一个"盘旋"的动作，然后想一想，灰椋鸟为什么要在枝头"盘旋"？

生：也许是先归来的鸟儿在等待后归的鸟儿。

生：也许是贪恋落日的余晖，还想再美美地欣赏一会儿。

生：他们就像一群贪玩的孩子，在回家之前，不忘抓紧时间再玩一玩。

师：这哪里是鸟啊，简直就是一群活泼的孩子！谁接着来聊一聊，还有哪些句子打动了你。

生："没有几分钟，'大部队'便排空而至，老远就听到它们的叫声。"这句话写出了灰椋鸟数量众多，气势磅礴。

师：课文中哪些语句具体描写了灰椋鸟"排空而至"的情景？

生：它们大都是整群整群地列队飞行。有的排成数百米长的长队，有的围成一个巨大的椭圆形，一批一批，浩浩荡荡地从我们头顶飞过。

师：看看文中的这幅插图，有没有把"大部队"排空而至的情景很好地表现出来。

生：我认为基本表现出来了，但是插图上的灰椋鸟应该画得再多一些，因为"整群整群"说明数量非常多。

师：还有哪些词语可以看出灰椋鸟数量很多。

生：数百米长、浩浩荡荡、巨大、一批一批……

师：数量众多，规模浩大，黑压压地布满天空，这就是——

生：排空而至。

师：这里的"排"和哪些词语中的"排"意思一致？

生：排山倒海、浊浪排空。

师：还有诗句"一水护田将绿绕，两山排闼送青来"中的"排"，意思都相同，现在你知道"排"是什么意思了吗？

生：推开。

师：那么"排空而至"是什么意思？

生：意思是灰椋鸟一大群一大群，像把天空都推开了一样。

生：意思是灰椋鸟很多很多，呼啦啦一起涌进刺槐林，像要把天都撑破了，场面非常壮观，气势非常宏大。

师：（结合黑板上学生板书的词语总结归纳）灰椋鸟的数量实在多呀，真是——

生：遮天蔽日、铺天盖地。

师：它们一群群飞入刺槐林——

生：络绎不绝。

师：让我们感觉——

生：气势磅礴、气贯长虹。

师：这样非凡的气势，让我们深深地理解了"排空而至"这个词语。要想表现出如此壮观的气势，你们觉得用什么样的方式来读最合适？

（生齐读）

师：我也想加入你们齐读的"大部队"中，给我这个机会吗？

（生师齐读）

> 没有几分钟，"大部队"便排空而至，老远就听到它们的叫声。它们大都是整群整群地列队飞行。有的排成数百米长的长队，有的围成一个巨大的椭圆形，一批一批，浩浩荡荡地从我们头顶飞过。

师：继续交流你感受最深的句子。

生："先回来的鸟在林内不停地鸣叫，好像互相倾诉着一天的见闻和收获，又像在呼唤未归同伴和儿女"，这句话中，作者把灰椋鸟儿想象成有感情、会说话的人了，从而表达出作者对灰椋鸟的喜爱之情。

师：假如你就是其中的一只灰椋鸟，你会向同伴倾诉些什么，你又会怎样呼唤未归的同伴和儿女？

生：孩子们！我做好晚饭啦！快回来吃饭吧！

生：朋友们，我今天出去的时候，听到人们正在呼吁不要伤害鸟类，以后我们过日子就不用再提心吊胆了！

生：朋友们，我今天出去的时候，听到人们在大力倡导植树造林，以后，我们会有新家园了！

师：灰椋鸟不仅向同伴们倾诉了自己看到的，还倾诉了自己听到的，这就是文中的哪个词语——

生：见闻。

师：除了见闻，它们又有哪些收获呢？

生：嘿，伙计们，今天我逮着一只肥嘟嘟的大青虫，可好吃了！

生：我今天在一片果林里发现了很多美味的果子，真好吃，明天我带你们一起去饱餐一顿！

师：这一丝丝的倾诉，那一声声的呼唤，后到的鸟听到了吗？

生：后到的鸟不仅听到了，而且听懂了，我是从"应和"这个词语中体会出来的。"应和"就是回答的意思。如果没有听懂，怎么回答呢？

师：一问一答，一呼一应，一唱一和，多么温馨而和谐的画面啊！谁来读读这个句子。

（生感情朗读）

> 后到的鸟与林中的鸟互相应和，边飞边鸣，很快找到自己栖息的处所，与熟悉的伙伴汇合。

六、学习作者表达方法，尝试熟读成诵

师：刚才老师与大家愉快地交流了写灰椋鸟的句子，老师也感受到了大家对灰椋鸟的喜爱之情，但美中不足的是，同学们将灰椋鸟归林的场面说得有点凌乱，但你在读第4节的时候，有凌乱的感觉吗？

生：没有，因为作者按照时间先后顺序组织材料的，所以感觉条理清楚，层次分明。

（多媒体出示）

> **第4自然段表达顺序**
> 作者按照时间先后顺序：
> 从"一开始"写到_____。
> 从"一小群"写到_____。
> 从"先回来的鸟"写到_____。

师：按照作者的写作顺序，老师想跟大家合作朗读第4自然段，愿意吗？
（生和教师合作朗读第4自然段，直至熟读成诵）

七、品读第5自然段，把文字变成画面

师：时间过得真快呀，正在意犹未尽时，天色暗下来，此时的林中又是怎样一派景象呢？请同学们拿起心中的摄像机，跟我一起趁着天还没有完全黑，到林中去抓拍一些精彩的画面，再给抓拍到的画面取一个诗意的名字。因为是抓拍，所以要注意：一要专注，二要用心。准备好了吗？那就出发吧！

（教师配乐朗读《灰椋鸟》第5自然段）

师：你拍到了哪些动人的镜头？

生：我抓拍到了夕阳西沉的美丽景象，你看，一轮红日慢慢地从天边滑落，晚霞映照着刺槐林，把整个刺槐林染成了红色。我想给这幅画面取名为"夕阳西沉图"。

师：同样的画面，有没有同学想到其他的名字？

生：我想给这幅画面取名为"夕阳无限好"，因为作者看到林中这么美丽的景象，一定十分开心。

师：你引用的是李商隐《乐游园》中的诗句，"夕阳无限好，只是近黄昏"，李商隐表达的是一份感伤，你表现的却是一份喜悦。相同的是夕阳，不同的是心情。

生：我想到一个名字"醉"。这样的美景，作者一定深深地陶醉了。

师：仅仅是作者陶醉了吗？我也陶醉了，你们呢？也一定深深地陶醉其中了吧！

生：我拍到的是鸟儿翩翩起舞的景象。看，这几只刚刚落在枝头上，那几只又马上扑棱棱地飞起，它们的羽毛全变成金红色的了，多么像穿着盛装的少女在翩翩起舞啊！我给整个画面取名为"灰椋鸟的舞会"。

师：灰椋鸟的舞会，一个多么喧闹而热烈的场面。

生：我想给这个画面取名为"穿上盛装的公主"。

师：作者一开始说灰椋鸟灰灰的背、尖尖的嘴，就像童话中的"灰姑娘"，现在却说它像穿上盛装的公主，仅仅是因为晚霞的映照吗？

生：这是因为作者一开始不了解灰椋鸟，对灰椋鸟没有感情，所以说它有什么好看的呢？现在作者已经喜欢上灰椋鸟了，她眼中的灰椋鸟自然变得美丽无比，像公主一样。

师：一切景语皆情语！美丽的景象融入了作者炽热的情感。

生：我忽然想到了一个题目"夕阳热舞"。

师：夕阳热舞，如果把词序颠倒一下，就变成"热舞夕阳"。你看，那舞动的不仅仅是灰椋鸟，连夕阳都被感染了，和灰椋鸟一起舞动起来。那舞动的哪里是夕阳，分明是我们那一颗被陶醉的心啊！谁能把这一份美好和感动通过朗读表现出来？

（生感情朗读）

师：夕阳西下，百鸟归林；叽叽啾啾，其乐融融。谁能通过朗读，把这一份快乐和美好表现出来。

（生读第5自然段）

师：飞瀑落入深涧，声嚣如雷；惊涛拍打岸滩，石破天惊。这恢宏而磅礴的气势，谁能通过朗读表现出来。

（生再读第 5 自然段）

师：这哪里是树林，这分明是一个天然的俱乐部；这哪里是刺槐林和竹林，这分明是灰椋鸟的乐园。让我们一起通过朗读把这一份喧闹和热烈表现出来。

（生齐读第 5 自然段）

师：作者被如此喧闹而又热烈的场面深深感染，她想——

生：这上万只灰椋鸟是在举行盛大的联欢会，还是在庆祝自己的节日？要不怎么会这样热闹？我被这喧闹而热烈的场面感染了，竟情不自禁地欢呼起来。

师：我想此时此刻，不仅是作者，我们每个人一定都会被此情此景深深地感染，也会像作者一样欢呼起来！如果是你，你会欢呼什么？

生：啊！这场面真壮观！灰椋鸟成群结队归林的样子，犹如大海的波浪，一浪接着一浪，朝着树林涌来，在夕阳的余晖斜照下，灰椋鸟的羽毛格外美丽。这么美丽可爱的灰椋鸟，我们要好好保护它们，让这片美丽的树林永远成为灰椋鸟的天堂。

生：灰椋鸟回家了，树林就是鸟儿的家。

生：我真的看见灰椋鸟是怎样回家的了！我们要保护树木，参加植树造林，让鸟儿有家可归。

师：这样的场面，深深地感染了作者，也感染了我们。把你的欢呼，把你的赞叹，把你的惊喜，放到你充满激情的朗读中去吧！

（生齐读课文第 5 自然段，声情并茂）

八、回溯前文，理清文章线索，内化文章语言

师：徐秀娟一生热爱鸟，把鸟类当作了自己的朋友。可是她一开始喜欢灰椋鸟吗？

生：作者一开始并不喜欢灰椋鸟，觉得它尖尖的嘴，灰灰的背，远远望去黑乎乎的，没有什么好看的。后来，在观看了灰椋鸟归林时的情境之后，对灰椋鸟产生了喜爱之情，觉得灰椋鸟像穿上盛装的公主。

生：作者写这篇文章的目的，不仅表达出对灰椋鸟的喜爱之情，更是对林场工人辛勤劳动的一种赞美，因为刺槐林是灰椋鸟的家，如果没有林场工人的辛勤劳动，也就没有了鸟儿幸福的家园。

师：作者的情感变化，是文章的一条暗线。请同学们再读读课文，感受一下这篇文章在语言表达方面的特色。

生：课文 4、5 自然段的场面描写非常出色。

师：当然，作者在场面描写的同时，也注意到了细节描写，例如，在描写"大部队"归林时的场面时，作者先用广角镜给了一个全景，"它们大都……有的……有的……"然后再用特写镜头拍出"先回来的鸟……后到的鸟"，这样就做到了有点有面，点面结合。

生：作者用词准确，如"树林内外，百鸟争鸣，呼朋引伴，叽叽啾啾，似飞瀑落入深涧，如惊涛拍打岸滩……"这里的"似"与"如"都是"像"的意思，但作者却用了这两个不同的字来表示相同的意思。

师：这样行文不仅准确生动，而且使语句富有音律、节奏之美。请模仿课文中的语言表述方法，练习用"好像……又像……"、"似……如……"说话。

生：天上的云变化多端，好像一朵朵盛开的白莲，又像一只只雪白的天鹅。

生：林黛玉似轻柔的微风，如娇弱的柔柳，处处惹人生怜。

生：风好像一把柔韧的梳子，把农田梳理得井井有条，又像一个调皮的孩子，把书页翻得哗哗直响。

生：她的声音真美，从她口中吐出的每一个字都似珠如玉，悦耳动听……

师：美好的文字，要美美地去读。就让我们带着各自的理解，把课文连起来有感情地读一读。

（生齐读课文4、5自然段）

师：是啊，鸟是人类的朋友，树林是鸟的乐园。如果没有林场工人的辛勤劳动，没有这几年大规模的植树造林，我们到哪儿去观赏这鸟儿归林的壮观场面呢？

九、拓展阅读，学以致用

1. 推荐欣赏《百鸟奏鸣曲》，鼓励用上书中的一些词汇说出自己的感受。

2. 推荐巴金《鸟的天堂》和徐秀娟《灰椋鸟》进行对比阅读，加深对场面描写的体会。

评析

王国维在《人间词话》中有这样一句话："诗人对宇宙人生，须入乎其内，又须出乎其外。"联想到我们的语文教学，概莫能焉。所谓"入乎其内"，就是教师认知、进入教材，对教材进行反复研读、仔细揣摩、认真分析，形成认知框架。所谓"出乎其外"，就是教师要跳出教材，将教材升华到更大的思考主题，进而在脑海里拓展出一个广阔充裕的空间。

《灰椋鸟》这篇课文跟一般写景的文章有所不同，因为本文的作者"徐秀娟"是我国环境保护战线第一位因公殉职的革命烈士。1987年9月16日，她为寻找飞失的小丹顶鹤，涉水时不幸遇难牺牲，年仅23岁。因为她所从事的工作使她对貌不惊人、鸣叫声音单调刺耳的灰椋鸟产生了浓厚的兴趣，事实上，这也是作者在看了一次电视录像后才产生的冲动。灰椋鸟尖尖的嘴，灰灰的背，并不美，那么究竟是什么吸引了作者呢？是灰椋鸟归林时的壮观场面，是灰椋鸟在林中快乐自由的生活。

基于这样的思考，我把教学重点放在了课文第4、5自然段，确定了以下教学目标：1. 打破常规，长文短上，直奔重点，感受灰椋鸟归林时场面的壮观、喧闹，体会作者对鸟类的热爱；2. 以疑促读，以读促思，读中感悟，学习作者是如何有条理地将看到的和听到的写得具体、生动；3. 指导方法，内化语言，学以致用，学习造较复杂的比喻句，培养学生的想象能力。

总之，"教给学生学习方法，引导学生自主学习"是我一贯的教学主张。学生语文素养的培养和提升，绝非一朝一夕之功，它是一个种子酝酿发酵的过程，是一个厚积而薄发的过程。课堂上，教学能否驾驭自如，是对教师思想、学识、功底、眼界、能力的考验。如果不能做到"入乎其内"，就会浅而无味；如果不能做到"出乎其外"，就会虚而不实。作为一名语文教师，心藏万汇，才能吐纳自如；浑博深刻，才能创出新境界！（郭学萍）

观 点

我们追求什么样的语文课堂

在十五年前,一位年轻的教师要参加在马鞍山举行的全国阅读教学赛课,所以召集了很多专家共同为她"磨"课,她选择的课题是人教版的《精彩的马戏》,我的任务是配合她写好教学设计,并作为一名陪练,和她一起"炼"课。每次上完课,都会有许多专家给她会诊,并及时提出修整意见,在这个过程中,我最深的感悟是——课堂就像一条流动的河,我们不能苛求每一个细节的完美,但可以渴望在河水流动的过程中不时泛起浪花朵朵。

这浪花朵朵,就是我们通常意义上所说的"生成"。透视"生成",我们看到其中包含的偶然性,不可知性,不可复制性,全因"契机"的难得,可遇而不可求。但是,在偶然当中,也包含着一种必然,一些潜在的规律。

有精致的预设,才会有精彩的生成

凡事预则立,不预则废。预设是教学的基本要求,因为教学是一个有目标、有计划的活动,教师必须在课前对自己的教学任务有一个清晰、理性的思考与安排。因此,教师在课前要深入钻研教材,读出教材的本意和新意,把教材的精髓和难点内化为自己的东西,具有走进去的深度和跳出来的勇气。所谓"条条大道通罗马",这个"罗马"实际上就是学习目标。教师对课堂教学流程应该形成网络式的架构,尽可能多地设想到可能发生的状况,当"意外"发生时,才会变成生成的契机,荡漾出更多意外的"精彩"。

例:《橘子》作文教学片段实录(执教者:郭学萍)

师:如果用心,你会听到睡莲花开的声音;如果用心,你也一定能够听到橘子心中的声音。

生:这是两个喜欢沉思的橘子,他们悠闲地依偎在晚风中,好像在说:"多么美丽的黄昏呀!"

师:我喜欢"依偎"这个词语,亲切、温馨。

生:我仿佛听到晚风轻拂的声音,我听到两个小橘子在快乐地交谈,他们在说白天里看到的一些新奇的事。

师：看，这些缀满枝头的橘子，你们听到他们的窃窃私语了吗？

生：一个橘子好像在说："我已经成熟了，小朋友们，赶快来摘我吧！"

师：对一个橘子来说，能被小朋友们吃掉，是多么甜蜜而幸福！

生：一个橘子好像在说："这调皮的风又在吹了，不行，我得抓紧点，否则会被风吹到地上去的！"

生：还有一个橘子好像在说："深秋的阳光照在身上，真舒服呀！我要尽情地享受这温暖的日光浴。"

师：除了画面中的这些橘子，你们还会想到哪些橘子，它又在说什么？

生：一个掉到草地上的橘子，顺势在草地上打了几个滚，好像在说："还好，没有想象中的那么疼。"

生：有一个橘子在抱怨："我再也不想做橘子了，每天都必须呆在树枝上，我想变成一只兔子在草地上奔跑。"

师：当然，这些都是我们看到橘子时产生的想象，看到橘子，你们还会想起生活中哪些和橘子有关的经历？

生：记得在我很小的时候，有一次吃橘子时不小心把一粒籽儿吞进了肚子里，吓得我连水都不敢喝，我害怕喝了水之后，橘子的籽儿会在我的肚子里发芽。

生：有一次爸爸妈妈带我去一片橘树林摘橘子，我摘了满满一篮子，和爸爸妈妈一起抬回了家。

师：今天这节作文课，我们观察了橘子，想象了橘子，回忆了和橘子相关的事情。如果让你们来写一篇作文，你们想写什么？

生：我想编一个关于橘子的童话。

生：我想写一篇橘子的观察文章。

生：我想写自己和妈妈一起做橘子灯的事情。

生：我想写今天的这节快乐作文课。

生：我想写你是一个很特别的老师。

师：一堂课，因为每个同学的兴趣不同，侧重的角度不同，就会写出完全不同的文章来。

这是我在浙江诸暨实验小学上的一节作文指导课。为了上好这节课，我在课前做了充分地预设，尽可能考虑学生学习活动的各种可能性。因为课前有备而来，所以课中才能顺势而导，游刃有余，从而生成了许多精彩。由此可见，生成与预设是辩证的对立统一体，预设强调的是教师的设计和安排，它彰显的是教师的主导性；生成强调的是学生的活动和思维，它彰显的是学生的主体性。预设与生成，是课堂教学的两翼，缺一不可。教学既要重视知识学习的逻辑和效率，又要注重生命体验的过程和质量。

有激情的碰撞，才会有诗情的生成

教师的激情是课堂教学的灵魂。师生双方的情绪会相互感染，就像一棵树撼动另一棵树，一朵云推动另一朵云。有激情的教师一站到讲台上就先"声"夺人、激情澎湃、抑扬顿挫、幽默机智、精思巧问，学生也会因此而受到感染，情绪高涨、激情勃发、才思敏捷、语言流畅、行动迅速、感情投入。我所向往的语文课堂，应当浮动着师生的情绪、灵气和悟性，并时时感受生命的绽放、闪光或激荡；我所追求的语文课堂，是师生交往时心领神会、和谐融通的默契；是方法潜用得心应手、出神入化的机变。

例：《歌谣里的童年》童谣教学片段实录（执教者：郭学萍）

师：同学们，现在正是夏末秋初，太阳的热情渐渐淡去，秋风的脚步逐渐加快。站在秋天回首遥望，夏天留给我们一个华丽的背影。夏天虽然炎热，但夏天依然有许多可爱迷人的地方，谁来说说？

生：夏天的星空很美丽，萤火虫像星星一样在草丛中飞舞。

生：夏天雨后的天空会出现七色彩虹。

生：夏天可以吃冰激凌。

生：夏天可以游泳，可以像青蛙一样在水中扎猛子。

师：每个人记忆中的夏天不一样，我记忆最深的是夏天下雨的时候，我和小伙伴们光着脚丫在水坑里奔跑，或者举一枚泡桐叶顶在头上，在雨中垒水坝、放纸船。一边让调皮的雨点淋湿自己的衣衫，一边快乐地唱着："千条线，万条线，落到水里看不见。"想着自己小时候吟唱的歌谣，时光不会倒退，快乐却不时涌来。今天这节课，我们就来交流一下你们搜集到的儿歌童谣，以及这些儿歌童谣背后的故事。

生：奶奶告诉我，小时候她住在城南的一个小巷子里，每年正月十五上花灯的时候，巷子里的灯可多啦，有蛤蟆灯、狮子灯、飞机灯、兔子灯，花花绿绿，非常好看。三五成群的孩子提着彩灯点上蜡烛，走街串巷地巡游，嘴里唱着琅琅上口的童谣:"娃娃呀,出来玩灯喽,不要你的红,不要你的绿(南京方言读"录"的音),只要你几根红蜡烛。"

师:老南京的习俗是"初八上灯、十八落灯",玩花灯唱童谣的美事可以持续半个月之久,尤其是在正月初八上灯和正月十五元宵节那两天最为热闹。

生:爸爸对我说,她小时候生活在农村,冬天很冷,身上的衣服很单薄。那些穿在身上的粗布棉袄,硬邦邦的像铁块一样,冰冷得不敢让自己的下巴碰着衣领。那个时候的小孩子们都喜欢排成一排站在向阳的墙角边,一边晒着太阳,一边互相挤压。大家边挤边唱:"挤油挤油渣渣,挤出油来炕粑粑",这样挤着挤着就暖和了。

师:在那个集体贫穷的年代,虽然物质条件和现在无法相比,但是不用担心,任何时代、任何孩子,他们都能寻觅到属于自己的快乐。

生:我太爷爷很老很老了,有90多岁,他说自己小时候上私塾的时候最喜欢唱"赖学精,巴天阴。下大雨,好开心。出太阳,打手心"。太爷爷说,那时老师要求严格,字写不好,书背不出就要打手心。因而他和其他小朋友一样,因为怕挨打,就指望下雨下雪好不去上学。

师:"总是要等到睡觉前才知道功课只做了一点点,总是要等到考试后才知道该念的书都没有念",快快乐乐的童谣,迷迷糊糊的童年。

生:"城门城门几丈高?三十六丈高。骑白马,带把刀,城门底下走一遭。"这是我爷爷教我的童谣。爷爷说,古代南京的城门很多很多,俗称"里十三、外十八"。经历了百年的风风雨雨,现在保存比较好的仅有城南中华门、西北挹江门、城东北玄武门、城东的中山门。至于外城墙和"外十八"城门,早已不在,单留下原城门名称当作地名了。

生:我外婆会唱一首非常好玩的童谣,"金银花十二朵,大姨妈来接我,猪打柴狗烧火,猫儿煮饭笑死我"。外婆说,这是小时候她外婆哄她的弟弟妹妹们睡觉时念给他们听的。外婆一共有8个兄弟姐妹,她是老四,这么多孩子父母根本照顾不过来,她外婆就帮忙照看她弟弟妹妹。晚上睡不着,她外婆就念童谣给他们听。

师:在同学的交流中,童年记忆的花朵一点一点地绽放开来。想着长辈们儿时吟唱的这些歌谣,时光不会倒退,爷爷奶奶、外公外婆、爸爸妈妈已经渐渐苍老。然而,永远不会苍老的,是这些代代相传的童谣。

语文课堂是一个动态资源的生成场,课堂上即兴生成的信息是一种非常宝贵的资源，这些信息，可以让师生在动态生成的氛围中诗意地栖居。一堂生成精彩的课，不仅要有教师的激情投入，更要有学生的激情参与。而学生的激情则取决于教师"别具一格"的设计，它可以启动课堂，使课堂充满生命的活力，产生意想不到的课堂效果。每一节语文课都应该是不可重复的激情和诗意相伴生成的过程。

有思考的对话，才会有思想的生成

"教学就是即席创作。"现在的课堂，学生往往不顺着教师的思路走，旁逸斜出，甚至出现与教师预设的价值取向迥然不同的想法。面对这些"异样的声音"，是把学生往预设的轨道上赶，还是顺着学生的价值取向，大大方方地挖掘？跟着学生走，势必打乱原有的教学设计，冲击教师预设的价值取向；牵着学生走，无疑置"生成"于不顾，扼杀了学生的创造性思维。如果教师能以人为本，尊重学生独特的感受、体验和理解，多一些欣赏，多一些机智，把握住"生成"，"异样的声音"将会如珠玑落盘，悦耳动听。

例：《祁黄羊》阅读教学片段实录（执教者：郭学萍）

师：读了课文，你觉得祁黄羊是一个怎样的人？

生：祁黄羊是一位外举不避仇，内举不避亲，做事出于公心的人。

师：你说得很好，文章的哪些段落具体写了祁黄羊外举不避仇，哪些段落又具体写了祁黄羊内举不避亲？

生：课文的3—7小节具体写了祁黄羊推荐杀父仇人解狐当中军尉，表现了他外举不避仇；课文的8—11小节具体写了在祁黄羊得知解狐去世之后，就举荐儿子祁午当中军尉，表现了他内举不避亲。

师：从这两件具体的事例中，你感受到祁黄羊是一个什么样的人？

生：祁黄羊是一个对国家兴亡、安危特别负责任的人。当他在多年征战中落下毛病，走路很不方便的时候，便主动请求辞职，让贤。

生：祁黄羊是深明大义的人。虽然解狐是他的杀父仇人，但他不计前嫌，依然郑重地向悼公举荐他做中军尉。

生：我觉得祁黄羊老谋深算，以退为进，他多年身居中军尉这个要职，不可能不知道解狐大病在身，却偏偏要举荐一个大病在身之人，等解狐死了，他就顺水推舟，举荐自己的儿子祁午。这样既赢得了世人的美誉，又如愿以偿地让儿子继承了自己的职位。

师：请大家仔细读课文，边读边认真思考，祁黄羊真是这样阴险之人吗？

生：我觉得祁黄羊如果真的阴险歹毒，老谋深算，他身居中军尉要职多年，要是想致杀父仇人解狐以死还用得着等到现在吗？早就找个借口把他"解决"了。

生："看来只有祁午能担当此任了。"祁黄羊想了又想，又郑重地说。"祁黄羊想了又想"说明祁黄羊是经过深思熟虑的。

师：说得非常好，如果把课文第2小节再读一读，也许感触更深。

生：祁黄羊多年征战，腿落下了毛病。打了很多年的仗，能活着说明祁黄羊有着很高的本领，但他也受了很多伤。如果他的儿子祁午没有什么本领，上了战场，就会被打死或者打成残废，那岂不是得不偿失。

生：祁黄羊生活的时候，是诸侯争锋的时候，如果他派一个没有本领的儿子做了大官，不但保卫不了国家，就连自己的性命也难保，那不就得国破家亡吗？所以他在举荐人才时，心中想的只有国家大局，而不是个人恩怨和私利。

师：是啊，我们常常以己之私心来度君子之量。于是，对祁黄羊的做法就有了种种的猜疑和不理解。这很正常，也符合人之常情。

孩子的质疑在我的意料之外，却引起了师生对文本的共同深究。萨特说："阅读是自由的梦！"学生开始有自己的主见，不愿意跟着老师备课设定的思路走。这样的课堂"吵"声一片，听上去一点也不安静，似乎有悖于我们理想中的安安静静的课堂。然而正是这看上去的不平静，说明学生完全走进了文本，而不是游离于教师教育着力点之外。出现这样局面的根本原因就在于学生在自学的基础上，真正进行了探究和思考，甚至提出自己的观点，这才是有价值的阅读和学习，这才把握了学习的本质。高效语文课堂，不应用肤浅的活跃让学生习惯肤浅，而是应该用思维与精神的历险使学生走向博大。

有创意的点拨，才会有创造的生成

一节丰沛饱满的作文课堂，焕发着纯朴诗性的光华。教师以充满魅力的语言洞开学生的心扉，课堂中弥漫起与课文内容相通的融融的文化气息，使置身于其间的每一个人沉浸在"天光云影共徘徊"的美妙境界中。教师有创意地点拨、机智幽默的旁逸、开合自如的迁移，能够不断砥砺学生的思维。我所追求的作文课堂，不一定如行云流水、滴水不漏，精致得像景德镇陶器，而在于学生想象的激活和驰骋，视界的融合与内心的敞亮。

例：《数字　联想　表达》作文教学片段实录（执教者：郭学萍）

师："看到'1'，你们会想到什么？"

生：我想到一支粉笔。

生：我想到一棵挺拔的白杨。

生：我想到一个孤独的背影。

师：看到"1"，我想到了一条寂寞的小路，想到杜牧的那首《山行》，想到了秋的绚丽和璀璨，想到了秋的落寞与凄凉。没有哪个季节能比得上秋天，它能让人感到生命的璀璨与枯萎竟会这样紧密相连。秋天不会给我们一个永远的完美和充实，但秋天却是更高意义上的开始，每一个新学期不都是从这个季节开始的吗？

生：我知道了，不仅可以从数字的外形去想象，还可以从数字本身所具有的实际意义去联想。

师：说得真好！下面就请大家拿出纸来，先画一画，再把联想到的内容写下来。

生：我由"1"想到了一棵树。荒原上，一棵树孤零零地立在大地上，太阳炙烤着大地，这棵树受着烈日和风沙的折磨，叶子几乎掉光了。这是人们乱砍滥伐的结果。人们啊，如果对自己的这种行为还不及时加以节制，后果将不堪设想。从现在起，我们必须保护每一片绿色。

生：我由"0"想到了呼啦圈。我有一个蓝色的呼啦圈，起初，我不会转圈，像一只笨拙的小鸡，圈在腰间的呼啦圈转不了两下就落下了。直到我做了送胯、扭腰的动作时，呼啦圈才悠悠地转起来。现在，我几乎天天练习，终于，在我腰间的呼啦圈就像一条绸带，自由飘洒。

生：这幅画来源于"4"这个字，一只小狗正准备帮助主人去信箱拿信。我想到了狗是多么忠实的动物，常常在一些危急关头，都是小狗不顾生命去救主人。这多么感人呀！

生：红灯和绿灯与往常一样，站在马路中央。绿灯突然对红灯说："瞧！人们见了我就飞驰而过，而见了

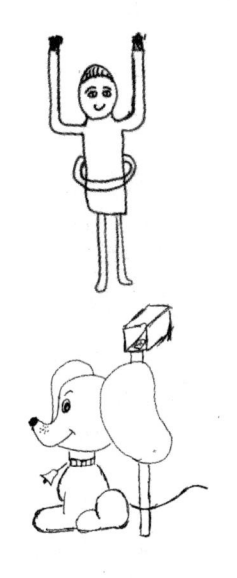

你，就一个劲喘气，急得满头大汗。"红灯说："那是我俩职责不同，如果没有我们的配合，交通就会混乱。"绿灯不服气地说："我不信，那你歇会儿，我一个人照样行！"红灯闭上眼睛，绿灯闪烁着幽幽的光芒，可没过一会儿，交通就阻塞了。

生："0"在我的想象中，是一轮初升的太阳，是一个滴答滴答永不停歇的钟。时间很快，它来也匆匆，去也匆匆，难怪孔子会在川上曰："逝者如斯夫，不舍昼夜。"当你洗手时，时间从水池边走过；当你埋怨时，时间又从你的埋怨声中悄然而逝。

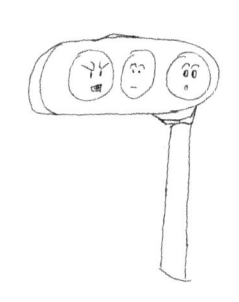

师：同学们说得太精彩了！这真让我高兴。俗话说："鸟儿没有翅膀，就不能飞翔，而联想正是作文腾飞的双翅！"

我教孩子写作文和自己写文章一样，不拘一格。在我看来，三年级作文起步教学的首要任务就是带着孩子们"玩"——玩出乐趣，玩出情趣，玩出兴趣。"问渠那得清如许？为有源头活水来。"活动作文课，就是在作文教学过程中，建构起以学生主体活动为主要形式，以鼓励学生主动参与、主动探索、主动思考、主动实践为基本特征，以实现学生在多方面能力综合发展的同时，轻松愉悦地完成习作训练的一种开放性的作文教学。教师唯有用自己智慧的火种去点燃学生智慧的火花，让课堂教学上智慧的火花呈现燎原之势，学生才会享受到学习的乐趣，获得成功的喜悦，徜徉生命的诗意，展示生命的力量。

有睿智的捕捉，才会有智慧的生成

课堂是瞬息万变的，学生生成的东西教师不一定能预设到。不管教师的备课预设的问题多么缜密，对于课堂可能出现的状况设想多么周密，动态的课堂都存在着无穷的变量，这就要靠教师具有很敏锐的教学机智，扎实的业务功底和自然笃定的教态，关注学生的一言一行、一举一动，即使是一闪即逝的火花，如果能抓住，并很好地利用这些自然生成的教学资源，重构教学，再生新的知识点，达到"浮想联翩"、"豁然开朗"的教学效果，实现"峰回路转"、"柳暗花明"的课堂教学新境界！

例：《永远的白衣战士》阅读教学片段实录（执教者：郭学萍）

生：老师，我们明天是不是应该搞一个纪念活动？因为明天是3月25日，叶欣去世的日子。

师：这是一个很不错的主意。当然，表达思恋的方式有很多，鲜花就是其中的一种。如果是你，你会给叶欣阿姨献上什么花？

生：我想送给她一朵香水百合，因为她冰清玉洁，心灵像百合一样纯净。

生：我想送给她一束满天星，因为她就像满天星一样娇小而精致。她舍己为人、不怕牺牲的精神就像夜空中的星星一样永恒。漫天的星星，也表达了所有人对她的思恋。

生：我想送给她一朵向日葵，因为她的心永远温暖，心灵永远光明。

生：我想送给她一朵茉莉花，因为她是一名普普通通的医护工作者，虽然很平凡，却芬芳四溢。

生：我想送她一朵迎春花，因为她用春风般的关切与抚慰，将一个个"非典"患者从死神手中夺了回来。

生：我想送给叶欣一朵野菊花，因为她临危不惧，像野菊花一样顽强。

生：我会送给她一束康乃馨，我祝她在天堂永生，永远健康！

师：叶欣虽然永远地离我们远去，但是她的精神永存，她将永远活在我们心中，像鲜花一样灿烂！

我完全没有想到，在课快要结束的时候，会有孩子"借时间做文章"，要给叶欣搞一个纪念活动。如果按照通常的想法，这个孩子的建议似乎有些不切实际，但我灵机一动，于是，一个"送鲜花，诉真情"教学环节就这样在意料之外生成了。这样灵感性的发挥创造，是课前备课在课堂上的随时延伸，是教师知识积累、各方面修养及激情瞬间的高度凝合。具有机智的教学，可以把偶发事件弥合在如同行云流水般的教学活动中，并达到天衣无缝的妙境。甚至面临"山穷水尽"的关头，也只需急中生智地顺水推舟就能化险为夷，出现"柳暗花明又一村"。

正如"台上一分钟，台下十年功"一样，精彩的生成是偶然中的必然，只要我们随时做好充分准备，它就会"不期而至"，带给我们生机勃勃的语文课堂。

（郭学萍）

解 读

诗意·童心·真情

  第一次听郭学萍的课是参加南京市"大家语文"博客网友会。那次,她执教了一节"学写儿童诗"。多媒体屏幕上,雪花飞舞,流光溢彩。悠悠的乐曲声中,她且行且诵、婷婷款款、娓娓涓涓。天真的孩子们同她一齐走进梦中,走进诗里,走进了冬天、春天的童话,一个个诗兴勃发,享受诗意的快乐。乐语悄声告诉我:郭学萍的博客名叫"长辫子老师"。

  第一次同她交谈是六年前的春天。金陵二月乍暖还寒,南京市阅读教学大赛在小营小学举行。我是评委,郭学萍被安排坐在我身边,记录我的评课意见。那次她是参赛者,一节《爱如茉莉》上下来,她自感不满,有些沮丧。可三五句轻轻短评,她又是笑容灿烂、春意盎然了。同你讨论教学的思路和细节,讲她的教育理想,讲她的诗歌、童话创作,讲她的所思所感所为……让你很快被一种诗意和青春热情浸漫。

  我很欣赏她在语文教学中的诗意追求。她说:"如果教师需要选择一种生存姿态,我选择——诗意地栖居。"在她眼里,语文是一株美丽的树,树叶茂盛,鲜花盛开,每一绿叶,都闪着人性的光芒;每一朵鲜花,都绽放出诗意的笑靥;根,深深地扎入生活的土壤;果,是智慧与灵性的喷发。她认定,语文教学应当"就像一首诗",给学生一个生成、开放的空间,让学生的心灵与想象在一个广阔的空间翱翔。

  为此,她十分注重以人本为基础,根据语境和形象,运用真诚、唯美、丰富、诗性的语言着力营造一种意蕴和情境,对学生的心灵产生撞击,让学生浸润在诗意的境界中。她把自己当成学生的大姐姐和好朋友,一起去感受语言的精彩,去体味字里行间的喜怒哀乐,去领悟作者的文外之音。动情时,她与学生们一起笑、一起哭。于是,在她的课堂里,情思飞扬,言语鲜活。学生们天真无邪、激情四溢,驰骋想象、无拘无束、畅所欲言、妙语连珠。那种聆听、感悟、诵读和叙述是入情的、真情的,真正受到了深刻的教育。

  郭学萍的确是性情中人,在生活中她总是快乐的。她快乐,因为她觉得世界很美,学生都很可爱。白天,她喜欢看学生们上课时那种专注的神情,喜欢听课堂上琅琅的读书声,喜欢看学生们自个儿快快乐乐地改作文,每到这时,她手背身后,满教室转悠,心里快乐地跳起华尔兹。夜晚,对着无声的电脑屏幕,她总觉得有太多太多的话想说,想说说自己的那些可爱的孩子们,于是,任指尖在键盘上翻飞如蝶……她对自己的学生满怀期待,盼着每一株草都开出自己的花,她要竭尽心力给每一朵花开放的时间和理由。有位哲人说过:"一个热爱生命的人,不是靠自己,而是靠他所爱的东西活着,他离自己越远,渗透别人越深就越幸福。"郭学萍让人们看到:爱,会使教师产生智慧和力量,使生命变得充盈、快乐、富有诗意。

郭学萍总是快乐的,还因为她纯朴、真实。她总是竭力地释放自己的能量,凡是要求她完成的任务,她总是全身心投入。凡是研讨什么问题,她总是毫无顾忌地率先发言。她坦诚宣称,不喜欢做红烛,不喜欢做春蚕,在梦中,她是一株平凡而纯洁的百合,展开是一朵花,凝聚是一枚果。她所说所做不只要让别人看到教师的辛酸与可敬,也要让人们看到教师的精彩和可爱!真是心际无边,心胸坦荡!在她身上,人们看到了教师作出的贡献,也看到了教师的诗意才情和教育带来的快乐。郭学萍还时常对自己说,真实才是美丽的,快乐的,如果渴望自己在教学中漾起诗意,想让学生在课堂中敞开心扉真情表白,想看到学生个性飞扬、畅所欲言,就要在生活中做个真实、纯朴的人!

郭学萍的近似孩童的天真常常让同事们惊诧。常有人对她说:"你真的长不大了!"她回答:"我愿意自己永远长不大,我喜欢做童话中那只永远不老的彼得兔,拥有最单纯的爱、最幼嫩的依恋和最原始的好奇!"郭学萍能把自己沉潜在生活和教学中尝到真正快乐的这一份童心,不正是我们许多人最不知珍惜而又极易悄然失去的吗?这份童心是生命旅途中,绽放在道路旁的那株蔚蓝色的矢车菊、那朵纯洁的百合花、那颗滚动在茶叶上的圆润晶莹的露珠,凝聚着纯真、善良和美丽,既给身边的人带来喜悦,也让自己的课堂诗意盈盈。

像郭学萍这样,把整个心灵、精神都投射到教育之中,在语文课堂教学中倒映出每一个孩子活泼的生命成长的风景,便是我所理解的语文教学艺术的最高境界!(袁浩)

2. 孙双金：情智课堂

孙双金，小学语文特级教师，中学高级教师。他自成一派的"情智教育"在全国广有影响，多年来他形成了"潇洒不失严谨，灵活而又扎实"的教学风格。他现任南京市北京东路小学校长，江苏省教育学会理事，江苏省青联委员，江苏省省小语会学术委员会主任。他曾荣获"全国师德先进个人"、"全国首届十大明星校长"等荣誉。近年来，他应邀赴全国各地讲学获广泛好评，并在省级以上刊物发表100多篇文章，出版有《孙双金语文教学艺术》、《孙双金教学思想与经典课堂》、《孙双金与情智教育》(教育家成长丛书)等多部教育教学专著。

画外音

把课堂变成点石成金之地

孙双金常说，他的成功归功于课堂，课堂给了他一块块金光闪闪的金牌，他要还课堂一座金库，把课堂变成点石成金的地方。

怎样才能提高课堂教学效益呢？孙双金认为，首先要研究的问题是什么样的课是好课，即好课标准问题。拿语文课来说，孙双金把好课的标准归纳为16个字："书声琅琅，议论纷纷，高潮迭起，写写练练。"

书声琅琅。这应当成为一堂好课的首要特征。老师要把读书训练放在第一位，既要提高学生读书的数量，也要提高读书的质量。他提出了朗读的三个层次，一是感知性的读。初学课文时，通过朗读，让学生把课文读正确，不添字，不漏字，不读破句子，知道课文里讲了些什么。二是理解性的读。即让学生通过反复的朗读，把课文重点章节读懂、读畅、读出节奏感来。三是欣赏性的读，即在理解的基础上，学生有感情地朗读，分角色地朗读或者表演式地读，把课文内在的感情读出来，把课文的味道读出来。

议论纷纷。这指的是在课堂教学中学生的发言声不绝于耳。教师方式多样、灵活多变地组织说话训练，使课堂上人人参与，个个活跃，议论纷纷。议论好的标准是"言之有序、言之有理、言之有情"。言之有序，就是要求学生说话要有顺序，有条理，其目的是训练学生思维的条理性。言之有理，就是要求学生发言必有根据；它训练了学生思维的严密性。言之有情，就是要求学生发言必须带有一定的感情，它训练了学生表达的准确性和生动性。

高潮迭起。这指的是学生的思维、情绪、状态进入非常活跃的阶段。如何掀起高潮？孙双金将之归结为三个方面：一是紧扣文眼掀高潮。文眼是文章的灵魂，抓住了文眼组织教学，往往事半功倍，高潮迭起。二是平淡出奇掀高潮。三是层层剥笋掀高潮。层层剥笋，就是紧扣语言文字，从一点切入，然后逐层展开，直至最后揭示文章主旨，达到训练目的的教学方法。

写写练练。针对当前课堂教学中讲风、问风太盛的通病，孙双金提出了写写练练的主张。他认为如果倾盆大雨式地满堂问、满堂讲，对学生进行信息轰炸，就容易造成学生大脑皮层的疲劳。再说练习是知识转化为能力的重要途径，如果精心策划练习，练得恰当，练得巧妙，练得及时，调动学生的眼、口、耳、手等多种感觉器官，学生就会对学习的内容留下深刻的印象。

近两年来，孙双金又发展了他的好课观。他以为随着学生主体观的重新确立，看一堂课好不好首先要看学生在课堂上的表现。他又重新总结了16字好课观，即一堂好课要上得学生"小脸发红，小眼发光，小手直举，小嘴常开"。

小脸发红是指要把学生上得兴奋起来，小眼发光是指把学生智慧的火花点燃起来，小手直举是指把每一个学生都调动起来参与到共同的学习过程中去，小嘴常开是指学生在学习过程中要充分表达自己的所思、所想、所疑、所问、所感、所叹。

孙双金把从课堂里、从实践中感悟出来的经验，及时地与同行交流，他觉得这是一件非常有意义的工作，因为这能够把自己的教学经验和教改设想传播给更多的同行，带动语文教学攀登新的高峰。（雷玲）

课堂教学艺术

之一：引导不着痕迹

有人这样评价孙双金："孙老师站在讲台前风度翩翩，光彩照人，他出众的才华、缜密的思维以及与学生之间特有的默契，把教学活动引入艺术的殿堂，听他的课是一种艺术享受。"

"语文课竟然可以上得如此美丽。"听了孙双金的《只拣儿童多处行》一课，许多人发出由衷的赞叹。

那天，清脆的上课铃声响起，孙双金扶了扶架在鼻梁上的宽大的眼镜，右手轻轻一点，欢快的音乐《春天在哪里》响起来了，美丽的画面、动听的歌曲把学生一下子带进明媚的春光里。音乐结束了，他用好听的男中音开始了与学生的谈话："春天来了，你们到哪里去找春天呢？"同学们有的说去田野里找，有的说到草地上找，有的说在校园里找……无论是谁，无论说得怎样，只要发言，他总是那么专心地听，从不随意打断学生。这是他的一种教学信念，始终把学生的思考作为自己宝贵的教学资源，真正让学生在课堂上享受被尊重的感觉，找到自己是课堂主人的感觉。

学生初读课文之后，孙双金提出几个问题：一位62岁的老人，到大自然中去寻找春光，为什么不走清静的地方，而只拣儿童多处行呢？"儿童多处"又有什么特别的呢？文中哪些地方写了冰心奶奶只拣儿童多处"行"呢？冰心奶奶为什么只拣儿童多处"行"呢？然后给学生充足的时间读书、讨论、感悟和体会。孙双金一会儿俯下身子听听这组的讨论，一会儿问问那组的想法；在他的课上，他总是夸这个学生"独具慧眼"，那个学生"火眼金睛"。在他的启发下，学生边读边悟，在充分感知教材、熟悉教材的基础上，纷纷说出自己的感受：因为儿童多的地方，往往是春光最美丽的地方；因为儿童是朝气蓬勃的，是快乐的小天使；因为儿童充满活力，是春天的使者，他告诉我们春天来了……学生边说孙双金边写：儿童多处春光美，儿童是春天的使者，儿童是人间最美的春光。教师的引导不着痕迹，板书完全是随着学生对问题的探究而自然生成的。课后有人为孙双金的板书没有形成一首诗而遗憾，而更多的人认为，其实，学生的真情实感本身就是一首诗,它比老师刻意拼凑的一首诗要完美百倍。

接下来,孙双金朗读冰心的《雨后》和《小白船》,让学生感悟冰心那颗博大深厚的爱心。伴着优美的音乐,那浑厚而有磁性的音质、富有感染力的语言,回荡在教室里,紧紧地抓住了孩子的心,给人留下了深刻的印象。黑板上出现了巴金评价冰心的一段话:"一代代的青年读到冰心的书,懂得了爱:爱星星、爱大海、爱祖国、爱一切美好的事物……"最后,孙双金用力地在课题的后面写了一个大大的"爱"字,教学戛然而止。此时此刻,学生被深深地吸引了,他们为有这样一位"有了爱,就有了一切"的冰心奶奶而幸福,为有这样一位给他们带来美好熏陶的孙老师而激动。

这节课赢得了满堂彩。课上,冰心活了,学生活了。一位听课的老师激动地说:"教师的生命在课堂,这样的课堂才是生命力迸射的课堂。听完这节课,我最大的感受就是真想好好去读一读冰心,了解这位了不起的百岁老人。"

为了这节课,整整半个月,孙双金翻看着冰心的著作,沉浸在冰心的世界里,很纯净,很幸福。对于孙双金来说,每一次上课都像演员塑造一个角色,完全融入其中,以充满真诚的教学,把学生带到一个非常美好的世界中。

一节语文课,能通过一篇作品走近一位作家,是何等的不容易。这节课,孙双金以"从哪些地方看出冰心专拣儿童多处行"、"为什么冰心专拣儿童多处行"这两个看似简单的问题统领全文,深刻地揭示了文章的本质,在学生心中树立起一位作家的形象来。

这堂课让孙双金领悟了教学的真谛:要上好课,一要有扎实的功底,二要有精彩的设计,三要有真挚的情感。(李建平)

之二:轻松但不失深邃

在多年的语文教学实践中,孙双金始终认为,要提高语文课堂教学效益,首先要研究"什么样的课是一节好课",他把一堂好课的标准归纳为16个字:"书声琅琅,议论纷纷,高潮迭起,写写练练。"

在孙双金的语文课上,"书声琅琅"是十分鲜明的特征,他始终坚持把读书训练放在第一位,而且,不是为了读书而读书,而是按照循序渐进的原则,有层次地读书。他把读书分为三个层次:一是感知性阅读。初读课文时,要求学生把课文读正确,不添字,不漏字,不读错字,知道课文里讲了些什么。二是理解性阅读。即让学生通过反复朗读，把课文重点章节读懂、读畅、读出节奏感。三是欣赏性阅读。即在理解的基础上，让学生有感情地朗读，分角色朗读或者表演式朗读，都要求把课文内在的感情读出来，把文章的韵味读出来。

学生不仅读得多，而且"议论纷纷"，课堂上学生的发言声不绝于耳。教师方式多样、灵活多变地组织说话训练，使课堂上人人参与，个个活跃，"言之有序、言之有理、言之有情"。

为了让学生的思维、情绪、状态进入非常活跃的阶段，达到"高潮迭起"，孙双金在三个方面进行了探索，一是紧扣文眼掀高潮。文眼是文章的灵魂，抓住文眼组织教学，往往会收到事半功倍的效果。在教王安石的《泊船瓜洲》时，孙双金紧扣诗眼"还"字来组织教学。"京口瓜洲一水间，钟山只隔数重山"说明诗人"离家近，应该还"。"春风又绿江南岸"说明诗人"离家久，更应还"。"明月何时照我还"说明诗人"思家切"，但却"不能还"。这样，紧扣"还"字，步步深入，层层挖掘，高潮迭起。

二是平淡出奇掀高潮。《跳水》一文开头说："有一艘轮船环游了世界，正往回航行。这一天风平浪静，水手们都站在甲板上……"这段文字看似平淡，但对文章情节的展开却是至关重要的一笔。学生往往一眼扫过去，不加以重视。而孙双金问学生："风平浪静"这个环境的描写和跳水故事的展开有什么联系？启发学生回答：正因为"风平浪静"，水手们才能都聚集在甲板上，才有兴趣拿猴子取乐，猴子和孩子爬桅杆才能又快捷又顺利，那帽子才能挂到桅杆横木的一端而不被风刮下，船长才有兴致打海鸥，也才能叫孩子跳到水里去，水手们才能在40秒钟内把孩子救出来……

三是层层剥笋掀高潮。即紧扣语言文字，从一点切入，然后逐层展开，直至揭示文章主旨。这种教学方法特别有利于训练学生的逻辑思维和敏锐的语感。《落花生》中有这么一个关键句子——"做人要做有用的人，不要做只讲体面，而对别人没有好处的人"。在教学时，孙双金采用了层层剥笋法，掀起了教学高潮。他问学生："体面"是什么意思？"讲体面"是什么意思？我们要不要"讲体面"？"只讲体面"是什么意思？我们能不能"只讲体面"？我们应该做什么样的人？不该做什么样的人？通过这样的发问，层层逼近，帮助学生理解了"体面"、"讲体面"、"只讲体面"的差别，为准确把握《落花生》的主旨铺平了道路。

在语文阅读教学中，一些教师往往只注重听、说、读，而忽视了学生的写。针对当前课堂教学讲风太盛的通病，孙双金提出"写写练练"的主张，他认为倾盆大雨式的满堂问、满堂讲，容易造成学生大脑的疲劳；练习是知识转化为能力的重要途径。因此，孙双金在语文教学中对于学生的写总是精心策划，使之练得恰当，练得巧妙，练得及时，充分调动学生的多种感觉器官，使学生对学习内容留下深刻的印象，将教学的重点内化为素质与能力。

孙双金的课看起来轻松、洒脱而活泼，然而又不失厚重、深邃和凝练，不给人以表面的热闹和虚华，这是因为，他在加强语文基本功训练的同时，追求的是一种境界，而不是外在的形式和技巧。当你听完他的课，便会发现，整堂课看似没有什么技巧，但却有很多值得回味的东西，这就是别人所说的"大道无痕"。

（李建平）

之三：上课如领学生登山

孙双金曾形象地作比喻："好的课像登山，登山的乐趣在过程中，虽然登山艰辛，但乐在其中。课堂中让学生经历'山脚—山腰—山顶'的过程，经历由不知到知的过程，经历由不会到会的过程，经历由不能到能的过程。引领他们登上思维的高山、情感的高山、文化的高山，老师带着孩子们从山脚一步步向山顶攀登，眼界变得开阔，情感得到陶冶，智力得到发展，自己建构起对知识的理解。如果每堂课都能经历这样的过程，学生就会得到很好的发展。"

在《黄河的主人》的教学中，孙老师按照"黄河——黄河中的羊皮筏子——黄河的主人"这样一条线索，引导学生抓住"胆战心惊"、"如履平地"等关键词去品读、感悟，"艄公才是黄河的主人"、"羊皮筏子上的艄公啊，我敬仰你"……一气贯通，顺流而下，完成了一个完整的心理认知和情感体验的过程。而在讲授《林冲棒打洪教头》时，孙老师抓住"什么样的林冲"、"什么样的洪教头"，以最主要的问题拉动最丰富的语言材料，从文章的细节出发，从形式到内容，从现象到本质，让学生思维的触角深入到文本的核心。

在教《二泉映月》时，一上课，孙双金问学生："你对阿炳有些什么了解？"学生回答："阿炳是个盲人，他的身世很悲惨。"孙双金又说："阿炳是个历尽苦难的人，是一个民间音乐家，《二泉映月》代表了他的最高水平，你们想听吗？"教室里响起《二泉映月》的曲子，凄苦、悲哀的旋律回荡在教室里，大屏幕上显示了一幅幅阿炳卖艺的场景。曲终，孙双金问学生："说一说，你们看到了怎样的情景？"学生谈了自己的理解。初步感知后，孙双金让学生再听，思考"阿炳在二泉旁听到了什么",学生说听到了"优美",听到了"苦难"……孙老师把"优美"、"苦难"、"悲惨"、"哭泣"写在黑板上,又问学生"这些词到底表达了什么",引导学生理解阿炳的情怀。第三次听《二泉映月》时,孙双金问学生:"阿炳在二泉旁听到了哭泣声、叹息声、呐喊声,可为什么师傅说长大了就能听到奇妙的声音?难道师傅在骗他?"第四次听《二泉映月》时,孙双金问学生:"为什么小泽征尔要跪下来听这支曲子?他究竟要跪阿炳什么?"在老师的不断启发下,学生懂了,比苦难更能打动人的是对命运的抗争、对光明的向往、对美好人生的追求,这才是人性中最美的东西,也是《二泉映月》的灵魂,这才是小泽征尔要跪下来听的原因。

最后,学生怀着敬仰的心情又听了一遍《二泉映月》,教室里响起孙老师那浑厚低沉的男中音:"苦难给人们带来了什么?悲痛、哭泣、叹息,但是对于一个命运的强者,对于敢于和命运抗争的人来说,苦难是一笔巨大的财富。让我们勇敢地面对苦难吧!"伴着委婉动人的《二泉映月》,孙双金老师宣布:"下课!"可是,不仅是孩子们,在座的众多听课者也沉浸在这动人的音乐里,不愿离去。

在整个教学过程中,孙双金紧扣"叹息、哭泣、倾诉、呐喊",饱含深情地反复引读回诵,步步为营,层层推进,在他的感染下,孩子们的情感逐渐与作者产生共鸣,走进了阿炳的内心世界。

在执教古诗《泊船瓜洲》时,孙双金没有采用通常的以"绿"字统领全文的做法,而是把着眼点放在充满人文情怀的"还"字上,在通读全诗的基础上,他让学生找出一个字来,可以概括全诗的思想内容。于是"明月何时照我还"的"还"就凸现出来了。然后便顺着"还"的线索,从第一、二句"京口瓜洲一水间,钟山只隔数重山"中让学生看到离家之近,要想回家看看是很容易的事。从第三句"春风又绿江南岸"中学生读懂了离家虽久,只因来去匆匆,仍难以实现回家的心愿。从第四句"明月何时照我还"中,学生不难明白,明月高照,月儿已圆,但阖家却难以团圆的蕴意,领悟了北宋重臣王安石"舍小家,为大家"的精神。

这节课,孙双金扣住"还"字导读全诗——"离家近——应该还"、"离家久——更该还"、"思家切——不得还",一"还"统领全文,使学生的情感和认知步步升华。(李建平)

之四：把自己巧妙地"藏"起来

孙双金认为，语文课堂的主角永远是学生，在教学中，应当努力做到问题由学生来提，答案由学生来找，让学生在阅读中探究、发现、感悟。用孙双金的话说，就是把自己巧妙地"藏"起来，但这种"隐藏"并不意味着老师退出课堂活动，相反的却是更好地扮演组织者、引导者的角色。

在执教《落花生》时，孙双金请学生读书，然后找出自己不理解的问题。没想到，学生目光茫然，竟无一人举手。孙双金微笑着对学生说："有没有不理解的词语啊？有就找出来，我最喜欢勇敢的学生，谁第一个举手？""上孙老师的课不要拘谨。""大胆说，老师喜欢不同的声音。""把你的问题写在黑板上，后面写上你的大名，这是你的知识产权。"这些鼓励的话语，营造了一种宽松的学习氛围。

一个男孩轻声说："老师，'茅亭'是什么意思？"

"你是班上最勇敢、最聪明的孩子，你找了第一个问题，了不起，请大家掌声鼓励。"热烈的掌声中，其他孩子的眼中流露出羡慕的目光。

第二个学生站起来提问："老师，'新花生'是什么意思？"

第三个同学问："老师，'开辟'是什么意思？"

又一个同学举起了小手……

小学生具有从众心理，提问都停留在就词语发问的水平上。这时，孙双金启发道："你们有没有不理解的句子呢？"

不一会儿，一位女生说："'那天晚上天色不大好，可是父亲也来了，实在很难得。'这句话我不懂。"

"你真能干，一下子找到了这么重要的一个问题。"孙双金充分肯定，大加赞赏。

孩子们的目光一下子全都集中到这句话上。突然，一个男孩举起了手："那天晚上为什么天色不大好呢？"他的问题引得大家全笑了起来。课堂气氛更轻松了。

"老师，在我们家，父亲和我们一起吃饭是经常的事，为什么这家却很难得呢？"

孙双金喜出望外："真聪明，他能联系自己家的生活实际提出有价值的问题。"

就这样，在孙双金的鼓励下，学生提问的积极性被调动起来，提问的水平也越来越高。

为了加深学生的认识，孙双金把学生分成"苹果组"和"花生组"，让同学们辩论"我们是做一个像苹果、石榴那样的人"，还是"做一个像花生那样的人"。一时间，课堂上唇枪舌剑，高潮迭起，呈现出一派师生合作、生生合作、平等参与、自由争辩的气氛。在这种气氛下，学生无拘无束地表达了自己的观点，以及对课文的理解和体会。结果，学生在老师的指导下，通过辩论，得出了"不要做一个只讲体面的人，而要做一个有用的人、对别人有好处的人"的结论。这时，忽然有一名学生下位子走到两派同学中间，大声说："我对两派的观点都同意，因为在当今充满竞争的社会里，你不讲体面，不会包装，根本走不出去；同样，只讲体面，没有实力也不行。"此言一出，引起在场听课老师雷鸣般的掌声。

《落花生》一课，就像往油锅里撒了一把盐——炸开了。一位老师不解地问孙双金："你这堂课的风格怎么和以前大不相同了？"孙双金反问："有什么不同呢？"他说："你以前的课最大的特点是严谨，而今天的课却十分洒脱。"孙双金笑了，他说："洒脱也是一种境界呀！那是教师从关注预设的教案，走向关注生成的课堂。"

一节课下来，孙双金并没有提多少问题，而是让学生提了很多问题。正如他自己所说的，学生解决了多少问题并不重要，关键在于培养他们思考、发现问题的能力。这样，在以后的学习、生活中，他们就会带着问题去摸索、探究。

在教《林冲棒打洪教头》时，孙老师先请学生猜《水浒传》离我们有多少年了，再提出离我们几百年的人说的话我们可能读不懂，学生的兴趣马上就被提起来了，产生了一探究竟的欲望。在课将要结束时，孙老师又问学生："《水浒传》中还有什么英雄故事？"要求学生回去读一读少儿版的《水浒传》，一个月后进行故事比赛，学生兴奋得不得了。也许，老师并没有督促检查，然而学生已经自觉地想去了解更多的故事。

在教学《赠汪伦》时，孙双金让学生大胆提问题。结果，学生提出："'踏歌声'是什么意思？""李白和汪伦的感情为什么这么深呢？""汪伦为什么用踏歌的形式送李白？"话音刚落，孙双金大声鼓励："这个问题提得好。"学生又提："为什么早不送晚不送，偏偏在李白踏上小船将要走的时候送？"孙双金激动地说："这个问题提得太好了！老师也不知道答案，你们讨论一下。"孙双金就是这样把自己"藏"起来，巧妙地引导学生去探究的。（李建平）

经典课例

创造性，情智语文之魂
——"走近李白"教学案例及评析

前奏预热

师：（对大家）今天，我带来了我的一堂新课——古诗欣赏课。这是我刚刚备出来的一堂新课，也是一种探究吧！探究如何引领小学生进行古诗欣赏。还请同行多多指教！（鞠躬）

师：（对全体学生）你们认识我吗？以前见过我吗？

生：没有！

师：没有。我们是刚刚见的面，是不是？初次见面，请多关照！（鞠躬）这堂课，怎么关照孙老师呢？你准备怎么关照我呢？

生：上课多回答问题。

师：多回答问题就是对我最大的关照！你叫什么名字？

生：秦旭尧。

师：秦旭尧同学，握个手！（握手）谢谢你理解我的心！你是我的知音！（笑声），你准备怎么关注我呢（问另一学生）？

生：上课认真听讲！

师：认真听讲就是对我最大的关照！你叫什么名字？

生：曲苏晨。

师：……苏晨同学，握个手！（握手，同学笑）祖国的未来！你还准备怎么关照孙老师？

生：我觉得我们上课时应该保持良好的纪律！这样才是对孙老师的关心！

师：保持纪律，才是对我最大的关照！关心、关照应该是相互的。孙老师也应该关心大家！你希望孙老师怎么关照你们呢？

生：教给我们更多的知识。

师：……我们初步认识了，开始上课，好不好？好，上课！

（生起立）

师：同学们好！

生：老师好！

师：请坐！同学们，我们中国是诗歌的王国。在诗歌王国的灿烂天空中，出现了许许多多杰出的伟大诗人。你报几个诗人给我听听看？

生：李白、杜甫。

生：孟浩然、白居易。

生：王维、王昌龄。

生：苏轼。

师：苏东坡。

生：王之涣。

师：同学们知道得真多！是啊！这许许多多的诗人，就像星空中灿烂的星星。作为诗歌王国的后人，我们要了解我们的先人，了解我们著名的诗人。今天我们就一起走近诗歌王国中那最璀璨的一颗星星……

（播放课件：课题——古诗欣赏：走近李白）（配乐）

顺势入题

师：今天，我们上一堂古诗欣赏课。课题是——（抬手示意）

生：（齐读）走近李白。

师：你了解李白吗？你说——

生：李白，是诗仙。他一生作诗很多，他是公元701年出生的。

师：李白是诗仙，作诗很多，给我们后人留下了多少诗歌呢？九百多首。李白不仅是诗仙，他还有一个仙呢！是什么仙？

生：（异口同声）酒仙。

师：还有一个仙，是酒仙。李白既是诗仙，又是酒仙。（板书：李白是仙）孙老师简称——（抬手示意板书）是什么？

生：李白是仙。

师：李白是仙，此话怎讲呢？

（出示幻灯片）

师：我们来看看和他同时代的一位诗人——诗圣杜甫是怎么评价李白的。

（出示杜甫《饮中八仙》：李白斗酒诗百篇，长安市上酒家眠。天子呼来不上船，自称臣是酒中仙。）

师：杜甫在他的《饮中八仙》中是这样写的：李白斗酒诗百篇，长安市上酒家眠。天子呼来不上船，自称臣是酒中仙。这首诗写的是这么一个故事——想听故事吗？

生：想。

师：话说唐玄宗李隆基携他的爱妃杨贵妃到沉香亭去赏牡丹花。到了沉香亭，亭子下面坐着一排、两排、三排、好几排的乐工，也就是现在的演奏家、歌唱家。李隆基和他的爱妃刚刚落座，下面的演奏家、歌唱家就演奏起优美的曲子。这曲子刚刚响起，李隆基就摆摆手说："停，停，停！老的曲子我不想听了，今天朕高兴！李龟年（就是当时著名的乐师）去翰林院，把李太白给我请来，叫李太白给我的爱妃作几首新诗。李龟年得了皇帝的旨令，那叫圣旨，是不是啊？

生：是！

师：急急忙忙赶到翰林院，问李白的同事。同事说："李太白到街上喝酒去了。"李龟年只得又赶到街上，经过一家酒店。只听到酒店楼上有人高声吟唱。李龟年一听，正是李白。跑到上面一看，李白已经喝得酩酊大醉。李龟年上去摇摇李白："李学士，学士，快！皇上有请！"李白醉眼蒙眬，睁开一看，是李龟年，把手一挥："你走！你走！皇上请我也不去，我是酒中仙！"这皇上叫李龟年请李白，就一定要请到李白。李龟年只得叫人把李白扶到马上，把李白驮到了宫中，带到了李隆基的面前。李白还没有醒来，李隆基亲自过来，给李白灌了醒酒汤。李白醒过来，李隆基对他说："爱卿李学士，今天朕高兴，给我爱妃作几首新诗。"李白第一句话就是："拿酒来！"李隆基说："你不是刚喝了酒的吗？"李白说："我是斗酒诗百篇！"李隆基没办法，又叫人给李白喝了三杯酒。李白喝了酒，提笔写了《清平调》，赞美杨贵妃。根据这个故事，杜甫就写了这首诗。我们一起把它朗读一遍。

生：李白斗酒诗百篇，长安市上酒家眠。天子呼来不上船，自称臣是酒中仙。

师：诗仙写的诗，跟常人有什么不同呢？我们今天就走进李白的诗篇。好不好？

生：好！

深入解析

师：先看第一首。

（出示《望庐山瀑布》）

师：听孙老师朗诵一下：《望庐山瀑布》。日照香炉生紫烟，遥看瀑布挂前川。飞流直下三千尺，疑是银河落九天。谁想吟诵吟诵？你来——

生：《望庐山瀑布》。日照香炉生紫烟，遥看瀑布挂前川。飞流直下三千尺，疑是银河落九天。

师：我看到了一个小李白。请坐，谁还想吟诵吟诵？叫一个女同学。你来——

生：《望庐山瀑布》。日照香炉生紫烟，遥看瀑布挂前川。飞流直下三千尺，疑是银河落九天。

师：这个女李白朗诵得多柔和！我们一起来诵一诵。

生：（齐诵）《望庐山瀑布》。日照香炉生紫烟，遥看瀑布挂前川。飞流直下三千尺，疑是银河落九天。

师："日照香炉生紫烟"，庐山上有一个峰，叫什么峰？

生：香炉峰。

师：香炉峰上生出的是什么烟？

生：紫烟。

师：我纳闷啊，我出去看到的都是白色的云雾，为什么李白看到的是紫色云烟呢？猜猜看，用你们的小脑袋猜猜看？

生：因为李白十分富有想象力。

……

师：可见，李白给我们描绘了一幅宛如仙境的图画。（板书：宛如仙境）

师：这样的景象只有天上神仙才能看到。诗仙看到了，把它写下来了，我们一起诵一诵。日照香炉生紫烟——

生：日照香炉生紫烟。

师：好像没有把我带到仙境。"日照香炉"，起！

生：日照香炉生紫烟。

师：哎！虚无缥缈的、如梦如幻的浪漫的仙境，我已经感受到了。这就是诗仙的风格！看看下面的诗句，还有哪些地方能看出李白的诗篇写得与众不同呢？

生：疑是银河落九天。

师：什么地方不同？

生：他把庐山的瀑布比作银河，一般的诗人是做不到的。

师：银河，从天上啊——落到了人间！你想得到吗？

生：我想不到。

师：你想不到，我也想不到。（笑声）这样的想象——

（板书：想象）

师：是一般人想不到的，只有谁想得到？

生：李白。

师：诗仙！如果要在"想象"之前添两个字，李白的诗中，是怎样的想象呢？给我加两个字。

（学生纷纷回答，最后一个学生的形容词"超凡"得到了教师和同学的认可。教师板书：超凡。）

师：有超凡的想象，才叫诗仙哪！还有什么地方写得好？

生：就是"遥看瀑布挂前川"。

师：好在哪儿？

生：我觉得那个"挂"用得好。一般的诗人想不到用"挂"来写瀑布。

师：把瀑布挂在悬崖峭壁上，这也是——

生：这也是李白作为诗仙的一个奇妙的想象。

师：让我看看你的眼睛。（笑声）你是什么眼？慧眼噢！有智慧的眼睛才能看见那个"挂"，把瀑布挂起来啦！又是超凡的！还有哪些地方写得好？要有善于发现的眼睛。

生：我认为那个"飞流直下三千尺"的"飞流直下"写得好。因为那个"飞流"写出了瀑布来势汹涌，"直下"写出了山特别的险峻。

师：你欣赏"飞流直下"，还有人欣赏它后面的吗？

生：我欣赏那个"三千尺"。

师：欣赏它什么？

生：在这句中，李白运用了夸张的修辞手法。

师：你真了不得哎！你还知道夸张啊！说得好，孙老师奖励你，把你这个词写下来。

（板书：夸张）

师：李白的夸张是怎样的夸张呢？"飞流直下三千尺"（举手示意），这叫什么夸张呢？用一个词来形容它。

（一个学生的回答——"极度"得到老师的赞赏。教师板书：极度。）

师：这不是一般的夸张，而是极度的夸张——"飞流直下三千尺"。什么叫诗仙？写的是"宛如仙境"，诗歌当中是"超凡想象"；他的夸张是"极度夸张"，给我们以丰富的美感。谁来把这首诗诵一诵？让我也来到这样的仙境之中。

（播放音乐，生读）

对比升华

（生读后，教师出示唐朝中期徐凝作的《庐山瀑布》）

师：（朗诵）《庐山瀑布》，徐凝。虚空落泉千仞直，雷奔入江不暂息。今古长如白练飞，一条界破青山色。李白把瀑布比作天上的银河落到了人间，把瀑布说成"飞流直下三千尺"；这里徐凝把瀑布比作什么呢？同桌三个人讨论讨论。

（生讨论后，有学生认为李白写得好，也有学生认为徐凝写得好，出现分歧，此次教师将话题收回——）

师：大家都不敢跟李白比，徐凝敢跟李白比。勇气、精神就可嘉。你还想说？

生：我认为李白厉害。因为在唐朝，宇宙是遥不可及的，他能把银河与庐山瀑布联（系）起来，我觉得他厉害。

师：把银河和庐山瀑布联系到一起去，这样神奇的想象，是一般人想不到的。谁厉害呢？

（生举手）

师：放下手，听我说下去。历史的车轮滚滚向前，来到了宋朝。宋朝一位大诗人——苏轼，苏东坡，伟大的浪漫主义诗人，也去庐山游玩，也看到了庐山的美景，面对那壮观的瀑布景象，他也想吟诗一首，但一想到李白的诗，他不敢作了。陪他的和尚说："唐朝还有一位诗人徐凝也写了一首《庐山瀑布》。"苏东坡说："我都没听说过，拿来给我看看。"和尚把徐凝的《庐山瀑布》拿来给苏东坡一看。苏东坡一看这首诗，鼻子里哼了一声。和尚说："你哼什么？什么意思？"苏东坡说："拿笔来！"和尚递支笔，苏东坡提笔写了一首诗，题目叫"戏徐凝瀑布诗"。

（出示《戏徐凝瀑布诗》：帝遣银河一派垂，古来唯有谪仙词。飞流溅沫知多少，不与徐凝洗恶诗。）

师：《戏徐凝瀑布诗》，帝遣银河一派垂——上帝派遣银河从天上垂落到人间。古来唯有谪仙词——从古以来，只有李白从天上——谪仙，就是仙人，被贬到了人间，他是天上的仙人，被贬到人间，才写出这样绝妙的词章。飞流溅沫知多少，不与徐凝洗恶诗——他把徐凝的诗说成什么诗？

生：恶诗。

师：为什么苏东坡这么不喜欢徐凝的诗呢？因为苏东坡也像李白那样，是一个浪漫主义诗人。他不像杜甫，杜甫是个写实的诗人，写得很真实，是不是啊？（指着两位学生）你们两位长大恐怕像现实主义作家。李白是浪漫主义作家，所以他喜欢浪漫的，不喜欢现实的。当然，徐凝的诗，比孙老师的诗不知要好多少倍了！是不是啊？（笑）我们也诵诵徐凝的诗吧，也不要小瞧人家！《庐山瀑布》，起！

生：《庐山瀑布》，徐凝。虚空落泉千仞直，雷奔入江不暂息。今古长如白练飞，一条界破青山色。

师：这是诗歌史中一段非常美妙的佳话。李白，后人称他为诗仙。作为诗仙，从一首诗中是不能看出他的风格的。我们再看几首李白的诗歌是不是有仙人之风。

（播放音乐，出示《夜宿山寺》：危楼高百尺，手可摘星辰。不敢高声语，恐惊天上人。）

师：《夜宿山寺》。危楼高百尺，手可摘星辰。不敢高声语，恐惊天上人。谁来诵一诵？最边上的女孩儿，你来。

生：《夜宿山寺》。危楼高百尺，手可摘星辰。不敢高声语，恐惊天上人。

师：你的朗读，把我带到了新中国成立前。（笑）没有把我带到唐朝。你来。

生：《夜宿山寺》。危楼高百尺，手可摘星辰。不敢高声语，恐惊天上人。

师：到了宋朝了。（笑）古典的韵味怎么读出来呢？古色古香，怎么出来呢？你知道啊？试一试好不好啊？

生：《夜宿山寺》。危楼高百尺，手可摘星辰。不敢高声语，恐惊天上人。

师：你认为把我们带到了哪里？

生：我认为带到了远古时期。（笑）

师：（笑）带到了远古时期了？你认为怎么读才能把古典的韵味读出来呢？

生：读得像古代人一样。

师：像古代人一样？慢一点儿，缓一点儿，悠扬一点儿。你来。

生：《夜宿山寺》。危楼高百尺，手可摘星辰。不敢高声语，恐惊天上人。

师：掌声！

（掌声）

师：我特别欣赏你最后一句：不敢高声语，恐惊天上人。你还想诵一诵？再诵诵诗歌就诵得有味了。你来。

生：不是，我刚刚听了戴枫诵的诗，感慨万千。（笑）

师：感慨万千？说个一千给我听听，不要说万千了。

生：这首诗是李白在深夜里写的，当时应该是非常的宁静，李白就融合在这种宁静的夜色中，仿佛是他自己一个人的世界，而戴枫读得既平静又舒缓。所以呢，我受到的最大启示就是，以后读诗要根据诗人所在的环境、心情，读出它的抑扬顿挫。（掌声）

师：你叫什么名字？

生：许文新。

师：许文新站出来！拥抱一下。

（师生拥抱，笑声）

师：最高奖赏。什么水平哦？哪里是小学生啊？就是小李白嘛！你还想说？

生：刚才读了苏轼的那首诗，你说他喜欢浪漫主义的，我觉得这首诗也体现了李白的这种浪漫主义。从"手可摘星辰"，还有"恐惊天上人"可以看出。"星辰"应该就是天上的星星，"天上人"就是天上的神仙。他在写诗的时候，不是写得很现实的，他写的是有点儿朦朦胧胧的感觉，就是让人陶醉在其中，耐人寻味。

师：让我看看你的眼睛，不仅是慧眼，而且是火眼金睛！像"俺老孙"的一样。（笑声）朦朦胧胧，宛如仙境，把你的右手伸出来，告诉我，你的手摘过什么？

生：摘过水果。

师：你的手摘过什么？

生：也摘过水果。（笑）

师：除了水果，你的手摘过什么？

生：我也摘过水果。（笑声更大）

……

生：我摘过星星。（笑）

师：你摘过星星？告诉我，你在哪里摘过星星的？

生：树上的假星星。（哄堂大笑）

师：树上的假星星！我以为是李白再世了呢！只有诗仙李白才能想到他的手能摘到天上的星星啊！诗仙啊，"不敢高声语，恐惊天上人"。那天上的仙人仿佛就在他的左边，就在他的右边，就在他的头顶上。李白已经到了一种仙境啊！这就叫诗仙啊！有味道吧？这首诗有味道吧？你品品看？自己诵一诵，我给你们来点儿音乐，好不好？吟一吟，把这个味道吟出来。自己练。

（播放古筝音乐，学生自由练习朗读）

师：谁来诵一诵？这一次，把奖励的机会送给你吧——我的"火眼金睛"，你来诵。

生：《夜宿山寺》。危楼高百尺，手可摘星辰。不敢高声语，恐惊天上人。

师：最后一句味道出来了。（夸张地高叫着）"不敢高声语，恐惊天上人。"（笑声）能这样诵吗？你夸张了一下，实际上读得已经不错了。（朗诵）"不敢高声语，恐惊天上人。"谁来？

生：《夜宿山寺》。危楼高百尺，手可摘星辰。不敢高声语，恐惊天上人。

师：来点儿掌声嘛！

（掌声）

精彩结课

师：能读成这样已经很了不起了！想当年孙老师上六年级的时候，读得比你们差多了。李白的诗就是宛如仙境，就是具有超凡的想象，又极度夸张。一伸手就能摘到天上的星星。我们再来看一首。

（出示《秋浦歌》：白发三千丈，缘愁似个长。不知明镜里，何处得秋霜。）

师：（朗诵）《秋浦歌》。白发三千丈，缘愁似个长。不知明镜里，何处得秋霜。

（掌声）

师：一首诗，有它的诗眼。你认为这首诗的诗眼是哪一个字呢？你说。

生：愁。

师：愁啊，你怎么能看到李白的愁呢？他内心的愁怎么能让我们看到呢？他是怎么写的呢？

生：我是从"白发三千丈"，还有后面的"何处得秋霜"看出来的。"白发三千丈"是很夸张的一个句子，这首诗是在他晚年的时候作的。我觉得他那时候一定有很多的忧愁，于是就写到头上的白发特别地花白。

师：头发花白了，"白发三千丈"原来是因为"我"内心的忧愁，像这般长啊！对着镜子照一照，不知那明亮的镜子里，什么时候我的满头青丝变成了满头白发？（有生举手）你有话说？

生：李白的诗，都是很夸张的。让人从夸张里面再回到现实。这首诗是李白在晚年作的，因为他受到了小人的"忏悔"（谗毁）。他很想报国的，但是皇上却不重用他，所以他很伤感。

师：小人诋毁他，诽谤他，小人一般是不会忏悔的。（又有生举手）

生：大家都知道，白发是因愁而生的，所以我可以体会到李白的愁很长。

生：我从"何处得秋霜"可以看得出来。大家都知道，"秋霜"是很冷的，李白的心也跟秋霜一样，也冷了。

师：什么眼睛？你们说他是什么眼睛？（议论纷纷）他都能看到诗歌中的温度啊！冷啊！寒啊！寒若秋霜啊！（有生举手）你有话说？

生：我要补充，因为从这句话中可以看出李白处在水深火热之中，他急需一些冷的东西降降温，（哄堂大笑）并借此消愁。

师：你叫什么名字？

生：我叫陆天宇。

师：我知道你说的不是实话，说的是幽默的话，你们可不能当真，他是调侃一下，（笑）他是太热了，给他冷一冷！（笑）即使诗仙，也有忧愁啊！但是诗仙的愁不像我们常人的愁，写得悲悲切切、凄凄惨惨，诗仙的愁写得那么豪放，"白发三千丈"，那么豪放，那么夸张，那么洒脱，那么飘逸。一起来诵一诵。"白发三千丈"，起！

生：白发三千丈，缘愁似个长。不知明镜里，何处得秋霜。

师：你看到过谁的白发有三千丈？

生：没有。

师：只有谁能看到？

生：李白。

师：因为李白是——

生：诗仙！

师：只有仙人的眼中、心中，才能有那么长的白发啊！同学们，李白作为一位诗仙、一位伟大的浪漫主义诗人，他写了九百多首诗。在他的身上，更有许多动人的传说。（出示）话说有一次李白去浙江的湖州游玩。在一家酒楼上独自饮酒，酒醉之后，又一个人高声歌唱，引来不少看热闹的人——一般人把李白当作疯了。这时，湖州司马经过此地，问道："酒楼高歌者是谁？"李白听了之后，用诗回答他："青莲居士谪仙人"——"青莲居士"是他的号，"谪仙"是贺知章给他的美称。"酒肆逃名三十春"——李白也曾经得到过唐玄宗的召见，但是被召见到宫里干吗呢？就是写几首诗赠送给他的爱妃杨贵妃，博得他爱妃的一笑。李白是旷世奇才，他是要报效国家的啊！他怎么能只写几首诗博妃子一笑呢？于是他就愤然离开宫廷，再次来到民间，"飘逸"于名山大川之中，在街市酒店中借酒消愁。"湖州司马何须问"——湖州司马，你还要问吗？"金粟如来是后身"——我李白百年之后就变成如来佛啦！就成仙成佛啦！那种高傲，那种不屑一顾，尽在诗中。喜欢李白吗？

生：喜欢。

生：我也喜欢李白。因为李白有超凡的想象，而且他的诗很豪迈，所以我喜欢他的诗。

师：你喜欢吗？

生：喜欢！我喜欢他诗里的韵味。

师：韵味！李白是酒仙，李白是诗仙。我说（示意板书）：李白是仙。李白是一座高山，如果你们还想学习的话，下次我再给你们上一课——"李白是人"，他也是常人。下课！

评析

　　这的确是堂好课。它从整体上体现了新课程的理念与要求，又从一个侧面体现了情智语文的特色与追求，可以解读与研究的方面很多，可供开发与借鉴的元素也很多。不过，通览课的全过程，我以为解读与研究的内容可以归结到一点，那就是创造性。稍加注意，不难发现，无论是专题与主题的设定，还是教学的设计与过程中细节的处理，都闪现着创造的智慧。创造性地教，让学生创造性地学，师生共同创造教学过程，是这堂课最主要的优点，也是情智语文之魂。

　　1. 创造性地设定教学专题，让学生在丰富资源的整合中领会中国传统诗性文化的意义。"走近李白"是一个教学专题，是孙双金语文教学研究中的一个重要课题。何为教学专题，教学专题何为，如何设定教学专题是专题教学研究中的三个基本命题。对这些问题"走近李白"的课例都作了较为清晰的回答，其间无不体现了创造性。

"走近李白"中李白的诗及有关内容学生在教材中学习过,但并非都是教材中的;即使在教材中学习过,也并非在同一个年级或同一个学期。这些诗如今在"走近李白"的"召唤"下走到一起来了,一起走进了"走近李白"这一专题。显然,教学专题有别于教材中已编排的教学单元,它是围绕一个主题,对教材中和教材外的有关内容进行内在关系的梳理,重新组合,形成新的教学单元。可见,教学专题往往是超越教材、超越年级的,主题性、统整性、超越性是其主要特征。教学专题是一个新的教学结构,这种教学结构具有"召唤力","召唤"着新的教学资源,激发着学生学习的欲望,开发学生学习的潜能,把学生引向丰富、生动的教学情境,使其获得新的体验。专题教学中学生的综合、比较、概括能力得到培养,进而形成新的知识框架。这就是"走近李白"给我们的启示:不仅表现了教者的责任感,而且表现了教者的创新精神。

无疑,"走近李白"的资源远比教材丰富,视野远比教材开阔,但更有价值的,是"走近李白"所彰显的文化意义和文化张力。学习李白的诗,进一步领悟诗中蕴涵的意境,欣赏李白的诗情才华,为的是走近李白。但是,"走近李白"背后的深层意蕴又是什么呢?孙双金的回答是:"对学生进行诗教。""走近李白",意在引导学生重视"地方化",重视中国传统文化,坚守民族传统和民族精神。其实,走近李白,在学习古代诗词中走上"回乡"之路的同时,我们也怀着民族的情怀走向世界,走向现代化。这,就是"走近李白"所彰显的文化意义和文化张力。

2. 创造性地设计教学过程,让学生在参与教学的过程中领悟与欣赏李白及其诗作的仙气与风骨。"走近李白"的教学过程如湖水一波又一波,层层涟漪;又如海水一浪高过一浪,高潮迭起,精彩不断。

"走近李白"的教学过程的设计呈现以下特点:以"李白是仙"为主题,以李白的经典绝句为主块,用故事来串联和推进,以吟诵、想象、比较等为主要方法,引导学生欣赏和感悟李白诗的浪漫色彩与巧妙意境,领略和领悟李白的仙风仙骨。

以"李白是仙"为主题。这一主题的设计是以学生感悟与评价的方式来呈现的:"你了解李白吗?"学生在这一问题的冲击下,调动了已有的知识,回答李白是诗仙。这种以学生主动的方式呈现的主题,给人以开门见山的感觉,简洁、鲜明,成了"课眼",引领着教学进程。教师这种意识是强烈的,而正是这悄悄的点击,起到了恰到好处的点睛的作用。这种点击又是一首诗赏析的小结,另一首诗赏析的开始。诸如:"这样的景象只有天上神仙才能看到。""把庐山的瀑布比作银河，一般的诗人是做不到的。""作为诗仙，从一首诗中是不能看出他的风格的，我们再看几首李白的诗歌，是不是有仙人之风。""只有仙人的眼中、心中，才能有那么长的白发啊！"可贵的还在于最后由表及里、由此及彼的拓展和深化：点化李白"谪仙人"高傲的风骨，点明"李白是人"，是常人。这样，仙人的平民化、诗人的仙化，这么辩证地融合为一体，主题的贯穿与深化在教学过程中如此顺畅、鲜明！

以李白的经典绝句为教学主块。李白的诗歌近千首，如何选择，如何组合成学习模块？孙双金有两条选择标准：经典的，又是适合儿童的。于是他"将注意点转向了李白的绝句"。因为李白的绝句犹如"清水出芙蓉，天然去雕饰"，是"高声唱出来的，是心中流淌出来的"。最终他选择了《望庐山瀑布》、《夜宿山寺》和《秋浦歌》，形成了"走近李白"的组诗教学，一首一首地引导学生吟诵、欣赏、理解。这三首经典绝句成了教学的三大块。实践证明，三大主块支撑了整个教学，让学生逐步走近李白。这种组合方式平实，线索清晰，易为一般教师所学。

用故事来串联与推进。整个教学一共安排了4个小故事，其中李白的《望庐山瀑布》、徐凝的《庐山瀑布》、苏东坡的《戏徐凝瀑布诗》为一组。且不说故事的精心选择与巧妙编排，只说故事在教学中的作用：故事的讲述与铺陈绝不是教学的附庸，更不是教学的累赘，而是教学的有机组成部分；不是为了学生的兴趣，制造一些欢乐的氛围，而是用故事来串联教学，使之成为整体；更为重要的是让学生从比较和欣赏中理解了李白诗的意境之高远、气势之磅礴，以及李白作为诗仙的高贵、高超与风骨。所以，故事的推进不是一个程序的概念，而是具有深度意蕴。

以吟诵、想象、比较等方法来领悟。孙双金说得好："中国诗歌更像中国的写意画，追求的不是形似而是神似，诗歌教学更要关注内在的神韵。""诗歌教学要超越理解，强化欣赏。"观点极有见地。是的，诗歌是一种想象世界的方式，是现实世界的折光。李白诗之伟大，也许就在于此；而"走近李白"教学之精彩正在于它应和了这种"想象"、"感悟"、"欣赏"的方式让学生真切地感受到这现实世界的折光的斑斓与奇妙。

3. 创造性地开发和利用教学细节，让学生处在积极的思维状态，感受和生长智慧。"走近李白"的教学，波澜起伏，与孙双金非常敏锐地发现教学中的问题，创造性地开发并利用细节分不开。

情智语文成功的关键在于教者本身的情感和智慧水平。笔者以为，情感内涵中的道德感、理智感、审美感，以及智慧内涵中的观察力、敏感性、创造力，都影响着教学过程，影响着教师教学风格的形成，与此同时也影响着学生情感的发展及智慧品格的培育。孙双金原有的文化积淀、情感品位、机敏的应对水平，加之教学本课前大量的阅读准备、周到的设计安排，以及设计中对教学情景的超前想象，都让他在面对教学中的细节时，保持高度的清醒；做到心中有数，手中有法，从容应对，能在瞬间生成处理的对策，使细节熠熠生辉。对课中有关细节开发情况的梳理，以下一些要点值得我们思考与借鉴。

（1）对学生吟诵的反应。对朗读的反应，孙双金不是止于一般性的评价与鼓励，而是逐步提高要求，从朗读走向吟诵，并提升吟诵的水平。如此，对诗的吟诵情况的反应已成了教学的有机组成部分，成为教学的内容和要求。你的吟诵"已经把我带到半空中了"，"把我带到了八重天，还没有到九重天"。这妙在何处？妙在与诗中的"飞流"、"银河"、"九天"相呼应，吟诵中我们似乎在追寻着那高高的"九天"。"你认为怎么读才能把古典的韵味读出来呢？""慢一点儿，缓一点儿，悠扬一点儿"，"以后读诗要根据诗人所在的环境、心情，读出它的抑扬顿挫"。一个"古典韵味"的难点竟被化解得如此简单、迅速。真智慧、大智慧总是不张扬的，总是悄悄地展开的。

（2）对关键字眼的讨论。在教学"危楼高百尺，手可摘星辰"时，老师说："告诉我，你的手摘过什么？"学生回答"摘过水果"。有一学生竟然说："我摘过星星（树上的假星星）。"这是一个很有意思的细节：第一，只有在宽松、民主的氛围中，学生才可能毫无顾忌、俏皮地作答；第二，学生摘的是树上的假星星，而李白却说可摘天上之星，教者把"天上"、"树上"摆在一起，让学生在对比中领悟"高"的含义；第三，"只有诗仙李白才能想到他的手能摘到天上的星星啊"、"李白已经到了一种仙境啊"，在嬉笑中，又回到了主题上，一个庄重的话题——"李白是诗仙"又走进了学生的心灵深处。就是这么一个"摘"字生出了如此丰富的内容，这就是创造性。对《秋浦歌》中"愁"字的处理同样有智慧。

对浪漫主义色彩的讨论。"想象"与"夸张"的确是李白诗的特点，李白诗处处漫溢着浪漫主义的色彩。值得注意的是，孙双金不是把想象、夸张作概念式的呈现，更不是让学生机械地记忆概念，而是让概念来自学生的讨论，来自学生自己的理解和概括，在笑谈中，道出了诗仙的高雅品格，理解了"极度"夸张的准确性。

对不同意见的讨论。孙双金对徐凝的勇气与学生发表不同意见的勇气都作了肯定。可以说，问题不在谁好谁次，而在于在比较中有了自己的评价标准和评判的勇气，这比简单地下结论更有价值。

对学生"不顺从"的处理。用什么词来形容想象，一位学生竟然当众回答："没有把握的不说！得不到表扬也无所谓！"孙双金不气不恼，而是顺水推舟，把问题引向对"仙人境界"的理解："厉害！达到了仙人的境界！超凡脱俗！"而正是老师表扬的"超凡脱俗"被学生迁移用来形容"想象"。

"走近李白"教学实践中的智慧跃然纸上，生动的情景浮现于眼前。教学过程总是由一个个细节联结、组合成的。创造性——"走近李白"成功的根源；创造性——情智语文之魂！（成尚荣）

观 点

情智语文的工具性和人文性

情智语文是工具语文。情智语文，首先是语文，是共同的语文。语文就离不开字词句篇、听说读写、语修逻文。情智语文关注语文的工具性，在字词句篇的教学中生成情智，在听说读写的训练中培养情智，在语修逻文的感悟中放飞情智。书声琅琅，是情智的抒发；议论纷纷，是情智的倾诉；高潮迭起，是情智的迸发；静思默想，是情智的萌动；奋笔疾书，是情智的倾泻；滔滔不绝，是情智的奔涌。

离开了语文的工具性，情智语文则成了水中花、镜中月。一个词能生出情智之根，一句话能长出情智之叶，一段字能开出情智之花，一个篇章能结出情智之果。情智语文是扎根在工具语文这片沃土中的大树，根深才能叶茂，才能枝繁，才能花艳，才能果硕。

情智语文是人文语文。一首首诗歌是人类情思的抒发；一篇篇小说是人类悲欢离合的述说；一则则寓言是人们智慧的结晶；一个个童话是人们心灵的倾诉……文章，包蕴了人们多少的情感；文章，凝聚了人们无限的智慧。情智语文关注的是学习者——学生。关注他们的学习兴趣——他们喜欢语文吗？关注他们的学习方法——他们会学语文吗？关注他们的学习习惯——他们自觉地学语文吗？关注他们的学习品质——他们能持之以恒地学习语文吗？

心中有情，目中有人，脑中有智，手中有法，这是情智语文的特征。心中有情，我们的课堂就会未成曲调先有情，道是无情却有情；目中有人，我们的课堂就不会只见教案，不见学生，只见教师，不见学生，只见书本，不见生命；脑中有智，我们的语文课堂就会山重水复，柳暗花明，就会拨云见日，茅塞顿开，就会峰回路转，豁然开朗；手中有法，我们的课堂就会深入浅出，就会循循善诱，就会因材施教，就会让学生欲罢不能。（孙双金）

解读

独特的教学风格源于文化底蕴

孙双金有自己鲜明的教学艺术和风格，比如洒脱、灵活、睿智、生动。透过孙双金的教学艺术和风格，我们又可以触摸和体悟到他的教育理念，以及在此基础上逐步形成的教育主张。

教学艺术：在教育主张中生成与生长

孙双金的语文课堂，学生之所以"小脸发红，小眼发光，小手直举，小嘴常开"，不能不说是因为他的教学艺术刺激着孩子们的生命，激发着孩子们的创造活力。一个优秀的教师应当追求自己的教学艺术，逐步形成自己的教学风格。

必须指出的是，教学艺术是教师的"出场方式"，它离不开"存在者"——教师的思想和观念，也离不开教师的文化修养与精神品格。在"方式"的背后，支撑、引领方式的应是教育理念和价值思想。其实，海德格尔早就非常深刻地阐述了一个观点："艺术的本质就是：存在者的真理自行置入作品。"我们不妨把课堂看作师生共同创作的艺术作品，其间必然有教师"真理"的置入。我以为，从某种角度来讲，教师的"真理"就是教师的教育主张。如果教学艺术是葱郁的枝叶，那么教育主张则是树木深远的根系；如果教学艺术是清澈的溪水和跳动的浪花，那么教育主张则是溪流的源头，喷涌不息，汩汩流淌。教育主张提供着教学艺术的源头活水，支撑着教学艺术的生长，引领着教学艺术的指向，增厚着教学艺术的底蕴。

孙双金有自己的教育主张。他的教育主张就是推行情智教育。他说："我心目中理想的语文教学是情智语文。"这一教学主张不是臆想的，也不是灵机一动冒出来的，当然更不是生拼硬凑而成的。在与孙双金的接触、交谈和讨论中，我具体地感受到，情智语文的形成与提出，有其基础和背景。一是对自己长期致力于语文教学改革的经验的积累、提炼和概括。实践经验的积淀让他有了思考的资源。二是让自己处于学习的状态。学习让他有了文化的积淀和丰厚的知识背景，教育主张总会在文化中透出新意。三是不断地向自己提问。他常常向自己提问：

"好课是什么?""好课是登山吗?""好课是精神的天堂吗?"……追问让他对语文教学有了深度的理解和独特的视角。总之,教学艺术,尤其是教育主张,是通向教育专家和教育家的起跳板。

情智:语文教学内在生成和支撑的力量

形成教育主张的过程是一个不断和自己对话、深入阐释的过程。教育主张要站得住、立得稳,首先要说得清。

情与智,是教育,是语文教学的两个基本的重要命题,是语文教学所寻求的两种力量,这种力量来自内部,而不是外部;不是一般性力量,而是生长性、支撑性、引领性的力量。

情感,情感在人的发展中处于十分重要的地位,尤其是在人格系统中处于核心位置。其一,情感是人格特质之一。诺尔曼·丹森在《情感论》中指出:"一个真正意义上的人,应该是一个有情感的人。"当下由于"应试教育"的侵袭,情感在教育中丧失了应有的位置,被挤压,被轻慢,逐步被边缘化,代之以科学的符号以及分数,这导致学生精神的贫乏化、人格的不健全,学生作为人的真正意义正在流失。重视和加强情感教育正是为了把学生培养成完整的人、健康的人。其二,情感是人发展的动力机制。情感像是一部发动机,给人的发展以动力。它推动着学生向健康、崇高和伟大前行,进而精神饱满地去奋斗和创造。其三,情感是表达人的精神发育状况的外部特征。让学生快乐活泼、朝气蓬勃,就是让学生表达自己内心的追求,表达自己对生活、对社会、对人类积极的态度。透过学生的情绪、情感,我们可以触摸到他的整体精神面貌,进而通过教育去赋予他们精神价值。所以,快乐的情绪、幸福的表情绝不是可有可无的。其四,情感是一个完整的概念,它包含道德感、理智感、审美感。情感绝不只是热情和激情,绝不是只有"温度"而没有深度。情感教育说到底,是让学生向着真、善、美迈开行进的步伐。

智慧,智慧实质上是人的综合素质和整体品质的集中体现,教育的智慧主旨在于提升学生的整体品质。智慧概念的未完成性,给我们理解智慧留下了极大的空间。其一,智慧高于知识。英国哲学家怀特海说:"虽然智力教育的一个主要目的是传授知识,但智力教育还有另一个要素,它比较模糊却更加伟大,因而也具有更重要的意义,古人称之为'智慧'。你不掌握某些基本知识就不可能聪明;但你可以很容易地获得知识却仍然没有智慧。"其二,智慧附属于能力。能力是智慧的结果和表现。生长学生的智慧在培养能力的过程中进行。其三，智慧关涉到道德。道德是智慧的方向，生长智慧必须培育人的道德。智慧关涉到人生态度和人生理想。由此，智慧教育在于培养学生的价值观、人生观以及创造生活的心智。

情与智的融合、共生，孙双金的情智教育主张既可贵，又有远见。不仅是因为他提出了加强情感教育和智慧教育这两个重要命题，更重要的是他把情与智结合在一起，让其相互融合、补充、促进，在情智的共生中促进学生的全面而自由的发展。孙双金认为，情感为智慧的生长提供动力支持，并且把握着智慧的方向；智慧则为情感寻找到深刻的内涵，并且提供着价值判断和选择；情感与智慧的结合，从某种意义上说是感性与理性的结合，推动着学生的全面发展和个性发展，关乎着学生的精神价值的提升；情与智的共生，激发了学生内在的力量，支撑着、鼓励着学生创造性发展。孙双金见解的深刻和独到，使我们感受到思想的力量。

情智语文：语文本位的坚持与突破

情智语文会不会是语文性质的异化？会不会是语文内涵的窄化？如此提醒是有益的，但又是不必担忧的。

我以为提出情智语文，正是对语文课程本质和内涵的深刻认识和深度开发。从情智语文的探索来看，孙双金的教学艺术和风格，至少表现出有大气、有底气。庄子说"大知闲闲"、"大言炎炎"，是说人要有大智慧。有大智慧的人闲适、自由，着眼于宏观，着力于整体，说话有气势，能鼓舞人、激励人。孙双金在课堂上显得从容、轻松、洒脱、大气。教学要有知识和文化的支撑，底蕴深厚，会让教师举一反三，左右逢源。孙双金的从容与轻松，正是因为文化的积淀给了他底气。有底气的人才可能去创造教学艺术和风格。当然，孙双金的语文课堂充溢着灵气。学生回答问题的一个声调、朗读课文时的一个字词的跳跃、言说与表达中的一个细微的神情，课文中词语的排列、一段音乐的播放设计、一条教学线索的安排，问题群的形成、思维河的流动、想象力的激发，孙双金都将其当作情感与智慧的资源去开发。

我们期待着孙双金的教育主张更为成熟和完善，期待着情智语文情感与智慧并蒂绽放花朵，结出耐人寻味的果实。（成尚荣）

3. 王崧舟：精致大气的诗意课堂

王崧舟，小学语文特级教师，中学高级教师。他积极倡导"诗意语文"的理想和信念，在实践中逐步形成了"精致、和谐、大气、开放"的杭派语文教学风格。他现任杭州市拱宸桥小学教育集团理事长兼拱宸桥小学校长，兼任浙江省小语会副会长、杭州市小语会会长。他是国家级学科带头人，先后出版《小学作文教学改革与流派》、《诗意语文》等4部教育教学论著，在省部级以上公开刊物发表《天地一课堂》等论文100余篇；并先后应邀赴全国28个省份150多个城市开设观摩课近千节。

画外音

王崧舟超越着王崧舟

全国著名特级教师、浙江省小语会会长沈大安老师在细致解读了王崧舟不同时期语文教学经典课例后，总结出他诗意语文教学的一个连续谱系。在沈老师看来，贯通这个教学谱系的，是一种精神、一种境界，那就是王崧舟对自己的永无止境的超越。

在他看来，王崧舟既是一位超越者，又是一位被超越者。王崧舟超越着王崧舟，他在超越中死去，也在超越中获得新生。

西哲圣埃克苏佩里曾经把"创造"定义为"用生命去交换比生命更长久的东西"，沈老师认为，此处的"创造"当与"超越"是同义语。真正的超越，是不去计较结果的，它是一个人的内在力量的自然而然的实现，超越本身即是一种莫大的人生享受。是的，唯有超越，才是王崧舟能够建构、能够诗意栖居的永恒家园。

从一个普通教师成长为一位特级教师，一路走来，王崧舟坚信"人品、师品、学品、文品、课品"的统一是事业成功的基石。他所追求的是这样一种事业境界：在促进学生生命和谐发展的同时，努力实现自我生命的和谐发展，让师生在语文的大地上诗意栖居。（雷玲）

课堂教学艺术

之一：读出画面——教学构思的超越

《万里长城》教学片段

师：闭上眼睛，随着老师的描述，你的眼前仿佛出现了怎样的画面？在"成千上万"的参观者当中，有老人，有小孩；有中国人，有外国人；有普普通通的平民百姓，有地位崇高的国家元首；有肢体健全的正常人，也有缺胳膊少腿的残疾人。他们来到长城脚下，一步一步地开始了庄严的攀登。睁开眼睛！把你看到的画面写在练习题上。

（学生按照练习要求写话，教师巡视）

师：同学们，在这成千上万的参观者当中，你看到的是——

生：（读话）一位双腿残疾、饱经风霜的八旬老人，在儿子的陪同下登上长城，目睹了长城坚强、刚毅、庄重的形象，情不自禁地发出赞叹："啊，确实了不起！"

师：写得好！你再想象一下，八旬老人，白发苍苍、饱经风霜，他会用怎样的口气赞叹长城？他的那些话该怎么读？

生：（读话）一位双腿残疾、饱经风霜的八旬老人，在儿子的陪同下登上长城，目睹了长城坚强、刚毅、庄重的形象，情不自禁地发出赞叹："啊，确实了不起！"

师：像个老人了。（笑）尽管声音低沉，感情却非常真挚啊。

生：（读话）一位环游世界的领导人，带着他的家人，随着人群满怀激情地登上长城，目睹了长城坚强、刚毅、庄重的形象，情不自禁地发出赞叹："啊，确实了不起！"

师：像一位领导人！还有不一样的吗？有说外国人的吗？

生：（读话）一群美国人跟着我国的导游登上长城，目睹了长城坚强、刚毅、庄重的形象，情不自禁地发出赞叹："啊，确实了不起！"

师：奇怪？美国人的汉语怎么这么好？（众笑）模仿模仿美国人说汉语的口气！

生：（模仿外国人的口气读话）一群美国人跟着我国的导游登上长城，目睹了长城坚强、刚毅、庄重的形象，情不自禁地发出赞叹："啊，确实了不起！"（众大笑）

师：还有不一样的吗？有说小孩子的吗？

生：（读话）一个年仅三岁的小男孩，在爸爸妈妈的带领下登上长城，目睹了长城坚强、刚毅、庄重的形象，情不自禁地发出赞叹："啊，确实了不起！"

师：不得了！肯定是一神童！（众大笑）三岁的小孩就能发出这样的赞叹，神童！也说明咱们的长城确实了不起啊！同学们，这就是咱们的长城，不管是小孩还是老人，不管是中国人还是外国人，不管是国家元首还是普通百姓，只要他们登上长城，就会情不自禁地发出赞叹——

生：（齐读）啊，确实了不起！

评析

《万里长城》一课是王崧舟的成名作，据他回忆，此课的创作数易其稿，涉及伤筋动骨的构思调整就不下七八次，这个典型片段正是他数易其稿的产物。将文中"成千上万"一词读出画面，是此课的一大亮点。联系当时的创作背景，我们不难发现，语言文字的训练依然是这个构思的基点，"按照练习要求写话"的安排，遗存的正是这种明显的训练痕迹。然而，这个片段的超越性恰恰在于，这种带有填充性质的句式训练被有机地整合到了"读出画面"的解读方式之中。显然，"读出画面"这一教学构思，是对该时期到处泛滥的机械语言训练的一种扬弃。这种扬弃，体现在将语言训练置于整体语境之中，也体现在对"成千上万"这一词语的感性解读方式上。这种将言语还原成画面、场景和情节的解读方式，可能是一种更接近文学阅读、更贴近儿童言语学习的方式。

诗意语文被标举为一种感性的语文，尽管那时的王崧舟尚未扛起"诗意语文"的大旗，但敏感的读者已不难窥见，感性解读的端倪在《万里长城》的教学中已经初步显露。（沈大安）

之二：让学生自己提问——教学模式的超越

《只有一个地球》教学片段

师：发现问题的请举手。因为时间有限，想提问的人又多。这样，给大家6次提问的机会。谁抓住机会提第一个问题？

生1：我不明白，为什么说没有适合人类居住的第二个星球？

师：（板书：第二个星球？）不错，从他的提问中，我们隐隐约约感受到了他有一种遗憾，也感受到了他对地球现状的担忧，他在找后路。但是，我要告诉你，书上没有答案。如果你真想研究这个问题，我建议你到课外去找一找资料，这个问题课堂上就不讨论了。但是我还是要感谢你第一个起来提问题，感谢你对人类和地球命运的关注。

师：谁来提第二个问题？

生2："慷慨"是什么意思？

师：（板书：慷慨？）建议你读一读"慷慨"所在的句子，你能读明白的，我相信。

（生2读有关句子）

师：明白了吗？

生2："慷慨"就是"无私"的意思。

师：对，真好。第三个问题谁来提？

生3："这个地球太可爱了，同时又太容易破碎了。"这是为什么？

师：（板书：容易破碎？）这是一个非常有研究价值的问题（画上第二个问号），这是一个值得全班同学认真研究的问题（画上第三个问号）。

生4：地球既然这么美丽，为什么不去好好保护它呢？

师：（板书：不保护？）是啊！一个如此美丽、如此温柔、如此可爱的星球，我们人类为什么不好好地去保护它呢？我想，你不光是在提问，更是在责问，在责问那些破坏地球的人们，是吧？

同学们发现没有，这个问题跟哪个问题是有联系的？（在第三、第四这两个问题之间画上记号）谁还有问题？

生5：这是宇航员遨游太空目睹地球时发出的感叹，请问宇航员发出了什么感叹?

师：读读那段话。

（生5读有关段落）

师：读懂了吗？

生5：读懂了。

师：读懂了什么？

生5：我们的地球太容易破碎了，所以人类不该破坏它。

师：（作"恍然大悟"状）噢！我明白了，你是想问"宇航员为什么会发出这样的感叹"是吧？（板书：感叹？）第六个问题谁来提？

生6：地球上有这么多的资源，人类为什么要破坏它呢？为什么不留住给后代来使用呢？

师：（作"困惑"状）这个问题，你们都听明白了吗？

生：（齐答）不明白。

师：你能不能再说一遍？

生6：水资源、森林资源、大气资源都是我们生活所需要的，为什么有些人要去破坏它呢？

师：用书上的一个词来说，就是"随意毁坏"。（板书：随意毁坏？）还有问题吗？

（生无人举手）

师：一共提了六个问题。王老师很高兴，为什么呢？因为这六个问题都是你们自己发现的，而且每个问题都提得很有思考价值。当然，有些问题书上没有答案，可以放到课外去研究，但是大多数问题书上有答案，就在字里行间。老师相信，这些问题，你们通过自己的阅读思考，通过发现前后之间的联系，一定能够自己解决。

评析

在这之前，《只有一个地球》已经有过两个版本，但用王崧舟自己的话来说，那两个版本的设计，采用的依然是他自己操纵自如、驾轻就熟的感悟式教学方式，阅读教学的深度和自由度都未能实现大的突破。到了第三版，也就是在这个典型片段中，我们却发现了一种此前王崧舟从未涉足过的阅读教学模式的楔入，这就是基于"学生自己提问"的质疑教学模式。显然，让学生自己提问，对王崧舟而言是一种超越，但这种超越尚不具备普遍意义上的典型性，因为尝试这种模式的毕竟大有人在。问题的实质在于，当学生提问之后，王崧舟做了些什么？这样做的真正意图又是什么？可能，真正意义上的超越就蕴涵于此。

王崧舟曾经认为：语文之问与科学之问其趣迥异。语文之问偏于审美，科学之问则重于理性。审美的问，自然以情感为逻辑之维，这是诗意语文的一种课堂主张。学生的种种叩问，其意并非在求得一明晰确凿之答案，从某种意义上讲，这些问实乃不问之问、问不在问，这是一种饱蘸情绪的问，问出一种情绪、情意和情味，也就宣告了"问"这一存在的终结。

"问出情绪"是否一定意味着"问"的终结，当可进一步商榷。但从学生提问的背后，倾听并理解他们的"问外之意"、"疑中之情"，将"问"引向深入，从而使"质疑"和"感悟"在言语的情味和意蕴的理解场中走向视域融合。也许，这才是某种洞达通彻的教学超越。（沈大安）

之三：情与情的谐振——教学艺术的超越

《一夜的工作》教学片段

师：（深沉地）是啊，正像你们所讲的那样，他的一生都是这样做的。让我们一起，走进总理生命的最后一段时光吧！

（课件呈现以下内容，教师以抑扬顿挫的语气和节奏朗读这段文字）

1972年，周总理被确诊患了癌症。

1975年，周总理的病情开始恶化。但他仍然拖着只剩30公斤的重病之躯，继续顽强地工作着。

6月7日，周总理会见菲律宾总统马科斯。

8月26日，周总理在医院会见柬埔寨首相西哈努克亲王。

9月7日，周总理不顾病情的严重恶化和医护人员的一再劝阻，坚持会见罗马尼亚党政代表团。

9月20日，周总理做第四次大手术。在进入手术室的前一刻，躺在推车上的周总理吃力地握住小平同志的手，鼓励他把工作做好。

10月24日，周总理做了第五次大手术。这次手术过后，他一再叮嘱邓颖超，死后不要保留骨灰。

12月20日，生命已经处于垂危状态的周总理，向应约前来的罗长青询问台湾的近况。谈话不到 15 分钟，周总理就昏迷了过去。

1976 年 1 月 7 日 11 时，周总理从昏迷中苏醒，用微弱的声音对身边的医生说："我这里没有什么事了，你们还是去照顾别的生病的同志，那里更需要你们……"这是周总理生前留下的最后一句话。

1976 年 1 月 8 日上午 9 时 57 分，周总理的心脏永远停止了跳动。

师：（停顿、静默）就这样，总理永远地离开了我们。（问一学生）你哭了，你为什么哭了？

生 1：（哽咽着）因为周总理为了人民，他生病了也还是为了人民。

师：（对另一生）为什么你眼里饱含泪花？

生 2：（拭泪）因为周总理为了国家，在生命的最后一刻还是关心着其他的人。总理生前留下的最后一句话就是："我这里没有什么事了，你们还是去照顾别的生病的同志，那里更需要你们……"总理也是病人哪，他为什么又要让护士去照顾别的人呢？

师：是啊，你想问问总理，为什么到了生命的最后一刻，你还不想想你自己啊？

生 3：（抽泣着）我还想问问总理，为什么还要告诉邓颖超他死后不要保留骨灰？

师：对呀！他连骨灰都没有留下来，撒向了碧蓝的大海！

生 4：我想对总理说，总理啊，您已经尽职了，为什么还要对自己的身体"不负责"呢？

师：我知道，这不负责是带引号的。所以，同学们，了解了总理事迹的每一个人，都被他的人格深深地感动了。1998 年 3 月 5 日，就在总理 100 周年诞辰的日子里，作曲家三宝怀着对总理的无限崇敬，为《你是这样的人》谱写了一首极其感人的曲子。来，全体起立，让我们在《你是这样的人》的感人旋律中，再次走近我们伟大的总理——周恩来。

（大屏幕播放总理一生的事迹片段，配有戴玉强原唱的歌曲《你是这样的人》。师生肃立，凝神观看，泪眼婆娑。）

评析

此课曾经轰动一时，用王崧舟自己的话来说，此课的创作，标志着"诗意语文"的诞生。让学生在语文课上深受感动已属不易，而让学生感动于早已远离他们的生活、至今依然被高度政治化的周总理的人格精神，平心而论，则是更加不易。此课的成功，是某种只可意会的、纵横捭阖的教学艺术的成功，它的成功，是对文本情感逻辑的一种自觉皈依，从根本上说，在于将"语文"由外在于学生的"对象之物"转化为内在于学生的"体验之物"。这种转化，正是"超越"这一生命特性在王崧舟的语文人生中的又一次澄明和敞亮。不管怎么说，师生在课堂上的泪眼婆娑至少是一种确证，一种心灵感应的确证。

诚如王崧舟所言：诗意语文，正是这种人与人之间的精神契合，是"我"与"你"的对话与敞亮。这种契合，是包括学生、教师、文本、作者在内的各自的精神被深深地卷入、沉浸和交融，是用生命阐释生命的意义，建构富有独特个性的生命化理解，创造精神领域的共识和同在。（沈大安）

之四：反教案——教学习性的超越

《长相思》教学片段

师：提两个问题，看看你们对这首词的意思基本读懂了没有。（板书：身）第一个问题：作者的身，身体的身，身躯的身，作者的身可能会在哪些地方？

生1：作者的身在山海关。

师：山海关，这是你的猜想。请站着，谁有不同的看法？

生2：作者的身在前往山海关的路上。

师：路上。请站着。继续说。

生3：作者的身已经过了山海关。

师：又是一种猜想。你也站着。谁还有不同的猜想？

生4：他的身可能刚刚离开家乡。

师：好。读一读"山一程"，他的身还可能在哪儿？

生5：可能在山上。

师：怎么样的山上？用一个词来形容。

生5：悬崖绝壁。

师：好险。那么，"水一程"呢？他的身还可能在哪儿？

生6：在船上。

师：可能要经过险滩急流，可能要经受浪遏飞舟。是的，那么"夜深千帐灯"呢？

生7：他的身可能在营帐里。

师：孩子们，这里站着一、二、三、四、五、六、七位同学。作者的身在哪儿？七位同学所讲的就是作者的身经过的地方。他的身经过了崇山峻岭，他的身经过了急流险滩，他的身经过了荒郊野岭，他的身经过了悬崖绝壁……他的身还经过了许许多多的地方。一句话，纳兰身在征途。（板书：身在征途）

师：已经读懂了一半，下面我提第二个问题。（板书：心）纳兰的心，心情的心，心愿的心，心又在哪儿呢？

生1：他的心在故乡

生2：他的心在家乡。

生3：在家乡。

生4：在家乡。

生5：在家乡。

师：用课文里的一个词，一起说，纳兰的心在哪儿？

生：（齐答）心系故园。

师：好。（板书：心系故园）孩子们，身在征途，心系故园。把它们连起来，（师在这两句上画了一个圆圈）你有什么新的发现、新的体会？

评析

此课被誉为诗意语文的经典之作，王崧舟曾经在《〈长相思〉的精神三变》一文中细述了此课的创作历程。据王崧舟回忆，此课是在尚未具有文本形态教案的情况下实施教学的。尽管这样的反教案在当时实属无奈之举，但事实恰恰是，此课的教学取得了意想不到的成功。

我们以为，此课的成功，看似偶然，实属必然。诚如潘新和先生所言：教学是否有教案不重要，重要的是教师是否具备了良好的教育和专业素养，是否有丰富的教学经验，是否有适应学生需求和教学情境的能力。

对教学习性（即按精心预设的方案行事、业已养成的教学习惯、娴熟的师生应对模式等）的超越，应该是一个长期的砥砺过程。教师专业成长中常常遭遇的"高原现象"，其实就是某种教学习性所起的下意识作用。从此课的成功来看，超越教学习性、突破高原现象，一在教师的细读功夫，通过细读将文本化为己有，由"文本语文"转化为"师本语文"；二在教师的倾听功夫，通过倾听捕捉学情、理解学情、适应学情，由"师本语文"进一步转化为"生本语文"。

反教案教学，反的是教师在课堂上的"牵而弗道"、"达而弗开"、"抑而弗强"，靠的则主要是教师丰厚的专业学养、开阔的课程视野和高超的实践智慧。（沈大安）

之五：归于平淡——教学风格的超越

《两小儿辩日》教学片段

（一对同桌上台，面向全班同学，朗读"辩斗"部分）

师：这是在辩斗还是在商量啊？（众笑）这样，请你留下，我跟你辩斗，害怕吗？

生：（低声地）不怕。（众笑）

师：听你的口气，看你战战兢兢的样子，我看你还是有点怕。到底怕不怕？

生：（坚定地）不怕。（众笑）

师：为什么？

生：你又不会吃人。（众大笑）

师：啊！对对对！我是老师，我不是老虎。不对！我现在还是老师吗？

生：你是一小儿。（众笑）

师：对！我是一小儿了。那，咱们现在就开始。谁先说？

生：你先说。

师：那我就当仁不让了。大家注意听，更要注意看，我们这两个小儿是怎样辩斗的。好！我这就开始了——我以日始出时去人近，而日中时远也。该你了！

生：我以日初出远，而日中时近也。

师：日初出大如车盖，及日中则如盘盂，此不为远者小而近者大乎？

生：日初出沧沧凉凉，及其日中如探汤，此不为近者热而远者凉乎？

师：（语速加快）此言差矣！日初出大如车盖，及日中则如盘盂，此不为远者小而近者大乎？

生：（一愣，迅速作出反应）此言差矣！日初出沧沧凉凉，及其日中如探汤，此不为近者热而远者凉乎？（众笑）

师：（语气加强）非然也！日初出大如车盖，及日中则如盘盂，此不为远者小而近者大乎？

生：（机敏地）非然也！日初出沧沧凉凉，及其日中如探汤，此不为近者热

而远者凉乎？（众笑）

师：（摇着手）非也非也！日初出大如车盖，及日中则如盘盂，此不为远者小而近者大乎？

生：（抢上一步）非也非也非也！日初出沧沧凉凉，及其日中如探汤，此不为近者热而远者凉乎？（众鼓掌，大笑）

师：不跟你啰唆了！反正日初出近，日中时远。

生：你才啰唆呢！就是日初出远，日中时近。

师：你胡说！日初出近，日中时远。日初出近，日中时远。

生：你胡说八道！日初出远，日中时近。日初出远，日中时近。（掌声，笑声）

师：看到了吧？这才叫——

生：（齐答）辩斗！

评析

此课被誉为诗意语文的转型之作。如果我们从教学风格的层面解读这种转型的话，那是毋庸置疑的了。至少，在这个课中，我们已经很难发现某种激情、某种唯美、某种言说的浪漫和雅致。我们能感受到的，更多的是一种言说的平实、氛围的平淡，贯穿其中的，则是一种"趣"的渲染和张扬。这种课堂之"趣"，既是对教学内容的一种自然呼应，更是王崧舟对诗意语文进行深刻反思之后作出的某种自觉回归。此课对诗意语文的"唯美"、"雅致"的解构乃至颠覆，基于一种深刻的"游戏精神"。这种"游戏精神"，无论从课堂的表现形态还是从深层结构审视，都给诗意语文植入了某种更为本质，也更为强大的精神基因，那是一种心灵自由的教学境界。王崧舟曾经这样阐释自己的风格转型：绚烂也罢，绚烂之极归于平淡也罢，以风格视之，诗意语文的确在变。但这只是外相之变、皮毛之变，居于灵魂之所的境界却不变，所谓"寂寂孤月心，亭亭圆泉影"是也。（沈大安）

经典课例

王崧舟阅读教学经典课例集锦

阅读教学要以读为本，这已成为了我们广大语文教师的共识。然而，一些教师读的时间虽长，次数虽多，效果却并不明显。究其原因，主要是读的指向性不明，读的方法单一机械。全国著名特级教师王崧舟在阅读教学中引导学生朗读课文时目的明确，方法多样，形式新颖，且由常规的朗读、品读进而升华到美读的境界。下面撷取了他的几个教例，读后会给予我们诸多的启发。

抓关键句，师引生读

（这是王崧舟老师上《鱼游到了纸上》的一个教学片段，教师读课文中有关情景的语句，要求学生读文中七个带"游"的句子，并把这七个带"游"的句子都串联起来品味理解。）

师：（读课文相关语句）西湖啊，有很多地方可以观鱼。我喜欢花港，更喜欢"泉白如玉"的玉泉。玉泉的池水清澈见底——

（在教师不同语词的引读下，同学们继续读出了以下七个带"游"的句子）

生1：坐在池边的茶室里，泡上一壶茶，靠着栏杆看鱼儿自由自在地游来游去，真是赏心悦目。

生2：他老是一个人呆呆地站在金鱼缸边，静静地看着金鱼在水里游动，而且从来不说一句话。

生3：哟，金鱼游到了他的纸上来啦！

生4：他有时工笔细描，把金鱼的每个部位一丝不苟地画下来，像姑娘绣花那样细致；有时又挥笔速写，很快地画出金鱼的动态，仿佛金鱼在纸上游动。

生5：鱼游到了你的纸上来啦！

生6：他接过笔在纸上又加了一句："先游到了我的心里。"

生：（齐声）哟，金鱼游到了他的纸上来啦！

……

师：是的。孩子们，正是青年这样静静地画画，才让那个小女孩发出这样的惊叹——

　　生：（齐声）鱼游到了纸上！

　　师：正是那位青年这样静静地画画，让每一个围观的人都有这样一种深深的感受——

　　生：（齐声）鱼游到了纸上！

评析

　　这个片段的教学设计的确是非常高妙的。首先，读的方式新颖有趣，教师引读课文中有关情景的语句，而学生仅是接读文中七个带"游"的句子，如此的师引生读，学生自然就精神集中，兴趣盎然了。较之单纯的老师范读或学生齐读，这可有趣得多、鲜活得多了。其次，读的指向性非常明晰，就是要让学生的眼神和思绪都聚焦在这七个带"游"的重点句子上，通过品读和把这七个带"游"的句子串起来思考、体会，非常有助于学生对"游"渐变含义的理解。

　　在品读的基础上，随后教师创设语境让同学们反复地说读"鱼游到了纸上"，这上升到了一种美读的境界。如此美读，既是对上面七个带"游"的句子的点化和归结，又促使同学们更好地感受和体味题旨。至此，我们可以这样来理解品读与美读的关系：如果说品读侧重于理解和品味性的读，那么，美读就是在品味、感悟的基础上放情地读。从这个角度来说，美读是品读的升华，是朗读的极高境界。但是，美读又离不开品读，如若文意塞滞，读通读顺尚且困难，又何来纵情的美读？

　　这一教例给我们的另一启示是要善于抓重点句。我们也知道要抓课文的重点句，但我们抓重点句常常是通过老师的分析、讲解来完成的，而王崧舟老师却主要是通过引导学生品读和美读来进行的，这也体现出了教师对"以读为本"的深层思考和教法的创新。

扩展想象，添词朗读

　　（这也是王崧舟老师上《鱼游到了纸上》的一个教学片段。课文对金鱼的"动态"没有具体描写，教师引导学生扩展想象，学生先后说出了金鱼"吐泡泡"、"甩尾巴"和"吃食物"等。教师要求把这些动态画出来，但不是用笔画，而是用朗读"画"出来，也就是在"动态"前添加上具体的描写动作的词语，于是，同学们以下的朗读就变成了创造性的朗读了。）

　　生1：那位青年在静静地画画。他有时工笔细描，把金鱼的每个部位都一丝不苟地画下来，像姑娘绣花那样细致；有时又挥笔速写，很快地画出金鱼（吹泡泡）的动态，仿佛金鱼在纸上游动。

师：当你在画金鱼吹泡泡的动态时，还需要走到金鱼缸边看看它是怎么吐泡泡的吗？

生1：不需要了！因为我已经记住金鱼吐泡泡的样子了。

生2：那位青年在静静地画画。他有时工笔细描，把金鱼的每个部位一丝不苟地画下来，像姑娘绣花那样细致；有时又挥笔速写，很快地画出金鱼（甩尾巴）的动态，仿佛金鱼在纸上游动。

师：当你在画金鱼甩尾巴的动态时，还需要走到金鱼缸边去看看金鱼是怎么甩尾巴的吗？

生2：不需要了！因为我已经把金鱼甩尾巴的样子装在心里了。

生3：那位青年在静静地画画。他有时工笔细描，把金鱼的每个部位一丝不苟地画下来，像姑娘绣花那样细致；有时又挥笔速写，很快地画出金鱼（吃食物）的动态，仿佛金鱼在纸上游动。

师：当你在画金鱼吃食物的动态时，还需要再走到金鱼缸边看看金鱼是怎么吃的吗？

生3：不需要了。因为金鱼吃东西的样子已经刻在我的心里了。

师：好一个"刻"字啊！当那位青年在静静地画鱼的时候，他心里记着的只有谁？

生：（齐声）金鱼。

师：当青年在静静地画鱼的时候，他的心里装着的又是谁？

生：（齐声）金鱼。

师：当青年在静静地画鱼的时候，他的心里刻着的又是谁？

生：（齐声）金鱼。

师：总而言之，他的心里只有——

生：（齐声）金鱼！

师：这叫什么？（引导学生归结）对，这叫——静！（板书：静）一心不乱的静！"胸有成鱼"的静！

评析

在这里，同样也是读课文中的语句，但却是在"动态"一词前加上学生自己想象中的表示不同动态的词语——"吹泡泡"、"甩尾巴"、"吃食物"等，这样就使得抽象的"动态"具象化了。这种添加词语的读当然是在理解基础上的再创造，那么，这种具有一定创造性的读当然也就具有了美读的特征了。在学生创造性的美读中，教师又先后两次用"当……时候……"的排比句式追问学生，使学生在反复的说读中加深了对文意的理解，所以，最后"一心不乱的静"、"'胸有成鱼'的静"的作结也就水到渠成了。

创设情境，引读对话

（这是王崧舟老师教学《两小儿辩日》中引导学生朗读"辩斗"部分的教学片段。教师把学生分为两大组，分别扮演两"小儿"，要求学生在老师引读后只是忠实地读好课文中对话的语句，不要添加任何词语。）

师：好，剑拔弩张，开始辩斗。（念读课文）孔子东游，见两小儿辩斗，问其故。一儿曰——

甲组："我以日始出时去人近，而日中时远也。"

师：一儿曰——

乙组："我以日初出远而日中时近也。"

师：一儿曰——

甲组："日初出大如车盖，及日中则如盘盂，此不为远者小而近者大乎？"

师：一儿曰——

乙组："日初出沧沧凉凉，及其日中如探汤，此不为近者热而远者凉乎？"

（教师适当添加提示语，但要求学生仍然只是读课文的内容）

师：一儿不服曰——

甲组："日初出大如车盖，及日中则如盘盂，此不为远者小而近者大乎？"

师：一儿争辩曰——

乙组："日初出沧沧凉凉，及其日中如探汤，此不为近者热而远者凉乎？"

师：一儿扯着嗓门曰——

甲组："日初出大如车盖，及日中则如盘盂，此不为远者小而近者大乎？！"

师：一儿以脚跺地曰——

乙组："日初出沧沧凉凉，及其日中如探汤，此不为近者热而远者凉乎？！"

师：一儿以手相指曰——

甲组："日初出大如车盖，及日中则如盘盂，此不为远者小而近者大乎？！！"

师：一儿不甘示弱，也以手相指曰——

乙组："日初出沧沧凉凉，及其日中如探汤，此不为近者热而远者凉乎？！！"

（学生身心投入，辩斗渐次激烈，全场掌声响起）

评析

这是一个指导学生朗读人物对话的经典案例，精妙的设计真是令人击节赞叹。教师开始时读课文的提示语，进而又逐渐地设置新的提示语，不断地反复引读，层层递升。在老师不断的"挑拨"下，两大组"小儿"们的辩斗愈加火热和激烈，最后发展到指手跺脚，互不相让，场面热烈，效果斐然，赢来了现场听课教师一阵阵热烈的掌声。这个教例给我们的启示是：让全班两大组的学生扮演"两小儿"，而不是叫两个学生扮演"两小儿"，凸显了课改面向全体、人人参与的教学理念；教师运用排比和层递的方式不断地创设新的情境引发学生反复辩斗，学生虽然也是在一遍又一遍地读课文的对话，但这样的读与我们平时让学生反复机械地读其功效是迥然不同的！这也说明了这样的事实：情缘境生，要使学生越读越好，越读越美，教师就必须善于以情激情，以境激情，以言激情。这也是由品读升华到美读不可或缺的必要条件。

排比设境，复读课题

（这是王崧舟老师上的《长相思》中的一个教学片段）

师：在这里，没有鸟语花香，没有亲人的絮絮关切，有的只是——

生：长相思！

师：在这里，没有皎洁的月光，没有与妻子相互偎依在一起的温馨和幸福，有的只是——

生：长相思！

师：在这里，没有郊外踏青时的杨柳依依和芳草青青，更没有与孩子一起嬉戏玩耍的快乐，有的只是——

生：长相思！

师：长相思啊长相思！山一程，水一程，程程都是长相思！风一更，雪一更，更更唤醒长相思。孩子们，闭上眼睛，想象画面，进入诗人的那个身和心分离的世界，我们再一起读——

生：（齐声）长——相——思！！

师：这就是为什么"我"身在征途却心系故园的原因，这就是为什么"我"的梦会破碎，"我"的心会破碎的原因。为了自己的壮志和理想，思念家乡的孤独和寂寞，就这样化作了纳兰性德的《长相思》。

（教师出示"长相思"三个字，播放具有浓郁的悲壮美的乐曲《怆》）

师：山一程，水一程，程程都是——

生：（齐声）长——相——思！

师：风一更，雪一更，更更唤醒——

生：（齐声）长——相——思！！

师：爱故园，爱亲人，字字化作——

生：（齐声）长——相——思！！！

评析

这是一个更富于诗化的课堂教学片段。教者在引导学生想象诗人在边关如何思念亲人的情景后，马上又转换到诗中所描绘的现实中，用"在这里，没有……有的只是……"的排比引说，让学生自然地接续说读"长相思"；最后收结时，教师的语言更是极富诗意，若排成诗行即是：

山一程，水一程，程程都是——长相思！

风一更，雪一更，更更唤醒——长相思！

爱故园，爱亲人，字字化作——长相思！

这样的表达方式，从情境上看，所播放的民乐《怆》是借用古曲音乐《苏武牧羊》的几个音符重新发展而成的乐曲，其音调悲凉，起到了很好的渲染作用；从文辞上看，可谓字字如泣如诉，句句如怨如慕；从章法上看，排比和复现交错，情感逐层递升，那一声声"长——相——思"反复地点染了文题，既催人泪水滂沱，又使人精神抖擞！如此美读，一种悲壮之美油然而生！诗意语文在这里也得到了形象的诠释！

此片段以及上述的多个片段又给我们这样的启示：美读除了教师要以情激情以及创设情境激发情感外，善于运用排比、层递、对仗、复现等修辞方法来铺排造势也是很重要的，因为这些修辞方法的作用就是加强气势和抒发胸臆的，而且运用这些修辞方法的句子排列起来就具有诗句的结构特点，如此的诗意形式就与美读紧密地融合在一起了。值得我们注意的是，排比、层递、对仗、复现等修辞方法的运用应当是教者情感的真实流露和文化底蕴的自然外化，如果缺少了这些而故意为之，那只能是没有生命活力的作秀而已。

采用排比、层递、复现等修辞方法引导学生读词、读句、读文，形成了王崧舟品读乃至美读的独特风格，也是他诗意语文的重要的一抹色彩。（黄亢美）

观点

徜徉在诗意语文之途

人性化。(1)我认为语文是人的精神家园。语文是人的主观感受的表达,是内心情感的流露,是个人见解和智慧的展现。语文教育的真正价值在于引领学生获取这种感受、体验这种情感、理解这种见解、转化这种智慧、积淀这种文化,最终形成自己丰富的精神世界。(2)我主张语文教学必须重视精神的熏陶感染。语文教学必须超越实用主义的局限,从精神的拓展、从人的发展高度去把握它的丰富内涵。语文课程不能不重视熏陶感染、潜移默化的作用。(3)我坚持让学生在语文学习过程中受到精神的滋养。我认为语文学习过程和熏陶过程是同一个过程,不存在两张皮的问题。让学生受到精神的熏陶感染,绝不能游离于语文之外。

感性化。(1)我认为语文是一种感性的存在。语文不是知识体,不是按照概念、判断、推理的逻辑序列展开其内容的。语文不用概念和命题说话。语文用形象作词,用感情谱曲。语文看上去是一幅幅多姿多彩、形象鲜明的画,读出来是一首首情真意切、感人肺腑的诗。(2)我认为学生是以感性的方式掌握语文的。小学阶段的学生,其精神的发展正处于感性时期,他们是在大量接触感性的语文材料、参加感性的语文实践活动中掌握语文的。(3)我主张语文教学应该是一种感性教育。感性教育是一种形象化的教育、个性化的教育、激发生命活力的教育,是一种以感性形式对学生的精神产生持久影响的教育。

儿童化。(1)我认为儿童是语文学习的主人。儿童是一个在思想上、精神上、人格上独立的人。语文是儿童的,语文是为了儿童的,语文只有融入儿童的精神世界才是有意义的。因此,语文必须从成人霸权中走出来,还儿童以发展语文素养的自主权。语文教师的任务,主要不是教导学生、控制学生,而是通过课文向学生提供一个更活跃、更开阔的语文实践平台。在"还"的过程中,语文教师应该自始至终、自觉自愿地成为学生语文实践的组织者、引导者和帮助者。(2)我主张语文教学必须尊重儿童的语文世界。语文教学要重视精神的熏陶感染,但熏陶感染不是强行灌输,而是要唤醒、激励和鼓舞学生去自信地学、自主地学、自觉地学。

生活化。(1) 我认为语文本身就是一种生活。课本即生活的记录，教学即生活的阐释，阅读即生活的体验，作文即生活的再现。语文教学不能脱离社会生活，生活的需要应成为提高学生语文素养的主要目标。(2) 我认为语文的外延就是生活的外延。语文是母语课程，学生自小就生活在母语环境中，生活中处处都是语文学习的资源，时时都有学习语文的机会。课外阅读使语文变得"丰盈"，社会实践使语文变得"酣畅"，生活环境使语文变得"鲜活"。(3) 我主张从学生的生活体验出发学习语文。生活的语文，就是基于儿童生活体验的语文。儿童在语文实践过程中，不但是课程意义的接受者，更是课程内涵的主动建构者。

民族化。(1) 我认为民族文化是语文之根。语言文字是民族文化的地质层，积淀着民族文化的精粹。语言和思想、感情，是同时发生的，它不仅仅是载体，实质上它就是意识、思维、心灵、人格的组成部分。(2) 我认为意合是语文的最大特点。我们的语文是汉语。汉语最根本的特点在于缺少形态变化，词与词、句与句、段与段之间的组合主要靠意会，汉语本质上是一种意合语言。汉语的意合特点要求我们的语文教育必须注重培养学生的语感。(3) 我认为汉语有着很强的历史继承性。这就要求我们的语文教学必须重视古诗文的教学。古诗文教学的意义不仅在于培养和提高学生阅读浅易古诗文的能力，而且在于提高他们的现代汉语水平。(王崧舟)

解 读

欲把西湖比西子
——我的语文课堂教学风格

"西湖十景",我最爱"曲院风荷"的精致格局、"柳浪闻莺"的和谐情韵、"双峰插云"的大气境界和"雷峰夕照"的开放胸襟。

20多年的语文教学实践,博学、审问、慎思、明辨、笃行,慢慢地也磨砺出我"精致、和谐、大气、开放"的课堂教学风格。

在语文课堂上建构"曲院风荷"般的"精致格局"

一堂好课,如一幅国画,总要讲究整体的布局和格调。启课、结课、板块、细节、承接、转换、文本、拓展,我都力求上得精美、上得别致。

《万里长城》一课,我以题词导入教学,又以题词结束教学。首尾呼应,结构精致,将一条横贯东西、逶迤曲折的人工长城演绎成融会古今、坚强刚毅的人文长城。

课始,我充满激情地朗读了世界各国元首献给长城的题词。

师:英国女王伊丽莎白游览长城以后,留下了这样的题词:"我到过世界上的许多地方,中国的万里长城是最美的!"西班牙首相阿斯纳尔游览长城以后,留下了这样的题词:"对于凝聚着中国千年文明、智慧和力量的长城,我深表敬佩。"美国总统克林顿游览长城以后,留下了这样的题词:"长城是一个奇迹,一个由伟大的民族创造的伟大的奇迹。"听完这些国家元首的题词,你有些什么感受?

生:我感到很自豪。我们的长城真伟大!

生:我真想马上去长城看一看。

生:我很兴奋。因为有那么多的国家领导人赞美我们的长城。

生:我为自己是一个中国人而感到骄傲!

课终,我鼓励学生为长城题词。

师：同学们，面对这巍然屹立的万里长城，你最想说的是什么？请把你的话写下来，那就是你献给长城的题词。（学生写题词，全班交流题词）

生：长城是个奇迹，一个由伟大的民族创造的气魄雄伟、年代久远、工程浩大、施工艰难的伟大奇迹！题词人：张亮。

师：超过了克林顿。（笑声）

生：我爱我们伟大的长城，更爱我们伟大的中华！题词人：鲁平凡。

师：感情真挚，表达凝练！

生：我爱长城！我爱中华！题词人：王晓梦。

生：长城是我的骄傲，我们的骄傲，我们中华民族的骄傲。正如美国总统克林顿所言："长城是一个奇迹，一个由伟大的民族创造的伟大的奇迹。"题词人：李为栋。（掌声）

师：由我到我们再到中华民族，一气呵成，激情澎湃，真好！

生：刚毅、庄重的万里长城，是我国劳动人民血汗和智慧的结晶，是我们的骄傲。我为自己是一个中国人而感到自豪。题词人：任勤奋。

师：发自肺腑之言！

生：万里长城下的一砖一瓦、一土一石，都蕴涵、渗透着古代劳动人民的血汗和智慧。题词人：詹诚。

师："蕴涵"、"渗透"，多雅致的两个字眼，用得真好！

生：我爱长城，我爱中华，我为我是一个中国人而感到无比自豪。题词人：金虹。

师：把无比自豪的感受大声地读出来。

（生再读）

生：这万里长城，不是石砖建的，而是由千万个生命、千万滴血汗组成的。坚强、刚毅、庄重的万里长城不是风风雨雨、电闪雷鸣所能摧得垮的。题词人：方毅民。（掌声）

师：说得好！两千多年的风风雨雨、电闪雷鸣，早已证明了这一点。

生：万里长城，你是我国人民的骄傲！你代表着中国坚贞不屈的精神！你象征着一条正在腾飞的巨龙——中国！题词人：谭瑛。（掌声）

师：巨龙已经腾飞！巨龙必将在你们的欢呼下飞得更高、飞得更远！

在语文课堂上营造"柳浪闻莺"般的"和谐情韵"

一堂好课，如一首交响乐，总要讲究旋律、节奏、配器、音响的和谐。中国文化重"和合",我觉得自己的课堂也应致力于"和合"文化的营造。师与生要和谐,人与文要和谐,情与理要和谐,导与放要和谐,思与悟要和谐,知与行要和谐……

《小珊迪》一课,我紧扣文中"他不是那种人"的断定,引领学生一起同情着作者的同情,感动着作者的感动,悲伤着作者的悲伤,崇敬着作者的崇敬,使人、文、课和谐地交融在一起。

师:(出示句子:"当我想到孩子那诚恳的面容,想到他那使人信任的神情,我断定他不是那种人。")同学们,读这句话的时候,你最想强调哪个词?请大家自由读一读,体会体会。(学生自由朗读)

生:我最想强调"诚恳"这个词语。我觉得小珊迪是个非常诚实的孩子,他可以不顾自己的生命安危,一定要把零钱找还给那位叔叔。(该生有感情地朗读这句话,读时强调了"诚恳")

生:我最想强调的是"信任"。我觉得小珊迪用自己的死来告诉人们,他是一个值得信任的人。(该生有感情地朗读此句,读时强调了"信任")

生:我觉得"断定"这个词语必须强调。断定是非常肯定的意思,事实证明,小珊迪的确不是那种人。他是那样诚实,那样守信。(该生有感情地朗读此句,读时强调了"断定")

生:我要特别强调"不是那种人"。小珊迪临死前说的话,足以证明他不是那种人!(该生有感情地朗读此句,读时强调了"不是那种人")

师:我断定他不是那种人!请问,你断定小珊迪不是哪种人?

生:我断定他不是那种见利忘义的人。

生:我断定他不是那种骗人钱财的人。

生:我断定他不是那种不讲信用的人。

生:我断定他不是那种人穷志短的人。

生:我断定他不是那种言而无信的人。

生:我断定他不是那种贪图小利的人。

生:我断定他不是那种贪婪无耻的人。

师:是啊,小珊迪绝不是那种见利忘义的人,绝不是那种骗人钱财的人,绝不是那种不讲信用的人,绝不是那种人穷志短的人,绝不是那种言而无信的人,绝不是那种贪图小利的人,绝不是那种贪婪无耻的人。这样的孩子可爱吗?

生:可爱!

师：这样的孩子可敬吗？

生：可敬！

师：这样的孩子我们会把他忘记吗？

生：不会！

师：永远不会！

在语文课堂上追求"双峰插云"般的"大气境界"

一堂好课，如一盘围棋，最讲究一个"气"字。有气则活，无气则死；大气则神，小气则凡。气是气量、气度、气概、气魄、气势、气象、气派、气韵。气要大，大气的课，总是左右逢源，纵横自如，出神入化，炉火纯青。

《我的战友邱少云》一课，我以"纹丝不动"为基点，大处落笔，整体勾勒，以学定教、顺学而导，引领学生全方位、多角度地感悟英雄的伟大形象。

师：同学们，你是从哪些地方读懂"纹丝不动"的？

生：我是从"我们趴在那儿必须纹丝不动，咳嗽一声或是蜷一下腿都有可能被敌人发现"读懂的，这里的纹丝不动指的是战士们在生理上克制自己想动的那种念头。

师：你从字面上读懂了"纹丝不动"的意思。事实上，必须做到纹丝不动是有具体原因的。你再往前面读一读，看看到底是什么原因。

生：（朗读课文）太阳渐渐爬上山头。（师插话：原因之一。白天潜伏，更容易被敌人发现。）我发现前面60多米就是敌人的前沿阵地，不但可以看到铁丝网和胸墙，还可以看到地堡和火力点，甚至连敌人讲话都听得见。（师插话：原因之二。如此近距离的潜伏，更容易被敌人发现。）敌人居高临下，当然更容易发现我们。（师插话：原因之三。我们在低处，更容易被敌人发现。）

师：读得很准，说明你已经完全从原因的角度读懂了纹丝不动。但是，你不光要去理解纹丝不动的原因，你更要用心去感受战士们的纹丝不动。当你读这段话的时候，你有些什么感受？把你的感受读出来。

（生有感情地朗读这段话）

师：听完他的朗读，你感受到了一种怎样的气氛？

生：潜伏的形势非常紧张。

师：谁能通过自己的朗读，让大家再次感受潜伏气氛的紧张？

（生有感情地朗读这段话）

师：现在，我们都是潜伏部队中的一员。前面60多米就是敌人的前沿阵地，多近啊！你们要是稍有风吹草动，就会被敌人发现。那样的话，后果将不堪设想！来，我们一起读读这段话，一起感受感受潜伏气氛的紧张。

（生集体有感情地朗读这段话）

师：你们还从别的什么地方读懂了"纹丝不动"？

生：我从这段话中体会到了纹丝不动。（朗读课文）"为了整个班，为了整个潜伏部队，为了这次战斗的胜利，邱少云像千斤巨石一般趴在火堆里一动也不动。烈火在他身上烧了半个多钟头才渐渐熄灭。这个伟大的战士，直到最后一息，也没有挪动一寸地方，没发出一声呻吟。"我是抓住"挪动"和"呻吟"这两个词来体会的。挪动就是轻轻地移动，呻吟就是因痛苦而发出的声音。这时的邱少云，被熊熊烈火燃烧了半个多小时，他都没有挪动一寸地方，没有发出一声呻吟。我觉得这就是"纹丝不动"。

师：体会得很好。你是从结果的角度读懂纹丝不动的。这段话，如果你仔细读下去就会发现，其中的每一句话、每一个词，甚至每一个标点都在刻画邱少云在烈火烧身时纹丝不动的光辉形象。你觉得读这段话的时候，哪些地方需要特别强调，能够更好地反映邱少云这个人物的光辉形象？（学生自由练读）

（生有感情地朗读这段课文）

师：读出了英雄钢铁般的意志。你为什么要将"千斤巨石"读得这样重？

生：我觉得千斤巨石这个词写出了邱少云纹丝不动的形象。

师：谁再来读读这段话？

（生有感情地朗读这段课文）

师：你的朗读声中，包含着对英雄无限崇敬的感情，让人感动啊！"一寸地方"、"一声呻吟"，这两个地方你为什么读得这样慢、这样轻？

生：我觉得烈火烧身的痛苦是巨大的，但邱少云却忍住了，直到最后牺牲。所以我觉得这个地方不能读得太响、太快。

师：还有谁想通过自己的朗读来抒发对英雄的感情？

（生有感情地朗读这段课文）

师：尽管声音比较平淡，但老师能够感觉到，你对英雄的感情却是非常真挚的。特别是这句话——烈火在他身上烧了半个多钟头才渐渐熄灭，读得特别感人！"半个多钟头"你拉长了，读得也特别重。让我们大家都感觉到，这半个多钟头对忍受着巨大痛苦的邱少云来说，实在是太长太长了啊！让我们一起，怀着对英雄的无限崇敬朗读这段话。

（生集体有感情地朗读这段课文）

师：是啊，这就是我们的英雄，一位有着钢铁般意志的英雄，一位在烈火中永生的英雄。有没有同学是从后果的角度读懂纹丝不动的？也就是说，如果做不到纹丝不动，会出现怎样的后果呢？

生：我是从这句话当中体会到的："但是，这样一来，我们就会被山头上的敌人发觉。我们整个班，我们身后的整个潜伏部队，都会受到重大的损失，这一次作战计划就会全部落空。"如果邱少云做不到纹丝不动，就会被敌人发觉，敌人就会袭击我们，我们的部队就会受到重大损失。

师：就是这个道理。如果做不到纹丝不动，这次作战计划还能完成吗？

生：（齐答）不能。

师：如果这次作战计划不能完成，391高地这颗毒牙还能拔掉吗？

生：（齐答）不能。

师：如果391高地这颗毒牙不能拔掉，整个战线还能往南推移吗？

生：（齐答）不能。

师：如果整个战线不能往南推移，抗美援朝战争还能取得伟大胜利吗？

生：（齐答）不能。

师：假如你就是邱少云，当你意识到自己的一举一动可能带来这么严重的后果时，你会怎么读这段话？（学生自由练读）

（生有感情地朗读这段课文）

师：你甘愿这次作战计划全部落空吗？当然不甘愿！所以你才会读得这样沉重。

（生有感情地朗读这段课文）

师：邱少云，在自我牺牲和整个潜伏部队受到重大损失之间，你选择什么？

生：我选择自我牺牲。

师：因为你已经意识到了问题的严重后果，是吧？

（生有感情地朗读这段课文）

师：从你的朗读中，我仿佛看到了一位宁愿以自己的剧痛、以自己的牺牲来换取战友们的安全、来换取战斗胜利的坚强战士。同学们，这就是意义重大的纹丝不动，这就是艰苦卓绝的纹丝不动，这就是惊天动地、气壮山河的纹丝不动。

在语文课堂上创生"雷峰夕照"般的"开放胸襟"

一堂好课，一如辽阔的大海。海纳百川，有容乃大。语文课应像大海一样开放，向学科开放，向生活开放，向心灵开放，向经典开放，向时代和未来开放。语文课应像大海一样包容，包容对思想的质疑，包容学习的错误，包容对话的异见，包容情感的出轨，包容成长中的一切反叛和迷茫。

《只有一个地球》一课，我鼓励学生大胆质疑、主动解疑，以一种开放的胸襟包容并点化他们的疑问和创见，既尊重学生的真实学情，又不忘教师的引导责任。

师：因为时间有限，我们把提问的次数控制到 6 次。谁有问题？
生：为什么地球可爱，又容易破碎呢？地球这么结实，怎么会"碎"呢？
师：问得好。答案百分百在书上。（板书：破碎？）
生：人类无穷无尽地破坏，地球还能活多久？
师：（板书：地球活多久？）这是一个大问题，非常有研究价值。这个问题，跟第一个问题有着密切联系。
生：地球的矿产资源到底是怎样形成的？
师：一个相当不错的问题。可惜书上没有答案，放到课外去研究吧，行吗？（板书：矿产资源形成？）
生：为什么说地球是人类的母亲？
师：（板书：地球母亲？）这个问题上节课我们还讨论过呢。可能这位同学认为研究得不够深入，需要进一步研究。行！
生：那些人凭什么破坏地球？地球是我们大家的。
师：（凭什么？）好一个义正辞严的"凭什么"！好一个充满愤慨的"凭什么"！好，还有最后一次提问的机会。
生：我们应该怎样精心地保护地球，保护人类的母亲？
师：（板书：精心保护？）一个了不起的问题！一个我们最为关心的问题！一个亟待解决的问题。这个问题，其实已经把前面的问题都包含进去了。

在鼓励学生大胆质疑的同时，我又引导学生主动解疑。

生：我研究了"地球母亲"这个问题。因为人类生活所需要的各种资源都是地球提供给我们的，是地球养育了人类。

生：我认为，地球从来不向人类索取什么，就像母亲对待她的儿女一样。

生：我们的生命是地球给的，所以说地球是我们的母亲。

师：假如请你用一个词语来形容地球这位母亲的话，你会用上什么词语？

生：慷慨的母亲。

生：温柔的母亲。

生：和蔼可亲的母亲。

生：美丽壮观的母亲。

生：无私的母亲。

生：伟大的母亲。

师：但是，这样一位无私而伟大的母亲，那些无知的、贪婪的人们却是怎样对待她的呢？请大家闭上眼睛，听老师读书上的一段话。随着老师的叙述，你的眼前仿佛出现了怎样的画面？人类生活所需要的水资源、森林资源、生物资源、大气资源，本来是可以不断再生，长期给人类作贡献的。但是因为人类随意毁坏自然资源，不顾后果地滥用化学品，造成了一系列生态灾难，给人类生存带来了严重的威胁。

生：我仿佛看到一些人拿着斧子在砍树木，一棵一棵的大树被砍倒了。

师：不久，原来的那一片茂密的森林，只剩下了一个个——

生：剩下了一个个树桩。

师：于是狂风来了，暴雨来了，你又看到了什么？

生：哗哗的大雨汇成了滚滚的洪水。

师：汇成滚滚的洪水，桥梁被怎样了？

生：桥梁被冲断了。

师：庄稼被怎样了？

生：被淹没了。

师：人们居住的房屋怎么样了？

生：倒塌了。

师：于是你又看到了一个又一个满面愁容的老百姓怎么样了？

生：所有的房屋倒塌了，他们在祈求狂风不要让他们流离失所；洪水流向了人类的家园，人们在向母亲求饶。

师：一幅可怜的画面！一幅可悲的画面！你看到的又是怎样的画面？

生：我仿佛看到一些人拿着锋利的刀正在凶残地宰杀一些小动物。

生：我仿佛看到沙尘暴正在袭击着我们这个美丽的城市。

生：我仿佛看到了一条条漂着垃圾、散发着臭气的河流。

师：（播放课件，出示有关资料）同学们，不光是这些啊。就在我们美丽的地球母亲的身上——（教师有感情地朗读）

每天，地球上有15亿人呼吸着被污染的空气，至少有800人因为空气污染而死亡。

每天，地球上有1500吨氟利昂排入大气层，严重破坏着保护地球的臭氧层。

每天，地球上至少有1500人死于饮用不洁净水造成的疾病，其中大部分是儿童。

每天，地球上有12000桶石油泄漏到海洋里。

每天，地球上有160多平方公里的土地成为不毛之地。

每天，地球上有55000公顷的森林被大火和砍伐毁于一旦。

每天，地球上有800万吨水在悄然流失。

同学们，这是贪婪的、无知的人们对地球母亲犯下的滔天罪行！想想这些，我们怎能不油然而生愤慨之情，怎能不为她大声疾呼——

生：（齐读课文最后一段）"只有一个地球，如果它被破坏了，我们别无去处。如果地球上的各种资源都枯竭了，我们很难从别的地方得到补充。我们要精心地保护地球，保护地球的生态环境。让地球更好地造福于我们的子孙后代吧！"

我的课堂教学风格，是在立定根基、扬长避短、兼容并包、融会贯通中逐步成就的。从教20多年来，我虔诚地模仿过于永正先生的质朴和平实，专注地学习过支玉恒先生的大气和洒脱，刻意地追求过靳家彦先生的奇崛和壮阔，细心地琢磨过贾志敏先生的严谨和机敏。但最终，我悟到了自己的教学天性和本真。我认为课的最高境界是无痕、无课、无为，这是一种"课不异人，人不异课；课即是人，人即是课"的境界，亦即"人课合一"的境界。课无止境，我想，我对教学艺术的追求也是无止境的。（王崧舟）

4. 张祖庆:简约而丰满,扎实而灵动的语文课

张祖庆,小学语文特级教师。他现任浙江省杭州市现代实验小学副校长,中国教育学会名师讲师团特约讲师,浙江省教坛新秀、浙江省"领雁工程"实践导师,浙江省教育科学研究院特聘教师,《小学语文教师》"名师工作室"第一批名师。他先后获"全国多种风格流派教学观摩"特等奖、"浙江省学习主题建构教学比武"一等奖。一贯追求"简约而丰满、扎实而灵动"的教学境界。

画外音

士不可以不弘毅
——印象祖庆

"人不可貌相",这话只是说于俗人听听的。曾国藩鉴人,特别是鉴"士",就是从鉴相开始。

印象中,第一眼见到祖庆时,正是一个日盈于天、骄阳似火的午后,他的魁梧、淡定,他中气十足的谈吐,以及那一脸掩饰不住的郁勃的英气,让我自然想起了"南人北相"的鉴人断语。

没错!祖庆有着"北人"的豪气,这在小语界的圈里圈外是颇有些口碑的。别的不提,单就他的酒量之豪、酒风之爽,在我遇过的"青年酒俊"中,大概是无人能出其右了。以我的直觉,他的豪气,是某种天赋,是从生命的根性中汨汨溢出的,是无须鼓荡、更无须"天将降大任于斯人也"般砥砺的。2004年8月他来杭州时,我将当时四年级中基础最薄弱的那个班托付给他,他没二话。以他当时所拥有的实力和学术知名度,肯屈尊于杭城这样一所普通小学,屈就于语文教师这样一个普通岗位,在俗人们看来,实在是有些得不偿失的。其所以能"屈"者,在我看来,盖豪气所致、性情所致,而非机心所致也。

祖庆对语文教育的追求,有时到了一种近乎天真的境地。他的课,素来从容不迫,于气定神闲中随处透着一种睿智。有时,教学正跌入某个让人尴尬的僵局,你看他,也就是那么几句不急不躁、不温不火的话,就能立即将课堂引进一个"吹面不寒杨柳风"般的春天。印象中,他的《亚马逊河探险记》一课中,有与孩子们一起投入习作训练的安排,问他何以设置这么一个吃力不讨巧的环节,他说,为了在现场切身体验学生习作的酸甜苦辣。印象中,他将《詹天佑》一课的4、5、6三段文字,用一个课件、三次演示就给捎带过去了。这在许多把这三段话处理成本课的难点之重、重点之难的老师们看来,无疑是一个犯了众忌、不能饶恕的低级错误。没想到,祖庆给出的解释竟然是:"有些课文,自己读了没感觉,学生读着也乏味,我们就可以抛弃。学习就像谈恋爱,小伙子(学生)对这个姑娘(文本)没感觉,你说谈什么?"瞧!这就是祖庆,不在乎俗见,不计较俗利，那魁梧的教学主张，那淡定的课堂取向，还有那中气十足、英气郁勃的面貌，正是他生命本色的自然呈现，怎一个"豪"字了得！

在我看来，"豪气"绝非一般意义上的性格特征，在这个功利至上、沽名钓誉之风甚嚣尘上的年代，豪气更是一种志存高远、自强不息的精神标识，一种有所不为却无所不为的人生智慧。

曾子曰："士不可以不弘毅，任重而道远。"我有足够的理由，亦有足够的直觉相信，天赋祖庆以职业性情的豪放、事业追求的豪迈、生命愿景的豪壮、人格标识的豪爽，那么，做为当代小语界的豪士，语文教育的弘毅必将是他义无反顾、自然而然的一种生命的担当、一种灵魂的安顿。

教以为己任，不亦重乎？死而后已，不亦远乎？（王崧舟）

课堂教学艺术

之一：入课，简而丰，实而灵

《畅想图书馆》教学片段及点评

（课前，教师把该班孩子在图书馆借书看书的镜头拍成照片，呈现在大屏幕上，让孩子们谈自己在图书馆借书、读书的感受，并简要说说自己所看到的图书馆有哪些值得改进的地方。）

师：（出示一张图片——外形相当于银行卡）同学们，猜一猜，这是什么？

生：我猜这应该是借书卡吧？

生：我认为这是计算机键盘。

生：我觉得既不像计算机，也不像借书卡，怎么有点像外国的银行卡？

师：像个银行卡？哈哈，它究竟是什么呢？就让我为大家揭晓谜底——（点击鼠标）

这是荷兰图书馆的RFID智能系统卡。这卡是怎么回事呢？它是智能图书馆的借阅证，也是进出图书馆的通行证；里边存储了读者的相关资料信息。它的作用可大着呢。下面就让我们跟随视频走进荷兰图书馆，见证这张RFID智能卡的神奇之处。请看——

（播放荷兰图书馆视频片段，约90秒，里边的镜头非常有趣，学生边看边笑。视频的大致内容为：这是荷兰设计师Jelte van Geest所设计的一张椅子——Take a seat。只要透过每人独有的图书馆证上的RFID，就可以驱动一张专属的沙发椅，紧紧跟着你，走到哪儿，找到书就能马上坐下来，再也不用去找位子，而且也不怕一旦离开位子一下就被人占去的问题，因为这是你专属的椅子。一旦人离开图书馆，椅子还会自动归位。更妙的还有——如果想在图书馆内办个小型论坛，图书馆人员可以一次召唤多张椅子到指定场所，完全不用人手搬运，既节省人力又方便。）

［点评：素材选得好！很有新意，一下子把学生以及听课的老师吸引住了。这种椅子确实很有创意，具有启迪作用，也为后面的"畅想"埋下了种子。］

师：谁来说说，你觉得荷兰图书馆怎么样？用一个词语或者一句话来表达你的感受。

生：我认为荷兰图书馆非常先进。

生：非常人性化。

生：太棒了！如果中国有的话，我一定去。

师：其实荷兰图书馆你也可以去，只不过代价高一点。

生：我觉得荷兰图书馆的椅子实在是太神奇了，只要用卡感应一下，那张椅子就会跟着走。

生：我对这个荷兰图书馆的评价非常简单，就两个字：好玩。

生：我觉得荷兰图书馆给一些看书的人提供了方便。

师：是的，同学们，这个图书馆的确给人们带来了很多方便。我们可以用很多词语来形容它，评价它。（课件打出下列词语）比如说：很舒适，很好玩，很有趣，很奇妙，很巧妙，很独特，有人情味，别具一格，独具匠心……

接下来，张老师要让大家来做一件有挑战性的事。请再仔细看一遍这段视频，给视频配一段或者几段解说词，把荷兰图书馆这种先进的设计介绍给全世界热爱阅读的人。有信心吗？

［点评：评价既是语言的训练，也是思维的训练，这种评价也会激起表达的欲望。］

生：有。

师：请大家关注视频中的每一个画面，每一个细节，每一根线条！好，让我们静静地再看一遍视频（重播视频）。

［点评：这几句话是提示，是引导。］

（生专注地看视频）

师：请打开小练笔，用一段或几段话，将荷兰图书馆椅子的特点介绍清楚。时间为12分钟。

（学生动笔）

师：动笔的速度要快，一气呵成。

（教师巡视指点，学生写文章约12分钟。）

［点评：写文章要一气呵成。这一提示很重要。写写停停是小学生习作的通病，思路不能打断。］

师：哪些同学愿意和大家分享自己的作文？（教师请两个孩子上台，并用实物投影仪将文章展示出来）台上同学在朗读的时候，大家要边听边思考，这个片段有哪些地方值得欣赏？哪些地方你可以提出建议？老师在听的时候，也会提出我的感受与建议。好，开始！

[点评：这几句话中有三个非常好的关键词：分享，欣赏，建议。告诉学生读和听应该有的心境。]

生：（读）荷兰图书馆，有什么特点值得我们介绍呢？看完你就知道了。（师插：停，张老师有一个小建议："看完你就知道了"这样的话，文章中尽可能不要出现。有些同学总喜欢在文章开头写"这是怎么一回事呢？看了下文你就知道了。"其实，这句话写了等于没写，不够简洁，所以，老师建议直接改为"荷兰图书馆，有什么值得我们一写呢？"然后另起一行，简洁明了。你同意老师的观点吗？）（生：谢谢老师。师：你接着往下读）。如果你是这家图书馆的常客，就必须手持一张特有的"感应卡"，里边储存了读者的相关信息，（师：稍停，请大家看大屏幕，"储存了读者的相关信息"，这个地方应该用句号，因为一句话讲完了）它的作用可大了！当你一进去，走到一面"椅子区"，把感应卡轻轻擦一下，这个椅子就会跟着你走了，你看到一本好看的书，不用找座位，只需要坐在那把柔软舒适的小沙发上就行了（师：你们看，"柔软舒适"，写得多么贴切！）。当你看完书后，准备离开（师："当你看完书后"这句话，直接把"当你"删掉，是不是更简洁？——看完书后）看完书后，过了一条图书馆的红色感应线，那它就会乖乖地回到自己的"家"（师：张老师特别欣赏这个地方，你看"乖乖地回到自己的家"，把这椅子当作人来写，特别棒！），等待下一个主人。更神奇的是，只要一被主人"命令"，它就会乖乖地排成一排，（嗯，又是一个"乖乖"地，很神奇，不过"它"后面得加一个字，加什么字呢？）（学生齐声——们，是它们。师：对，这里应该是"它们"，因为不是一张椅子，你再把这句话读一读。）它们就会乖乖地排成一排，开一个小型会议。怎么样，神奇吧？我相信它会名声大噪，响彻世界的。（师：这里的"怎么样"应该另起一行。感谢这位同学！）（掌声）

[点评：面批是贾志敏老师的一绝。张祖庆老师的耳朵很像贾老师，能在瞬间听出学生的语病并即刻纠正。"当你看完书后"一句，我当时都没有听出"当"和"后"的关系。]

师：听了她的文章，其他同学有没有要发表的观点？

生：我认为她的文章中写的"更神奇的是，它们只要一被主人命令"，这句话写得有点不确切，应该改成"它们只要一接收到主人的命令"更顺一点。

师：恩，接受命令和被命令，好像意思不太一样，一个主动，一个被动。一字之差，意思大不一样。好！

生：这篇文章如果把椅子的外形或者说样子描写一下，那就更好了。

师：你接受她的建议吗？

生：我接受，谢谢你！

生：我认为适当地把椅子跟着主人走路的样子写具体点，会更可爱一点。

师：（问点评的这位学生）你的文章里面写到吗？

生：对不起，我也忽略了这一点。

师：其他同学有写到的吗？看来大家都没有很细致地去写。这个同学的建议很好，椅子会怎样地走，把这点写具体了，写细致了，就把它的特点写清楚了。不然人家还不知道这椅子究竟神奇在哪儿呢！这个点子，真是金点子！总体来说，张老师认为，这位同学基本上把荷兰图书馆椅子的特点介绍清楚、介绍具体了，而且有的地方写得还蛮生动的。不错！掌声谢谢这位同学。我们来看另外一篇作文。（投影出示）

生：（读）走进荷兰图书馆，我发现在大门口不远处，有几张看似小沙发的东西，排成一排，

师：对不起打断一下，想一想有一个标点符号该怎么改？（老师在静静等待，大概五秒钟后，孩子指着屏幕上的"排成一排"后面的逗号，告诉老师，这里应该用句号。）

师：对了，一句话讲完了，应该用句号。

生：（继续读）这时，一位读者用手中的一张卡在沙发的中间轻轻刷了一下。这下我就奇怪了，他要干什么呢？（师：嗯，这位同学把自己的感受融入进去了。很好！你们看，这些地方就是感受）后来，我才发现，是在感应啊！小沙发跟着读者到处走，接着又停下来了，一看，原来他要坐下看书，我不禁在心里深深赞叹道：荷兰图书馆真是太奇妙了，（师：这里也有一个标点要改，怎么改呢？生齐：感叹号！）这位读者走后，那小沙发又回到它的感应区了。太酷了！后来，我又发现，小沙发不仅能到处行走，还可以组织成一排，成为一个讨论区，这样做为人们节省许多不必要的辛苦。（师插：为什么说"为人们节省了许多不必要的辛苦"呢？）

生：因为我看到很多图书馆都是用人力去搬运的。

师：对了，你应该把这个写清楚。"这样，人们就不用为搬椅子而辛苦了"。这样交代得更清楚。

生：（接着读）我见过也去过许多图书馆，但从没见到过这么高科技服务周到的图书馆，要是以后有机会，我一定要亲自去那里享受一下哦。

师：恩，很不错。"以后"两个字，可以去掉，改为"要是有机会，我一定要亲自去那里享受一下哦。"这样更简洁。（掌声）文章还可以分一分段，哪儿可以分段呢？（教师在学生的作文纸上做分段的标记）"后来，我才发现"，这个地方应该分段，因为这里所写的功能不一样了。好，请大家发表高见，或者欣赏，或者建议，最好说说这篇文章和刚才那篇文章相比，最大的亮点在哪里？

生：她善于把自己的感受写出来。

生：我觉得她应该用拟人的方法，这样会更生动。

生：我认为刚才那位同学用了不少拟人的写法，这位同学写了不少自己的感受。两个同学的作文，虽然用了不同的方式来写，但是都写得很生动。

师：嗯。你点评得头头是道。（笑）

生：我认为她写自己的心里活动写得很多，这样写能反衬出荷兰图书馆椅子的奇妙。让读者更加了解这些椅子给大家带来怎样的好处。

生：我认为这位同学把刚才的整个视频都写了下来。而且中间加了自己的感受，我认为她是一个很会写文章的人。

师：我认为你是一个很会评文章的人。（笑）（还有很多学生表示要展示）我知道很多同学还想继续展示，告诉大家，等一下还有展示的机会。

［点评：面批作文最见老师的功底。张老师的语文功底深厚，语感好，反应快，评价语言恰当，简洁，不虚不空，不做作，难能可贵！既有老师的评，又有学生的评，主导和主体都体现出来了。］

师：同学们，张老师事先也根据这个视频，写了几段文字。请一个同学来读一读。

（生读教师范文）

荷兰图书馆的椅子真奇妙！

它们像小狗一样忠实可爱。你进入图书馆时，它们早已列队静立一旁恭候你的光临了。这时，你只要通过图书馆证上的RFID驱动其中一张，它就会成为你的专属椅子，紧紧跟着你在书架中穿梭寻找你想要的书籍。它中途绝不"易主"，会一直忠心耿耿地陪伴在你左右。当然，这只"小狗"也很机敏，遇到障碍物他会迅速调整方向，绝不会让自己鼻青脸肿。等你找到书以后，它又会立刻体贴地跟上来，用软软的椅子面迎接你，让你坐在上面惬意地阅读。

不过你可别指望它会傻傻地跟你回家。当你离开图书馆时，它会礼貌地送你到出口，不过一到出口的红色警戒线位置，它就会优雅地和你告别，转身回到入口，继续恭迎下一位读者。

更妙的是如果你想在图书馆办个小型论坛，你可以一次召唤多张椅子到指定地点集合。它们会在第一时间排列整齐，热情地迎接你的客人。

它们不只是椅子，还是你贴心的朋友。

师：感谢这位同学精彩的朗读。谁来说说，张老师的文章，哪些地方值得你们学习？

生：张老师的这篇文章，用了拟人化的写法。（师启发：比如——）比如，你把椅子比作小狗，这样会体现出它更可爱。

师：这里把椅子比作小狗，这种写法，叫做"拟物"，就是把一些非动物类的事物，当作会动的动物来写。如果当作人来写，就叫"拟人"。

生：这篇文章写得实在太好了，用了"拟物"化的写法，把本来没有生命的静止不动的椅子，比作了小狗。而且，开头也很有新意，"荷兰图书馆真奇妙！"这第一句就设下悬念，让我们想看一看它到底是怎样的奇妙。（沉默了3秒钟）谢谢！

师：谢谢！（笑）你评得真好，都让我有点心跳加快了。

生：我觉得老师的这篇文章词语用得很恰当。比如说"恭候"、"专属"，还有"背叛"、"鼻青脸肿"……这些词语用得都很恰当，绝不会不合适，也不会过于夸张，还可以把荷兰图书馆的奇妙表现得淋漓尽致。

师：真好！你有一双善于发现的眼睛，更有一张善于夸人的嘴巴。（笑）

生：我为刚刚的那位同学做一点补充。"忠心耿耿"这个词语用得非常好，满足了我们的虚荣心，让我们当一回小主人。

师：你补充得真好。同学们，有一点我要自我表扬一下。我在这篇文章里，把很多细节展开了。怎么样驱动椅子，怎么样紧紧地跟着你，怎么样迎接主人坐下，然后怎么样送主人出图书馆的门，以及怎么样举行小型论坛。把这一个又一个细节展开来，写具体了，那么这些椅子的特点就写清楚了。写文章，切忌浮光掠影，要展开来细细地写。对我的文章，大家有没有什么建议？

生：我认为你应该融进自己的感受，让文章更具体。

　　师：刚才哪位同学，在文章中把自己的感受写得很好的？（一生站起来）你姓什么？（生：我姓沈。）沈老师，向你学习！（笑。教师和学生握手）

　　师：还有吗？

　　生：我认为顺序有点乱（师插：顺序有点乱，是我的思维有点乱，哈哈。生笑）。应该把出门和举行小型论坛换一下。

　　师：嗯。这样更符合实际对吧？我同意你的观点！

　　生：我认为文章应该有详有略，你的文章虽然写得很好，但是没有详也没有略。（台下老师大笑，鼓掌）你一直都是详写的，没有略。每一个细节都详写，这样可能会不是很好！（台下台上笑成一片）

　　师：哈哈。我对你的评价大部分接受。但是你说，"没有详也没有略，都是详"，这怎么解释？

　　生：你的每一个自然段，都会介绍这个物体它怎么样，怎么样跟着你到图书架，怎么样开会，还用了很多"拟物"的方法。虽然这些方法都很好，但是你如果有详有略，比如说，你把椅子跟着你走，一直到你看完书这段写得更详一点，把开会这部分写得更略一点，会更好！

　　师：我终于听明白了。谢谢这位同学的指点。（热烈鼓掌）他的意思是，把最能体现这个事物特点的地方，最亮的地方更加详细地写出来，而有些地方则适当地压缩篇幅，因为文章的篇幅是有限的。真好，这位老师，我要向你学习！

　　[点评：这是非常精彩的一个环节！首先是学生发言精彩。我常说，课堂教学因学生的精彩而精彩。顺德嘉信西山小学的学生厉害得很。这得益于读书。该校刘校长一贯倡导学生读书。其次是老师精彩。祖庆是个读书人。"一个人能读能写能说，怎么教都能教好。"这是杜殿坤教授多次讲过的话。读张老师写的文章作用何在？示范！示范就是影响，就是引导，是最好的引导！]（实录整理 周慧红 点评 全国著名特级教师 于永正）

之二：巧引学生会思考

《新体验作文》教学片段

　　师：同学们，我们一起来看一种动物。（屏幕出示一种动物的漫画图片）你觉得它有可能是什么？

生1：它有可能是鹿。

师：还有可能是什么？你大声地说。

生2：有可能是麋鹿。

师：麋鹿。你呢？

生3：我也觉得应该是麋鹿。

生4：我也觉得是麋鹿。

师：都觉得是麋鹿。老师告诉大家，这种动物，它叫"巨角狠"（屏幕出示"巨角狠"）。接下来我为大家介绍这种动物的知识，请同学们认真地听，听完之后我们马上进行一场特别的考试，考一考大家的记忆力、思考力、判断力。

师：（读资料）它叫巨角狠，生活在300万至12 000年前的荷兰地区。经常活动于沼泽地。这种巨角狠的角大得惊人，角面的宽度通常有2.5米，所以叫它巨角狠。它喜欢吃水中的其他生物，鱼虾是它的主要食物，一餐就能吃30公斤。至今人类还没有见过它真正的样子，科学家一直没有发现过它的化石。

师：要不要再来一遍？

生：要。

师：好，再来一遍。这一回我加快速度。认真听。（再读资料）它叫巨角狠，生活在300万至12 000年前的荷兰地区。经常活动于沼泽地。这种巨角狠的角大得惊人，角面的宽度通常有2.5米，所以叫它巨角狠。它喜欢吃水中的其他生物，鱼虾是它的主要食物，一餐就能吃30公斤。至今人类还没有见过它真正的样子，科学家一直没有发现过它的化石。

师：好，考试开始。考一考你的记忆力、思考力、判断力。独立完成，不许看同桌的。

（传发考试卷，学生开始答题。试卷为根据教师所读的资料编的填空题。）

师：考试时间三分钟。注意括号里的提示。答完的举手示意。

（学生部分完成答题，教师巡回查看，为完成答题的学生批改评分。）

师：不看别的同学的答案和分数。（继续给未评分的学生评分）

师：都打了分数，是吧？我把话筒递到谁那儿，谁报自己的分数。

（师依次递过话筒，学生报分数"0"。只有一个学生报"100"。）

师：还有几个同学是100分的？（无人举手）

师：很奇怪，为什么全班只有一个同学得100分，其他都得零分？（几个学生举手）放下。先对一下答案。（屏幕出示师读过的那段话）对照一下。

师：我知道此时此刻你们一定有很多话想问。最想问我的是什么？（三秒钟，暂无人举手）也许你郁闷，也许你非常难受，非常愤慨，你大声地问我。想问我什么？

生1：你有没有骗我？

师：请在这句话前面加上两个字——"老师"，好不好？

生1：老师，你有没有骗我？

师：（指着黑板）把两个字写上去——"骗人"，或者一个问号。写在黑板的左边。自己拿粉笔，谢谢。（该生上台书写）

生2：老师，这个资料是不是假的？

师："是不是假的"，写上去。（该生上台写）还有想说什么？想说就说。不要难为情。

生3：为什么我们有些空格里面填对了，你给我们零分？

师：填对了为什么是0分。"为何是0分"，写上去。"为何是0分"。

生4：老师，你是不是在忽悠我们？

师：忽悠。（点头，示意该生到黑板上书写这个词）

生5：老师，是不是耍我们？

师："是不是耍我们"，"耍"字写上去。写在黑板的上方好了，下方不要写。那个女孩子你说。

生6：是不是故意读错？

师："是不是故意读错"，"故意"。（示意该生上台写）还有没有？此时此刻你的心情怎样？用一个词语来形容，你的心情怎样？

生7：奇怪。

师："奇怪"。写上去。

生8：疑惑。

师："疑惑"。写上去。还有吗？有没有愤怒的？（无人举手）更多的是一脸迷茫。"这究竟是怎么回事情？"是不是？那位得100分的男生，此时此刻你的感觉是怎么？

生9：我并不是100的。

师："并不是100"的，为什么？

生9：我看过六年级下册的语文书，上面有一课，写的就是这么一件事情……

师：你上来，你跟大家说一说，你看过六年级下册的语文书里的什么内容？

生9：六年级下册的语文书，里面有篇课文是猫猬兽，里面的科学老师也是这样子做，到最后学生有的很气愤，然后老师就告诉他们事情的真相。因此，一开始我听到你读最后一句话的时候，你说现在科学家还没有发现这种动物的化石，我就觉得很像那篇课文，再仔细一推敲，就觉得这个应该是假的。

师：注意这位同学刚才的发言，第一，他是看了一本书，一篇文章中的一个故事；第二，他有记忆；第三，他刚才的一番推理非常严密，把自己真实的心理过程讲出来了，非常好。你先回到位置，谢谢你。一会儿我为大家解开这个谜团，为什么那么多同学都得零分。（该生回座位）同学们，你们在听的过程中，过于关注数据、地名、它的生活习性，却把最重要的一句话遗漏掉了。我告诉大家，这种所谓的巨角狸，是我在网上随便下载的，胡编了一个名字，它的所有信息都是我凭空想出来的。你想，人类没有见过它真正的样子，连化石都没有见过，怎么会知道有这种动物呢？我们在课前谈话的时候，其实我已经埋下了伏笔，让你们用自己的眼睛、自己的大脑去判断、去思考，可是你们一直用自己习惯的思维方式去考试。括号里，我提醒了三遍，注意括号里的提示——一起读。

生：（齐读）考考你的记忆力、思考力、判断力。

评析

张老师在同学们唏嘘迷茫、一头雾水的时候，让孩子们大胆表述自己得零分后的感受。于是，一系列词语便出现在黑板上——惊讶、不可思议、愤怒、上当、忽悠……每一种感受背后都跟着孩子们自己充分的理由。课堂霎时变得丰满起来，台下的老师在此时终于明白了张老师的"良苦用心"。正当同学们意犹未尽的时候，张老师却就此打住，让孩子们动笔写自己的感受，其间，教师适时点评。

在这之后的交流环节，我被孩子们的思想和文字折服，尤其那群小"叛逆"的发言是如此的精彩，如此的引人思索。张老师的课之所以那么成功，就在于尊重了孩子，让孩子们在作文中大胆地表达了真情。

刘勰在《文心雕龙》中说过："情者文之径，辞者理之纬，径正而后纬成，理定而后辞畅，此文之本源也。"这段话语精辟地道出了写作与真情间的关系——写作就是凭借语言文字表达本意，将内心的真实想法反映出来，抒发内心的真挚情感。真实的作文就是要"写自己想说的话""要感情真挚，力求表达自己对自然、社会、人生的独特感受"。（陆霞 整理　成静 评析）

之三：在猜想中诱发期待

《罗伯特的三次报复行动》教学片段

师：今天这节课，让我们挑战自己的想象力！挑战从什么地方开始呢？就从封面开始吧。这本《罗伯特的三次报复行动》是大家刚刚拿到的，请仔仔细细观察封面，看完后大胆地预测，这本书可能会讲些什么？从书名、封面大胆去预测。

生：我认为以前有人欺负罗伯特，罗伯特就实施三次报复。

师：你是从"报复"这个词语中想到的。抓关键词猜测，很好！

生：我觉得这本书讲的可能是有些人得罪了罗伯特，于是他要报复他们。而且从图画上看出来下面两个人很惊恐的样子，上面有个器械扔什么东西下来。

师：这个同学可真厉害，从图画中人物的表情，从封面细节中去预测，真会思考。

生：我在猜想罗伯特在其中一次报复的时候，用的是垃圾，因为封面中有一个吊车，倒下很多垃圾。

生：我猜想罗伯特报复别人一共有三次，而且一次比一次带劲。

师：这个同学也很会思考，从题目中这个特别大的"三"字发散开去，联想开去，很好。同学们，读书，特别是读刚刚拿到的整本书的时候，要善于大胆地从封面开始猜测，让读书之旅像探险一样充满着惊喜！

评析

这是导读课的第一个环节，教者运用了"猜想阅读"的策略，诱发学生的阅读兴趣。

很多人都有这样的阅读经验，在拿到一本书或者看到一篇文章的时候，脑子里一定有过"一闪念"：这本书可能是讲什么的？这种"一闪念"就是猜读。在阅读心理学中，猜读是一种非常重要的阅读策略。它指在读书的过程中，根据已知的内容，推测未知的内容。比如看到标题，可以猜测正文的内容；看到开头，猜测下文内容；根据前文，猜测下文内容。猜读法有利于读思结合，提高阅读兴趣，更有助于锻炼阅读者的创造力。

在导读课上，教师可以经常让孩子们观察封面、阅读目录，引导他们做出大胆的猜想。喜欢预测、猜想，并千方百计地验证预测、猜想，是人的共同心理特征。运用猜读法，能很快缩短学生和一本陌生的书之间的距离，在最短的时间内激发儿童的阅读期待。（张祖庆）

经典课堂

无中生有也精彩

课堂回放

一、创设情景，诱发探险欲望

1. 任务驱动：同学们，每个人内心深处，都有一个探险的梦。这节课，老师就和大家一起圆这个梦——到亚马逊河原始森林进行一次模拟探险。

2. 交流课前收集的关于亚马逊河的信息。

3. 课件播放亚马逊河的风光片和《冲出亚马逊》电影片段剪辑。教师结合课件画面叙述：这，是风光旖旎的亚马逊河。这，是资源丰富的亚马逊河。这，是神秘莫测的亚马逊河。这，是危机四伏的亚马逊河。

二、借助音效，想象探险经历

1. 学生选择最愿意合作的伙伴，组成探险队。（教师提示：在探险过程中，老师会参与其中的一队）

2. 选择恰当的探险工具。

教学片段一

师：探险，必须带上一些必备的工具。请各个探险小队想一想，你们准备带哪些工具去呢？为什么要带这些工具？每队确定自己认为最需要的三件工具。

生：（在探险小队里讨论带些什么工具，气氛热烈）

师：好，请一个小队来汇报一下，你们准备带些什么工具，要把理由讲清楚。

生：我们小队要带的东西有这些：首先要带的是烟雾弹。野兽袭击时，迷惑他们并掩护自己逃跑；第二件东西是指南针。因为在森林里，如果迷失了方向可以利用指南针来指引道路；第三件是压缩食品。带起来方便又可以充饥，而且能量足（师纠正：是热量足）。

师：你们小组考虑得真周全。请其他小组讲一件和他们组不一样的工具。

生：我们准备带麻醉枪。遇到危险可以麻醉对方，自己也得以脱身。

师：呵呵，多么善良的女孩子啊！（笑）

生：（其他各组汇报略）

3. 学生在教师的引领下开始探险之旅。

教学片段二

师：探险小队成立了，东西也都准备了，那么咱们就出发吧。请大家闭上眼睛：（煞有介事地）各位探险队员，经过认真的筹备，亚马逊河探险活动今天开始了，我们先从萧山国际机场出发，（伴随飞机起飞的声音）乘坐国际航班飞往香港，再从香港转机飞往智利（响起飞机降落声）……各位队员，飞机已经在智利机场降落，我们将由智利进入密密层层的亚马逊河原始森林。

（继续富有启发性地叙述）：哦，终于，见到了魂牵梦绕的亚马逊河（音乐舒缓，伴随鸟叫）；

让我们赶快进入原始森林吧，在这密密的丛林里，你都看到了些什么呢？（停顿一会儿）

也许，更多的秘密在森林深处吧，让我们继续往里走，你又发现了什么呢？（停顿一会儿）

（音乐节奏明显加快）也许，这静谧的原始森林，危机四伏，险象环生……（音乐明显带有恐怖感）

哦，这一切终于过去了……（音乐优美宁静）

师：请大家睁开眼睛，在刚才的假想探险过程中，你仿佛经历了什么？你遇到了哪些危险，你又有什么发现呢？请大家先在探险小队内交流一下。

生：我们小组来到了沼泽地，突然飞来一只比拳头还大的毒蚊子。把我的同伴叮了个大包。后来用医药箱救了他。

师：医药箱怎么能救人呢？应该是用所带的药品救了他。

（其余五位学生回答略）

三、动笔记录，描述探险之旅

1. 激发写作动机：虽然这次探险是虚拟的，但也是独一无二的，这些经历对大家来说是一笔宝贵的人生财富，如果我们将它们记录下来，那么，当我们回首往事的时候，将会觉得非常有意思。下面，就请同学们拿起笔，记下探险过程中难忘的场景。

2. 提示写作方法：

大屏幕出示：

记录探险片段　留驻难忘时光

——记录探险过程中最难忘的一个片段

美不胜收的异域风情

死里逃生的惊险时刻

让人惊喜的重大发现

值得珍藏的难忘插曲

……

友情提醒：

A. 你的经历能给人身临其境的感觉吗？

B. 探险队员们相互合作齐心协力了吗？

C. 你们获得了逆境中生存的智慧了吗？

3. 学生练写片段。（要求12分钟完成。学生开始动笔时，教师快速来到其中一个探险小队，问清每个队员的姓名后，回到讲台前用另一台电脑现场于学生同步写作。）

四、交流赏评，重温探险时刻

1. 组织探险交流。（教师请其中一个小队的四个同学全部到讲台前——这个小队其实就是教师和学生共同参与的小队。）

2. 交流探险片段。

教学片段三

师：好，就请你们小队先来汇报吧——因为老师刚才就参加了他们这个小队。请队长主持一下。

生：我是队长戴博文，先请张镭同学先汇报吧。

师：请张镭同学把自己写的探险片段读给大家听。其他各队队员仔细听，他的探险片段有没有给人以身临其境的感觉。好，你开始汇报吧。

（交流过程略）

师：同学们，刚才我们欣赏了他们这个探险队的一组精彩片段。大家想不想听听老师的探险片段？

生：想！

（学生朗读自己写的探险片段，师生分享；教师提炼习作策略：把最能带给人身临其境的细节展开写生动。）

3. 修改习作片段。要求学生根据友情提醒，修改自己的片段，可以找出一处不是很具体的细节进行修改，修改完毕后请3－5名探险小队的队员汇报修改成果。

五、课外延伸，激励探险志向

1. 同学们，听着大家精彩纷呈的探险片段，老师忽然有这样的设想，如果把大家的探险片段合起来，那么，大家就合作完成了一本探险集，书名就叫《亚马逊河探险记》（完善板书）。希望大家用半个月的时间，继续完成并修改你们的探险记。在修改的过程中，老师希望同学们能看看这些比较经典的探险小说。（屏幕展示）

经典推荐

［法］凡尔纳　　　　　《气球上的五星期》、《神秘岛》、
　　　　　　　　　　　《大木筏》、《两年假期》

［英］史蒂文森　　　　《宝岛》、《金银岛》

［英］詹姆斯·希尔顿　《消失的地平线》

［英］卡尔·麦　　　　《荒原追踪》、《印第安酋长》、
　　　　　　　　　　　《恐怖的大漠》、《沙漠秘井》

2. 如果大家的书编成了，我将为你们写下这样的话作为序言：（屏幕陆续出现以下字幕）

在今后的岁月里
也许我们不能亲历惊险的故事
也许我们不能成为传奇作家
但是
乘着想象的翅膀飞翔
带着探险的精神前行
我们的生命
更加精彩

（凤梅整理）

观 点

语文能够做什么

语文，就是引领学生
说铿锵有力中国话
写方方正正中国字
书洋洋洒洒中国文
做堂堂正正中国人
铸铁骨铮铮中国魂

这是从"人教论坛"资深网友小雨儿诗作《语文是什么》中节选的（其中最后一句为我所加）。是的，一个有教育理想的语文教师，只要他（她）用心地教书，对语文的思索与追问便会持续不断：语文是什么？语文应该做什么？语文还能够做什么？

我的19年语文人生，大致可以划分为三个阶段。

前5年，是懵懵懂懂的，只知道教着一本书，不知道为什么教这本书。这个时候，对语文的思考是很感性的，仅仅停留在怎么样把一节课上得让学生喜欢并能提高学生的学业成绩这个层面上。

5～10年这段时间，我开始对语文有了些新的思考，开始追问：语文能为学生做些什么？经过几年的实践与探索下来，我渐渐发现，其实语文很简单，它承载着"价值引领，铺垫人生底色；习惯培养，形成持久学力；兴趣激发，引入读书殿堂"这三大功能。有了这样的认识，我开始反思自己的课堂，究竟我所做的哪些事，是对学生的发展有帮助的，哪些事情纯粹是在搞应试教育？经过解剖，我发现自己的很多教学行为，的确是为了应试，而不是给孩子们最好的语文养料。发现这些，是一件很痛苦的事情。是继续这样在应试的路上走下去，还是冲破应试教育对语文的束缚，走自己的路？经过一段时间的思考，我决定进行教学改革，为孩子们送上一阵清风。我选择了"阅读策略发展及指导"这一课题作为改革的突破口，开始了对学生阅读方法与策略的指导研究，探索出了小学中高年级学生阅读策略发展轨迹，摸索并总结了阅读策略指导的对策。课堂上，我尽力做到不提琐碎的问题，不搞枯燥的练习；努力让孩子在课堂上张扬灵动的个性，闪烁创造的火花，响起愉快的笑声。我始终以"让学生学得快乐、学得扎实、学得灵活"的标准来要求自己，尽量善待每一位学生，善待学生的每一次提问，善待学生的每一次"灵光一闪"的创造与感悟。语文课堂，应该是老师和学生幸福栖居的天堂。这是第二个阶段。

第三阶段，我开始思考这样的问题：我们的语文能为学生的可持续发展做什么？我以为，语文教育的目的，在于培养有主见与美感以及能表达主见与美感的能力。其中美感之所以特别重要，是因为一个人只有感受到足够多的美，才能传递出足够多的美。凡是在人类历史上具有开创意义的大家，无论是科学家还是艺术家，无一例外都在美的熏陶里成长。这个美，包含了人性之美、文化艺术之美和自然之美。人性之美即是乐观和善良，乐观是积极的生活态度，善良表现为人与人之间的感情，一个人的乐观程度基本代表了他的智慧水平，因为只有乐观才有敏感的心去欣赏美。文化艺术之美包含了音乐、美术等各个方面，而文学是一种特殊的美，它以语文为载体，承载了这个世界的思想与灵魂。作为语文教学，就是让学生享受到足够多的美，从而创造出更多的美。"美是一封打开了的介绍信，它使每个见到的人喜欢"（叔本华）。而美感与主见的结合点，则是直觉，也就是良知，因为美与真是一体的。日本科学家冈茨先生说："欣赏田野上一朵紫罗兰开放之美的心就是数学。"我们借用一下，也可以说："欣赏田野上一朵紫罗兰开放之美的心就是语文。"语文，就是培养一双发现美、识别美、欣赏美从而情不自禁地创造美的眼睛。

然而，今天的语文教育，围绕着分数进行教学还是很多老师工作的旨归。这不能不说是一种悲哀。细细想来，我们的老师一厢情愿地浪费了学生的多少宝贵的时间啊。也许你以为这是危言耸听，非也！比如拿课外阅读来说吧。阅读本来是一件很快乐的事情，日本教育家佐藤学先生曾经对课外阅读作了一个精妙的比喻：通过读书行为实现的学习，犹如在葡萄园里品尝葡萄那样的快乐。课外书的一页页，就是"葡萄园"，一行行，就是葡萄房里挂满葡萄的"葡萄棚"，一个个词汇，就是"葡萄"。读书活动，就是徜徉于"葡萄园"中，把一个个熟透了的"葡萄"加以品尝的快乐。这样享用的"葡萄"（词汇）不久发酵，带来恩惠：酿成香醇的"葡萄酒"（丰硕的人生）。是啊，阅读本来是一件多么美妙的事情啊。可是，我们的语文教师常常人为地把阅读搞得面目可憎，使得学生不喜欢阅读。为什么呢？我们的老师，常常在孩子们阅读兴趣还没有养成之前，就布置一些孩子们非常反感的事情——写读书笔记，写读后感。我们当老师的都有这样的体验——无拘无束地读书，是快乐的；但是写读后感，则是一件不那么轻松甚至是痛苦的事情。对文字有所感悟，这是第一层次的阅读；将感悟诉诸文字，则是更高层次的阅读。因此，大多数人读课外书，是不需要写读后感的——除非他很有感触。大人都不做的事情，可我们的老师却让10来岁的孩子去做，这不是很残忍吗？这样做的结果，只能是让孩子反感阅读！一旦孩子的阅读兴趣泯灭了，那么，写再多的读书笔记又有何用呢？从某种意义上来说，在阅读兴趣形成之初，让学生写读书笔记，是对处于阅读兴趣形成期的孩子的一种伤害！是的，这是一种美丽的"阅读伤害"（当然，如果孩子们已经形成了浓厚的阅读兴趣，阅读已经成为他们生活的一部分，这时候，适当地让他们把阅读感悟诉诸文字，这不但必要，而且很值得提倡）。

再比如，教师让学生摘录好词好句，让孩子每天背诵那些辞藻华丽的所谓"好词好句"，都是在伤害语文——使得学生从小养成华丽浮躁的文风！那么，为什么我们的老师热衷于做这样一些让孩子讨厌语文的事情呢？原因只有一个——应试。为了应试，我们的老师，居然成了学生语文学习路上的障碍设置者。由此，我经常想，我们的语文老师，能做些对孩子终生有益的事情吗？我们的眼光，能看得远一点吗？我们在教学实践中，能教他六年，想他十六年，看他六十年吗？

有了这样的思考，我便开展了一系列教学改革。我在班级中开设"三级立体图书银行"，引导学生大量阅读；和网友阿牛班级的孩子们互通书信，让他们在真实的交流情境中学语文用语文（关于这一点，将在第二部分《论坛岁月：舞在网中央》详细阐述）；进行古诗文诵读考级，鼓励孩子们积淀最优秀的文化经典。从大量的阅读中，我认识到，古典文学简洁而优美，它原生态地承载着我们民族的文化。让孩子们自小积淀民族的精粹文化，对他们一生的成长是有益的。但是我们若强迫孩子们去背诵，也许会让孩子们反感，而诵读考级，则以比较活泼的方式，让孩子们走近古典文化。我精选了300首（篇）古典诗文，以九段考级的方式促使孩子们背诵。三年时间，孩子们能轻松地熟背200多首古诗词。近几年，我着力将儿童文学和语文教学整合起来，让语文课堂弥漫着童书的芳香。每个学期，我根据儿童的认知特点和阅读口味，精选2~3本优秀的童书与孩子们共读。通过对童书的大量阅读，孩子们对语文的喜爱程度加深了，对文学之美的感受能力提高了。更值得欣喜的是，在这个过程中，我逐渐学会了以儿童的视角去看问题，童书中的儿童和读着童书的儿童的那种纯真、质朴，常常感染着我，我的快乐性格、轻松课堂，其实很大程度上，是受孩子们的影响。是谓"教学相长"也。

　　了解儿童，研究儿童，发现儿童，将根深扎在语文的沃土上，引导孩子们用语文的眼睛，认识人生和世界万物的美丽，语文的花朵才会开得艳丽多姿。（张祖庆）

解 读

让孩子的心灵自由飞翔

上作文课，特别是作文教学公开课，对于我们青年教师来说，不能不说是一个挑战。而张祖庆老师不但迎难而上，而且还自觉地提高"难度系数"：一方面选择了对于孩子哪怕是成人生活中难以触及的"亚马逊河探险"作为经历和体验，另一方面将孩子的"经历和体验"超乎于生活之上，建构于想象之中，这确实是一次高难度的挑战。下面就让我们欣赏张老师是怎样成功地跨越了这个难度，实现孩子心灵自由飞翔的目标的。

基于鲜活表象的想象

心理学研究表明，一个人想象力是以自身记忆表象丰富程度作为基础的。对于亚马逊河，绝大多数孩子都比较陌生，怎样让它走进课堂，使孩子形成丰富的记忆表象呢？张老师在教学过程中做好了铺垫。其一，形成感知层面的表象。课前，让孩子收集亚马逊河的有关资料，让他们对亚马逊河有一个知识性的了解；课上，让孩子相互交流，在互动中，大家资源共享，不断丰富自己的知识积累，从而使亚马逊河逐渐在自己的视野中丰盈起来。其二，形成感性层面的表象。在孩子的展开想象前，教师播放亚马逊河的风光片和《冲出亚马逊》电影片段剪辑，并且结合课件画面进行图文性叙述。这一环节，让孩子记忆中的知识活化为鲜明的表象，并且逐步清晰化、形象化。其三，形成情境层面的表象。在想象活动的开始，张老师让学生闭上眼，进行了一段"情境化"的叙述："各位探险队员，经过认真的筹备，亚马逊河假想探险活动今天开始了，我们先从萧山国际机场出发。请大家背上行李，系好安全带，飞机起飞了（伴随飞机起飞声）乘坐国际航班飞往香港，再从香港转机飞往智利（响起飞机降落声）。好，智利机场到了，请大家背上行李，准备出发……"教师的煞有介事，将孩子们带入一个模拟的情境中，使他们身临其境。此时，孩子们全身想象的毛孔都被打开了，呈现在眼前的不是窄小的课堂，而是亚马逊河葱郁的热带丛林；他们不再是课堂上的学习者，而是挑战自然，挑战生命极限的探险者；他们脑海中浮现的不再是关于亚马逊河单调的文字描述，而是风光迤逦、危机四伏的探险场景。这三个层面依次展开，使孩子脑海中的表象越来越丰富，越来越鲜活，越来越动感，此刻，孩子们想象的羽翼已经被打开。想象如同蓄积的山洪，一旦打开闸门，便会奔涌而出，顺势流泻！

基于智能边界的想象

　　有位诗人说得好，想象犹如展开的双翼，一边挂着智慧，一边挂着才能。想象的确需要智慧和才能，否则它会变得信马由缰、漫无边际，成为典型的"空想"。在想象作文训练中，这两方面体现得尤为重要。在《亚马逊河探险记》一课中，张老师把想象定位在"探险"这个点上，而整个"探险活动"就是孩子的想象过程，就是孩子的写作过程。对于一个生长在"温室"中的小学生来说，要成功地经历这次"探险"，顺利地完成这篇习作，必须凭借一定的智慧和能力。张老师在教学中，似乎成竹在胸，他为孩子的想象成功地竖立起三块"边界"。边界一，课外积淀。在古今探险家中，你最佩服谁？并说说佩服他的原因。对于小学生，他们非常喜欢阅读"历险记"一类的课外书籍，观赏"地球的故事"等一些电视节目，于是鲁滨逊、德·立昂、麦哲伦等一些探险英雄面对困难、战胜死亡所表现出的智慧和才能会持久地"固着"在他们的记忆中。"在古今中外的探险家中，你最佩服的是谁？"在张老师的召唤下，潜藏在孩子记忆深处的探险英雄呼之欲出，他们的智慧和才能，自然转化到孩子的笔下，幻化到自身的"探险"行动中。边界二，提供工具。为了使孩子在"探险"中战胜困难，张老师为孩子们提供了一个探险工具超市，让每个小组自由选择其中的三样工具。孩子的选择需要智慧和才能，因为选择工具的过程，就是孩子对未来可能遭遇的险境进行预想的过程。让我们听听孩子的发言："消毒垫子的作用是队友要是被咬伤，可以马上消毒，不让毒性扩散到全身；带手电筒是因为亚马逊河那边非常黑；带麻醉枪，用麻醉枪射猛兽"，"我们小组决定带指南针、小篷帐、麻醉枪。指南针可以帮助我们在迷路失散的时候，找到出口；帐篷可以让我们在露营时预防那些蚊子、吸血蝙蝠……"我们由此发现，孩子的选择，其实就是为自己的想象作文做好铺垫，打下伏笔。边界三，友情提示。张老师为了让孩子写好想象作文，给他们提出三个明确的要求：①你的经历能给人身临其境的感觉吗？②探险队员们相互合作齐心协力了吗？③你所带的探险工具都派上用场了吗？这三条提示，旨在调动孩子的写作智能，将探险活动写得栩栩如生，绘声绘色。"给人身临其境的感觉"就是引导孩子要把探险的"亲历"想得具体，想得生动；"相互合作齐心协力"意在引导孩子要把小组的群体的活动作为想象主体内容；"探险工具派上用场"其实提醒孩子要以选择的"探险工具"为原点展开想象，进行写作。有了探险"智能"参与下的想象，有了写作"智能"引导下的叙述，学生虽身不能至亚马逊河，但是笔下的探险活动却有了心灵上的"神往"，因而洋溢着跌宕，弥漫着神奇，充满着惊险。

基于生命关怀的想象

在《语文课程标准解读》（湖北教育出版社，2002年5月）一书中，关于"想象作文"有这样一段生动的描述："情感在想象中如同炼钢炉中的燃料和炉火，没有它，就不会有高温，因而就熔炼不出优质的合金"。张老师的《亚马逊河探险记》一课似乎正在践行着这样的思想——在这堂想象作文课中，充溢着浓浓的生命情怀，可能正是因为有了这种超乎一切的情感存在，这堂想象作文课才显得如此有情趣，如此有意蕴。首先是温情。在观赏了亚马逊河的风光片和《冲出亚马逊》的短片后，有几个孩子因为危险不敢迈出探险的步伐。教师的处理充满了人情，先是对不敢去的孩子表示理解："人不管做什么事，首先应该考虑自己的生命安全。"然后进行鼓励："不经历风雨，怎么能见彩虹呢？"最后给予呵护："（凑近这个孩子关切地）待会儿老师会保护你的！"在张老师的脉脉的温情下，每个孩子都插上了想象的翅膀，勇敢地踏上了历险的征程。即使他们走得再远，飞得再高也不会害怕，因为在他们的身后总有一双深情的目光在关注着他们。其次是善情。张老师在引导孩子们选择探险工具时，每个小组都不约而同地放弃攻击力更强的"冲锋枪"，而是选择了一支可以防身的"麻醉枪"。张老师立即抓住这一细节，追根究底，这时孩子们的心底暗香涌动："因为我觉得动物们是有生命的，所以我们不能伤害他们"。自古以来，探险活动都充斥着血腥和暴力，而在孩子的眼中，在张老师的课堂上，探险活动却包蕴着生命平等、关爱众生的人性主题，这种友善让人类更加伟大，让儿童更显可爱，让课堂更加彰显出生命的活力。再次是友情。在学生的习作赏析中，我们体验到一种奋不顾身、舍己为人的情怀。在他们的作文中，每当写到危难时，挺身而出的是自己的同学；每当临近死亡时，舍身相救的依然是同学，在这个流行着"为自己而活着"口号的今天，孩子的所想所写无不闪耀着灼灼的人性光辉。当然这与张老师提倡的"团队精神"是密不可分的。是合作，是互助，让探险活动更精彩；是友情，是关爱，让孩子习作更灵动。多少年后，当孩子们再次回味这节精彩的作文课时，他们可能会忘记探险选择的工具，可能会忘记自己所历经的险境，但是永远留驻在心间的可能是张老师的温情、对天地间一切生命的善情和源自于团队的友情，这些情感让他们的人生充满了无限想象，涌起无比的热情。

纵观张祖庆老师的这节想象作文课，我们会有这样的感受：丰富而鲜活的表象，为孩子的想象支撑起更加广阔的天空；厚实而有效的智能储备，让孩子的想象充满了智慧和秩序；恒久而真挚的情感，使孩子的想象极富润泽和张力。

《亚马逊河探险记》这堂课尽管已经结束，但张祖庆老师关于语文教学的"探险"仍在进行，让我们翘首以盼他成功跨越的另一高度的喜讯！（吴勇）

5. 闫学：语文就是人"道"

　　闫学，小学语文特级教师，中学高级教师。她的课堂神韵如茶，淡而幽远；她积极倡导"读书就是生活"的理念，在全国各地作读书报告近百场，以素朴优美的文笔和深刻犀利的思想蜚声国内教育界。她现任杭州市拱墅区教研室小学语文教研员、区小幼教研中心主任，区小学语文名师研修班导师。她曾在《中国教育报》、《人民教育》、《小学语文教师》等报刊发表文章百余篇，在《中国教师报》开设个人专栏，出版教育教学专著《牵到河边的马》。近年来，她在全国各地多次执教公开课。

画外音

其课如茶

有人说，好课种种，韵味各异：有的像美酒，芬芳浓烈，饮之醉人；有的似白水，纯极淡极，却不失本真；有的则如清茶，香在隐约之中，味在有无之间，然品之却自有一种回味久久不散——这便是一种境界，是课的境界，也是人的境界。

听过闫学上课的人都说，她的课如其人——香在隐约之中，味在有无之间，如清茶般让人回味无穷。这正是她的风格，舒缓平淡，看似信手拈来、波澜不惊，细察之却处处匠心独运。她就这样诠释着心中的语文。

她曾在文章中这样表达："这些年，尽管我作了多种尝试，但我对语文教学的茫然依然存在。毫不讳言，这种茫然到现在还在持续着。1997年，《北京文学》引发的那场关于语文教学的争论使我在懵懂中开始静心审视自己。可是这种静静的自我审视并没有把我从茫然中解放出来。很多时候，我好像看到了一线光芒，但总有一层纸遮着！直到新课标颁布之后，我对语文教学的认识才开始比较清晰。"

在苦苦思索之中，她思考着如何构建有生命活力的语文课堂，并将这种思索化作在教育教学实践中不懈尝试、执著探索的源泉，在10多年的教育教学历程中她一直处于奔跑的状态。

所以，熟悉她的人说：执著追求，不断反思，超越自我，永不言弃——这就是闫学，一个永远在求真、求善、求美的人。（雷玲）

课堂教学艺术

之一：导课如"暖壶"

《冬阳·童年·骆驼队》教学片段

师：同学们先读课题"冬阳·童年·骆驼队"。

（生齐读课题）

师：冬阳，童年，骆驼队，三个词组成了文章的题目。请同学们展开想象的翅膀，从这三个词中，你仿佛看到了怎样的画面？

生1：我看到了一个冬天的早晨，有暖暖的太阳，一支骆驼队走过来了，然后有很多小孩子围上去玩，玩得十分高兴！

师：这位同学看到的画面里边，萦绕着冬天暖暖的太阳，他看见了骆驼队，还看见了一群小孩子，这个画面是活的，很美。

生2：我看到了那时刚刚下过雪，人们把雪扫干净了。来了一支骆驼队，一群小孩子围着骆驼转啊，转啊，一边笑一边玩。

师：下过雪的天气，雪已经被扫起来了。如果为这幅画面选一个主色调的话，那就是——白色，很美。

生3：冬天的一个早晨，天气很好，景色很美。在北京城南，在作者住的地方，出现了骆驼队。由于骆驼是生活在沙漠里的，北京的小孩子都没看见过骆驼，都很惊奇，所以都围上去看，一边围着骆驼谈论一边笑。

师：小孩子是最美的风景。

生4：在冬天的阳光下，一群骆驼来到作者的家门口，他们都没有看到过骆驼，都围着骆驼玩，作者缠着爸爸说："我要坐骆驼，我要坐骆驼……"

师：噢，她想骑到骆驼的背上去！

生5：在一个冬天的早晨，刚刚从地平线上升起的太阳，暖暖地照耀着大地。一群骆驼从遥远的地方来到了北京城南，一群小孩子围上去东摸摸西摸摸，觉得非常新奇。长大了，这一段美好的回忆就留在了他们的心里。

师：这一群小孩子中也许就有文章的作者林海音。刚才大家在头脑中想象的画面，其实也是林海音女士无数次在脑海中浮现的画面。（出示骆驼队黑白画面请学生欣赏，遥远的《送别》音乐起）你看，冬阳下的骆驼队缓缓地走来，响着悦耳的铜铃声。这幅画面成为作者关于童年生活的最为清晰的记忆，正如作者在文章的结尾所说的"看见冬阳下的骆驼队走过来，听见缓慢悦耳的铃声，童年重临于我的心头"。那么，当作者的脑海中无数次地浮现出这一画面的时候，童年的哪些往事又重临于"我"的心头呢？请同学们读一读这篇文章。

（生自由朗读，教师巡视）

评析

好课难得，难在文、课、人的统一。闫老师《冬阳·童年·骆驼队》这堂课的构筑也正如茶意，舒缓平淡，看似信手拈来、波澜不惊，细察之却处处匠心独运，令人回味悠长；而执教者在课堂上表现出的那一份从容恬淡、含蓄优雅，也正合了茶道之本，所以，这是一堂好课。

在揭示课题之后，教师先让孩子们根据课题中的三个词语展开联想——"你仿佛看到了怎样的画面"。这一环节，我以为正如茶道中的"暖壶"，也可以套一句《琵琶行》中的话——"未成曲调先有情"。

本文的课题以三个不同意象的词语叠加而成，细细体味，"冬阳"为文章创设了一种感伤与温暖交织的情绪基调，"童年"揭示了本文的内容主旨，而"骆驼队"则是贯穿课文的一条线索。三个词语的结合，不仅勾画出了一幅记忆深处的童年印象图，而且营造出了一种深沉广阔的意象空间和情绪空间。都说课题是文眼，但像本文这样包容量如此大，又如此具有审美特质的题目，却是不多见的。教师以其独有的文学敏感性和教学敏感性抓住了这一点，展开了一个凝练的，却对全课的展开都具有重要意义的联想环节。

看学生的联想，这一环节应该得到了不错的落实。他们虽然还几乎没有接触课文，但是凭借这三个意象鲜明的词语，凭借其个性化的理解，基本上都把握住了一点——童年的快乐。应该说，这一理解与课文真正要表达的那种怀念而感伤的情绪还是有一定的距离的，但是这种距离，却是一种重要的资源，它们之间的差距为后面的学习，无论是在内容理解上还是在情绪体验上，既提供了一种铺垫，又提供了相当的增容空间，使得下文的展开和深入变得更容易更自然。

在短短的课题联想之后，优美而略带感伤的音乐《送别》轻轻响起，一张充满历史厚重感的骆驼队黑白照片呈现在大家面前。教师的三言两语和这音乐画面完美地结合在一起，转瞬间就将孩子们从眼下带回到了几十年前的老北京城南，带入了课文所勾勒的童年生活、所营造的怀旧气氛中。

壶已暖，茶已投，沸水缓缓倾入，翻起一片雪乳似的泡沫，茶香随之便流溢出来了。（陆霞）

之二：品读"一唱三叹"

《冬阳·童年·骆驼队》教学片段

师：作者的心头又浮现出哪些童年的往事？

生："我"惊奇地看着远方的骆驼走来，傻傻地去学着骆驼吃草料的样子，当骆驼走的时候，"我"产生了一种留恋的心情。

师：留恋不舍，是吧？他说到了傻傻地学骆驼咀嚼的事情，还有呢？

生：我还有补充，还写了作者跟爸爸争辩那领头的骆驼脖子上为什么要挂一个铃铛。

师：与爸爸一起讨论骆驼脖子上的铃铛是干什么的，这件事很有趣。

生：林海音看到太阳特别暖和，骆驼脱掉了棉袍子，毛一大块一大块地垂在肚皮下面，她觉得很难看，想把它剪掉，修饰一下。

生：林海音在想骆驼队驮的麻袋里装的是"南山高末"还是"乌金墨玉"。

师："南山高末"、"乌金墨玉"，同学们知道是什么吗？

生：煤！

师：商人把煤说成是"南山高末"、"乌金墨玉"，那也是一种招揽生意的说法。

生：夏天，骆驼队不会来了，作者林海音在问妈妈，骆驼队到哪儿去了。妈妈总是说："总是问，总是问，你这孩子！"好像是在责骂她。

师：是啊，童年的林海音什么都要问一问。刚才大家一起说了作者童年的往事，大家是不是觉得都很有意思？那么大家就拿起笔来，把你觉得最有趣的事情用笔画一画，然后在旁边用简单的一两句话或者只用一两个词写下你的感受。

（生圈画，教师巡视）

……

师：各种原因使得已经成年的我对这种事情不感兴趣了，尽管我也是从儿童时代走过来的。林海音女士在写下这篇文章的时候已经42岁了，比闫老师还要大几岁。你觉得她在写下这段往事的时候，还会去学骆驼咀嚼吗？

生：（齐答）不会。

师：正如作者在文章的最后一部分写的："冬阳底下学骆驼咀嚼的傻事，我也不会再做了。"请读一读这段文字。

（出示下列文字，生齐读："夏天过去，秋天过去，冬天又来了，骆驼队又来了，但是童年却一去不还。冬阳底下学骆驼咀嚼的傻事，我也不会再做了。"）

师：童年的往事还有很多有意思的，还有哪些事你还会觉得有意思？

生：林海音看着骆驼把脱下的"驼绒袍子"垂在肚皮底下，她想拿起剪刀帮骆驼剪整齐，这件事体现了林海音童年时十分幼稚、天真，她小时候十分有趣。

生：我从这件事看出她的心灵是天真纯洁的，她对一切都感到好奇。

……

生：我觉得林海音当时应该是非常调皮的，她为骆驼着急，她看见骆驼的毛这么厚，想帮它剪一剪。

师：让它美观一点。大家想，已是中年的林海音女士，她还会想给骆驼剪剪不整齐的毛吗？

生：（齐答）不会。

师：这种想法她已经不再有了，就像是冬阳底下学骆驼咀嚼的傻事也不会再做了。再读一读这段话。

生：（齐读）夏天过去，秋天过去，冬天又来了，骆驼队又来了，但是童年却一去不还。冬阳底下学骆驼咀嚼的傻事，我也不会再做了。

师：学骆驼咀嚼的傻事我不会做了，给骆驼剪毛的想法我也不会再有了。这篇文章还写到了哪些有意思的事？

生：我发现在文章的第二部分，她和爸爸争论铃铛的用途。我觉得这时候的林海音是充满幻想，非常天真的。她爸爸是从实事求是的角度来看这铃铛的，而林海音小时候也跟我们小时候一样喜欢幻想，每个人都有那么一段时间，一段喜欢幻想的时间！

师：爸爸的见解是理性的，而童年的林海音的想法是天真的，是充满诗意的。现在你们就是林海音，我是爸爸，你从小不懂的事就要问一问，你开始问吧！

（师生对读这段对话）

师：我们可以看出，海音爸爸在用很宽容的心态去看待女儿的想法，是吗？所以他说"你的想法更美些"。当中年时期的林海音在回忆起这段往事的时候，她当时的想法可能已经不再有了,这就像是冬阳底下学骆驼咀嚼的傻事也已经不会再做了。再来读一读这段话。

生:(齐读)夏天过去,秋天过去,冬天又来了,骆驼队又来了,但是童年却一去不还。冬阳底下学骆驼咀嚼的傻事,我也不会再做了。

师:在作者描述的童年往事当中,有一件事大家有没有注意到?

生:与妈妈一起谈论夏天骆驼到哪儿去了。

师:谁来把这段文字读一读?

(生自由朗读这几段文字)

师:妈妈说:"总是问,总是问,你这孩子!"看看这篇文章,林海音都问了些什么?她除了问"夏天骆驼到哪儿去了",还问了什么?

生:她还问爸爸领头的骆驼为什么要挂铃铛。

生:林海音还问骆驼队的麻袋里装的到底是"南山高末"还是"乌金墨玉"。

生:她还问为什么夏天热,冬天冷。

……

师:这些问题你们问得并不奇怪。的确是这样,作者在她的《城南旧事》这本书当中,也写到了自己"总是问,总是问"的情景。我们来看一看这段话,自己读一读。

(师出示文字,生自由读)

……

师:当作者中年时再想起来,你觉得她还想问吗?

生:(摇摇头)可能不会了!

师:此时哪些问题不会再问了?

(生答略)

师:很多问题可能已经不会再问了;有些问题即使到中年也仍然没有找到答案,但是可能她也不会再问了。就像作者在文中所写的,冬阳底下学骆驼咀嚼的傻事不会做了,满脑子的童年时代的问题也不会问了。

生:(齐读)夏天过去,秋天过去,冬天又来了,骆驼队又来了,但是童年却一去不还。冬阳底下学骆驼咀嚼的傻事,我也不会再做了。

师:是啊,不光是"冬阳底下学骆驼咀嚼的傻事,我也不会再做了",当作者已是人到中年,当她已是人在台湾时,可能会产生更多的人生感触。比如,当她再一次想起那挂在骆驼脖子上的铃铛,当她再一次想起那垂在骆驼肚皮底下的长长的毛,当她再一次想起童年时那满脑子的问题,她可能会怎么说?将作者想说的话写在这一段文字的后面。

(生写话,师巡视;交流)

……

师:所有从前做的傻事都不会再做了,所有童年时非常幼稚的想法都不会再有了,那满脑子的问题现在也不会再问了。就像那位同学所说的,现在再回想起过去的那些事,心里掠过一种淡淡的感伤。(板书:淡淡的感伤)但这种感伤不是痛哭流涕,我们刚才甚至一直在笑着谈、笑着读这些文字,这种感伤是那么淡,那么轻,就像一缕烟,流动在文章的字里行间。在这淡淡的感伤背后,我们更多地感受到了什么?

生:对童年生活的留恋!

师:是的,一种深深的怀念。(板书:深深的怀念)我们再来读一读文章的最后一段文字,来感受这一份淡淡的感伤和深深的怀念。

生:(齐读)夏天过去,秋天过去,冬天又来了,骆驼队又来了,但是童年却一去不还。冬阳底下学骆驼咀嚼的傻事,我也不会再做了。

评析

品读文本的这一部分,若要下一个评论,我只想出四个字来——"一唱三叹"。何谓"一唱"?——教师在这个环节中投放的一个大问题——"你觉得林海音叙述的四件事中最有趣的是哪一件"。何谓"三叹"?——在这个环节中学生反复吟诵的"夏天过去,秋天过去,冬天又来了,骆驼队又来了,但是童年却一去不还。冬阳底下学骆驼咀嚼的傻事,我也不会再做了"。这如一个不断往复呈现的旋律主题,覆盖了课堂的绝大部分时间和空间。可以说,整堂课,学生主要就是在笑谈趣事之趣,品悟"一去不还"的无奈和感伤。

将课堂中几次反复的环节比较一下,我们可以发现,重复的只是形式,而感悟却是一次次地在加深、在升华。这使得形式上的反复成为了一种回环旋绕的递进。数一下,学生共朗读了五次重点句。应该说,前两次学生的诵读是比较被动的,是教师出示并引导着学生读的,因此学生的朗读听起来显得比较生硬,一定程度上游离在课文情绪场之外。而到后来,当学生一次次地与文本、与作者进行着心灵上的对话,一次次地感受着童年那份遥远美好的童真童趣时,他们的朗读也渐渐地入情入味。尤其是最后,当学生尽情书写了对童年生活的赞美和怀念之后，学生的情绪和文本的情绪达到了水乳交融的地步，这时，学生的朗读入情入境，将课堂推到了一个相当的高度。这种感悟和朗读的提升，似乎是自然而然地实现的，正如茶味在不经意间显露出来并逐渐变得浓郁芬芳，并不需要外在地添加一些什么东西。这种看似随意和自然之所得，却不能不说是充分体现了教师高超的课堂艺术水平。

在这一课中，我尤为欣赏的是两个前后照应的环节：围绕"总是问"这一部分，教师先是让学生尽量去想"她还会问哪些问题"。学生也是孩子，这一问，直问得童趣盎然。原文中因为人生沧桑而造成的那份隐约的沉重感一扫而光，学生原本还略有心灵游离于文本的嫌疑，由此一问，就和文章、和作者如此紧密地联系到了一起，不说人文合一，至少也可以说是鱼水难分了吧。之后，教师又呈现了《城南旧事》中关于"什么是贼"的一段对话，更把学生的兴趣、理解和感受提高到了一个新的层次。

如果仅仅是这一问，课堂固然活跃，但还不足以称之为"有神"。最妙的在于稍后的另一问——结合课堂中反复出现并诵读的那句"我也不会再问了"，教师提了另一个问题——"哪些问题我不会再问了"。这几乎可称为神来之笔。从内容上看，这个问题简直太简单了，学生只需把几分钟前海阔天空、神思漫游之际的种种奇问怪问重复一遍即可，连思考都几乎可以省去。但是，任何人都可以看出，这一问的意义绝不在此。学生在一个个否定自己不久前提出的种种奇思怪问时，内心感受到的绝不仅仅是否定几个问题那么简单。一个个消逝的问题，其实代表的是一段段消逝的童年、一份份消逝的童真。可以看到，学生在回答这个问题时，神情变得凝重起来，即便是因为一句在现场来看极为幽默的"它们都是鸡"而引来全场哄堂大笑，流动在笑声下面的仍然是那种沉重而略带感伤的情绪。（陆霞）

之三：结课"余音绕梁，三日不绝"

《冬阳·童年·骆驼队》教学片段

师：冬阳下的骆驼队缓缓地走来了，走来了，响着悦耳的驼铃声，这一切是作者无数次在脑海中浮现出的画面，是作者关于童年生活最为清晰的记忆。我们还记得课文的题目吗？

生：（齐读）冬阳·童年·骆驼队。

师：再来读一读，读出作者的这一份淡淡的感伤、深深的怀念。

生：（深情地，舒缓地）冬阳·童年·骆驼队。

师：真好。在作者的记忆当中，这一画面已经成为作者童年生活的象征。品读此文，我们就像是在静静地品尝一杯淡淡的清茶，又像是在欣赏一朵淡淡的小花。我们在感受到童心、童真、童趣的同时，也感受到了那份蕴藏在字里行间的深情。如果我们有第二个童年，如果人生可以重来，也许我们就不会有这么多的人生感触。可是，每个人都要长大。也许正是因为这个原因，这种感受对作者来说太值得珍惜了，所以被写进了小说里，后来又被拍成了电影。

师：（推荐小说《城南旧事》，电影《城南旧事》）

师：如果我们的心灵都有一个故乡的话，这个故乡可能就是我们的童年。闫老师在读了这篇文章之后写下了一首诗，这首诗的题目就是"童年，我心灵的故乡"。我们一起来读一读。

（师生齐读）

师：下课！

评析

非常值得一提的是结课处的那首诗歌《童年，我心灵的故乡》。每次看到这里，我都会不自觉地联想起"余音绕梁，三日不绝"这个成语，还有那一种"曲终人不见，江上数峰青"的独有意境。

林海音的《冬阳·童年·骆驼队》写得好，散文的形式下洋溢着诗一般的情愫。然而我曾因此怀疑，这样的文章是否适合小学生学习。因为在我看来，这种遥远的回忆、这种感伤的情绪，似乎必是（如佛经所言吧）经历过后方能领悟得了的。正如会品茶而识人生真味者，究竟长者居多。这种忧虑应该说伴随在课堂的大部分过程中。即便师生共同总结出了"淡淡的感伤、深深的怀念"10个字，即便学生的朗读中已渗入了那么多的不可名状的感触，我却仍然怀疑着，文中那种无法言表的情绪是否被学生充分地体悟着。直至读到这首《童年，我心灵的故乡》，终于释怀。（陆霞）

经典课例

一堂好课的场效应
——《我的伯父鲁迅先生》教学案例及评析

不能不说鲁迅

师：谈到中国文学，谈到中国的历史、文化，恐怕有一个人是无论如何都绕不过去的，他就是——鲁迅。你们对鲁迅有哪些了解？读过他的什么作品？

（师生自由交流）

师：在我国，在所有提到鲁迅的资料当中，都有这样一句话：鲁迅，我国伟大的文学家、思想家、革命家。但是闫老师在这里并不是要把这句话当成一个概念灌输到大家的脑子里，今天我想通过这节课请同学们试着用自己的大脑去思考，用自己的眼睛去发现，这样得出来的结论才是自己的。今天我们就来思考鲁迅是个怎样的人物，为什么我们今天还是不能不说鲁迅。

向鲁迅走去

师：1945年，在鲁迅先生逝世9周年之际，鲁迅先生的侄女周晔用满怀深情的笔触，写下了一篇纪念文章——《我的伯父鲁迅先生》。

（学生自由读课文，教师巡视；请学生选择感觉最难读的自然段读一读，随机纠正、点评）

师：关于鲁迅先生，在其侄女周晔的记忆中，哪些情景最令她难以忘怀？（引导学生梳理课文主要内容，将有关内容板书在黑板上：痛别伯父 谈《水浒》 谈"碰壁" 救助车夫 关心女佣）

周晔眼中的鲁迅

师：让我们随着周晔的记忆走进与伯父在一起的日子，看看周晔眼中的鲁迅。你想先谈哪件事？

生：（举起手来）我想先谈谈"碰壁"。

师：好，我们就来谈谈"碰壁"。自由读这部分课文，边读边想：你仿佛看到了一个怎样的场面？

（学生自由读这部分课文并交流）

生：我看见一家人坐在一起吃晚饭，每个人的脸上都洋溢着笑容，周晔兴致勃勃地与伯父谈起"碰壁"这件事。

师：一家人团团围坐，共进晚餐，伯父与"我"谈鼻子，谈碰壁，众人忍不住哈哈大笑。这个夜晚充满温馨，这个夜晚谈笑风生。但是，我们在感受这份幽默与风趣的同时，你有不明白的地方吗？或者说哪句话值得我们认真思考？

生：我认为鲁迅先生的这句话值得我们认真思考："你想，四周围黑洞洞的，还不容易碰壁吗？"

生：鲁迅真的是碰壁把鼻子碰扁的吗？如果不是，他为什么要跟周晔说是碰壁把鼻子碰扁的呢？

师：问得好！我们就来讨论同学们刚才提出的问题。有一个问题必须首先弄清楚，鼻子的高与直、扁与平，与碰壁真的有关系吗？

生：没有！

师：很显然，这是一个常识。鼻子的高与直、扁与平与碰壁并不存在着必然的联系。但既然如此，鲁迅先生为什么还要这样回答周晔的问题呢？他究竟想说什么呢？

生：其实我觉得"四周围黑洞洞的"，是指中国旧社会都是非常黑暗的，所以人们都想走出黑暗这堵墙。当时周晔还小，对伯父所说的话还领会不到其中的意思。我想周晔长大了以后就能渐渐领会到其中的意思了。

师：这个同学在思考一些问题的时候，尤其是思考一些难以理解的问题的时候，联系了当时的社会背景来谈。其他同学有没有也是从这个角度来想问题的？

生：那时候的中国很黑暗，穷人走不出黑暗！

生：我觉得他说的"碰壁"有自己的意思。当时的人对鲁迅有很多看法，还给他处处设置障碍，他的才华就无处发挥了！

师：你是不是课下查了相关的资料？

生：（摇头）没有啊！

师：那你是怎么想出来的？

生：靠脑子想出来的！

（听课教师与学生笑）

师：这是他的猜想，这种猜想有道理。鲁迅作为一个用笔猛烈抨击当时黑暗统治的文学家，作为一个苦苦寻求民族解放之路的思想者，作为一个有着独立人格和自由精神的人，鲁迅在现实生活中可谓处处碰壁。他的文章被禁止发表，他多次面临被暗杀的危险。为了顺利发表文章，他竟然使用了120多个笔名。他曾经愤然写下了《"碰壁"之后》、《"碰壁"之余》等文章，与黑暗势力作了不屈不挠的斗争。（大屏幕出示这两篇文章的题目）

师：当你结合这一段历史来思考这段话的时候，从这个谈笑风生的场景之中，你看到了一个怎样的鲁迅呢？

生：看到了一个不畏艰险的鲁迅！

生：看到了一个不屈不挠的鲁迅！

生：我想把鲁迅比作一种动物——裹在蛹中的青虫！

师：（惊讶地）再说一遍？

生：裹在蛹中的青虫！

师：（困惑地）为什么呢？

生：青虫如果要变成美丽的蝴蝶，就要挣脱蛹的束缚，要拼命地冲出蛹，才会变成美丽的蝴蝶。鲁迅先生当时就处在一个黑暗的蛹中，他必须要坚持不懈地拼搏才能冲出黑暗！

（生热烈鼓掌表示赞赏）

师：这个比喻太好了，同学们用掌声鼓励你。鲁迅先生曾经把这个黑暗的社会比作一座铁屋子，他的比喻与刚才这位同学的比喻有相似之处。我还在想，鲁迅先生处境那么危险，多次面临被暗杀的危险，连发表文章都不自由，要使用120多个笔名，在这种情况下，他还在与家人谈笑风生，这是一个怎样的鲁迅呢？

生：一个乐观的鲁迅！

生：一个坚持不懈与黑暗势力作斗争的鲁迅！

师：面对危险坚强不屈，处处碰壁还是不屈不挠。但是面对家人，他又充满了乐观精神。刚才有一个同学提到了一个很好的问题，大家都知道碰壁和鼻子并没有什么必然的联系，但是伯父为什么要采取这样的方式去说，为什么不直接告诉周晔？

生：如果直接说了，周晔可能还不太明白，而且这样对她会是一种负担，等她长大了她就能够承受这种负担，她就会慢慢明白的！

师：处境的危险，斗争的残酷，形势的复杂，这些都是伯父不想让周晔知道的。在自己的亲人面前，在幼小的孩子面前，鲁迅又表现了他的慈爱。这一幕充满温馨的情景，多年之后周晔回想起来，她可能和我们一样已经了解了伯父谈笑风生的背后面临的危险处境。与伯父在一起的日子还有哪些也让她难以忘怀？

生：一起谈《水浒传》。

师：周晔是怎么读的？

生："囫囵吞枣"、"张冠李戴"。

师：这两个成语其实很容易理解，不用查字典，也不用问老师和同学，你只要再读读这段话就能明白什么是"囫囵吞枣"，什么是"张冠李戴"。

（生读书、交流）

生：只注意紧张动人的情节，那些好汉的个性、那些复杂的内容，全搞不清楚，这就叫"囫囵吞枣"。

师：后来人们就把读书等不加分析地笼统接受叫作"囫囵吞枣"。

生："张冠李戴"就是把这个人做的事情安在那个人身上。

师：比如，我说"林冲景阳冈打虎"，你同意吗？

（生大笑着纷纷摇头）

师：你们都笑了！是啊，哪来的林冲打虎，应该是武松打虎。我刚才犯了个什么错误？

生：张冠李戴！

师：是的，后来人们常把这类弄错了对象、弄错了事实的事称为"张冠李戴"。伯父摸着胡子，笑了笑，说——

生："哈哈，还是我的记性好。"

师：这是批评吗？这是怎样的批评？

生：这是婉转间接的批评。

师：或者说这是委婉的批评。

生：伯父用风趣的语言教育"我"读书不能马马虎虎，从此"我"读什么书都不再马马虎虎了。

师：这种批评尽管委婉，但效果奇佳。周晔从此读什么书都不再马马虎虎了，养成了一生的良好的读书习惯。透过这样一件小事，我们看到了一个怎样的鲁迅先生？

生：非常风趣幽默，教子有方。

师：很好！幽默风趣是鲁迅性格中的一个重要特点。这件事使周晔养成了一生的良好的读书习惯。但还有些事情也让周晔难以忘记，尤其是对一位车夫的救助。其实，这件事本身并没有多少复杂的情节，但有些细节却让我们不能不怦然心动，是哪些细节打动了我们？默读这部分课文，边默读边圈画。

生："伯父又掏出一些钱来给他，要他在家休养几天，把剩下的药和绷带也给了他。"我觉得那时候他们这些拉黄包车的是受人鄙视的，而鲁迅先生认为他们也是人，所以他非常关心这些穷人。

生：伯父和爸爸不认识这个拉黄包车的人，已经帮他扎好绷带了，可以说是仁至义尽了，可是他还把自己的钱给他，让他接着去治疗，我觉得伯父是十分关心穷人的！

生：那时候拉黄包车的是受人鄙视的，是迫不得已，境况肯定是十分窘迫的，如果鲁迅不给他钱的话，他可能伤还没好就会急着出去拉车。

生：我觉得鲁迅给他的这些帮助可能救了这个拉黄包车的人。

师：你可能联想到了什么，是吗？

生：我想到了这些拉黄包车的人就是靠拉黄包车吃饭的，也许他家里还有老母和孩子。他为了养活家里人，可能还会带着伤出去拉车，直到自己累死！

师：由此可见，鲁迅对黄包车车夫的帮助可谓雪中送炭！在鲁迅的眼里，黄包车车夫与他在人格上是平等的。其实，最让周晔难以忘怀的还不仅仅是这些细节，多年之后她依然还记得，她依然还清清楚楚地记得——

师：出示句子，学生读："这时候，我清清楚楚地看见，而且现在也清清楚楚地记得，他的脸上不再有那种慈祥的愉快的表情了，变得那么严肃。他没有回答我，只把他枯瘦的手按在我的头上，半天没动，最后深深地叹了一口气。"

师：这严肃的表情，这深沉的叹息，最令人难以忘怀。虽然伯父没说一句话，但是，这严肃的表情背后是一颗怎样的心呢？这深深的叹息里又有着多么复杂的情感呢？鲁迅究竟在为谁叹息呢？

生：鲁迅先生是为社会的黑暗而叹息。拉黄包车的车夫受伤了，这么多人在街上来来往往，却没有人去关注他！

生：他在为拉黄包车的而叹息。那时候社会黑暗，富人和穷人之间的差别很大，这个拉黄包车的人就连一双鞋也买不起，光着脚在冷得像冰的天气里跑！

生：他一是为了旧中国而叹息，二是有一种很无奈的感觉。他想改变这个旧的中国，但又感到自己没这个能力，所以他感到非常无奈！

师：一种无奈的叹息，为了国家、为了民族的命运而叹息，为了这些生活在社会最底层的人们而叹息，同时也在为自己而叹息！鲁迅生活的时期，正是中华民族处于水深火热的时期，生活在社会最底层的劳苦大众正在流血，正在哭泣。面对这些，一生寻求民族解放的道路，一生都在与黑暗势力战斗，在为民众呐喊，在执著追求光明的鲁迅先生，此时他的内心思潮起伏，多少忧虑，多少愤慨，都化作了一声深深的叹息！请再读读这段文字，试着去触摸那颗心，去感受那份情感。

（学生再读出示的文字）

师：也许以同学们的年龄和阅历，现在还无法真正深入鲁迅先生的内心，对那份复杂的情感也只能揣摩到这个程度。但是这都没有关系，我们可以在阅读了鲁迅先生的作品之后再来思考，可以在了解了鲁迅先生的一生之后再来思考，也可以在今后的人生中继续思考！

别人眼中的鲁迅

师：刚才，我们与周晔一起回忆了与伯父在一起的日子，看到了周晔眼中的鲁迅，我们每个人的心里也有了一个属于自己的鲁迅。那么别人眼中的鲁迅又是怎样的呢？我们听一听鲁迅先生家里的女佣阿三是怎么说的吧！

（学生接读阿三的话）

师：听了阿三的话，我们再联想到鲁迅对那位黄包车车夫的救助，我们可以看到，鲁迅先生对生活在社会最底层的人们，他的关心和同情是真挚的，无私的。如果想了解更多，推荐同学们阅读著名女作家萧红写的《回忆鲁迅先生》这篇文章（大屏幕出示文章题目）。此时，我们完全可以用一句话来概括鲁迅先生的高尚人格——

生：伯父就是这样一个人，他为自己想得少，为别人想得多！

师：是的，为自己想得少，为别人想得多！拥有悲天悯人的情怀是一切伟大人格的体现！

师：1936年10月19日，鲁迅病逝于上海，一颗伟大的心脏停止了跳动。他的遗体躺在万国殡仪馆的礼堂里，上万名上海民众自发前来吊唁和送葬。让我们同周晔一起回顾那万人同悲的场面——（舒缓、哀伤的音乐起）（这段文字经历了以下四次回旋）

生：他的遗体躺在万国殡仪馆的礼堂里，许多人都来追悼他，向他致敬，有的甚至失声痛哭。数不清的挽联挂满了墙壁,大大小小的花圈堆满了整间屋子。送挽联送花圈的有工人,有学生,各色各样的人都有。

师:前来吊唁的人来自各行各业,来自四面八方。著名作家巴金当时还是一个青年,他曾经亲眼目睹了这一切。现在让我们透过他的文字来看看当时的情景吧!

(学生自由读巴金《永远不能忘记的事情》的片段,然后交流:在前来参加追悼会的人群中,你最关注谁?)

(学生交流读巴金文字看到的场面)

师:当你看到了巴金先生描述的情景,再来读读这一段文字,感受那万人同悲的场面。

(学生自由读这段文字)(第一次回旋)

师:也许前来送葬的人群之中就有阿三,也许还有那位曾经被伯父救助过的车夫,面对着先生的遗体,他们情不自禁地想起了什么?当时幼小的周晔呆呆地望着来来往往吊唁的人,她也不由得想到了什么?请试着走进这个人物的内心,用你的笔写下他(她)内心的情感。

(学生写句子,教师巡视;交流)

生:幼小的周晔呆呆地望着来来往往前来吊唁的人,她不由得想到:"伯父走了,可他为什么不告诉我一声呢?不是说好人一生平安吗?可为什么伯父就这样去世了呢?为什么?"

生:前来送葬的人群当中就有女佣阿三,她呆呆地望着鲁迅先生的遗体,渐渐地,眼泪缓缓流下,她简直不敢相信这么一位无私的人,这么有爱心的鲁迅先生就这么离她而去,想起以往的那点点滴滴,她不禁埋下头,失声痛哭。

生:曾经被伯父救助的车夫也来了,他流着热泪说:"先生,没有你的钱,就没有今天的我,这些钱真是雪中送炭哪!我的千言万语汇成一句话:谢谢你!"

师:男儿有泪不轻弹,只因未到动情处!这是一份复杂而朴素的情感,深深的悲哀充荡着人们的心田。现在请同学再读一读这段文字,再来感受大家心里这份复杂而又深沉的追念。

(学生再读这段文字)(第二次回旋)

师:鲁迅先生曾经大声呼吁:"救救孩子!"如今鲁迅先生去世了,我们也失去了一个爱护我们的友人了。现在,我们再来读这段文字,把你对先生的爱戴与崇敬融进去。

(学生再读这段文字)（第三次回旋）

师：历史忠实地为我们记下了这令人心碎的时刻。

(出示万人送行的黑白照片，教师深情解说)

师：历史的镜头就在这里定格。我相信，此时此刻，你也一定希望加入到这万人同悲的队伍当中去，让我们一起来追忆伟大的鲁迅先生！

(学生自由读)（第四次回旋）

鲁迅留下的……

师：鲁迅先生离开我们已经有70年了，一个伟大的身影越去越远，但是鲁迅先生留给我们的有太多太多。鲁迅先生留给了我们什么呢？

生：鲁迅先生留给了我们一些含义深刻的散文，还有他那种坚强不屈的精神！

生：他给我们留下了宝贵的精神财富！

师：是的，鲁迅先生留给我们的不仅是众多的作品，更有一种精神，一种可贵的鲁迅精神！这种精神，已经逐渐融到我们民族的血液之中，成为我们中华民族的精神！1949年，著名诗人臧克家，曾经写下了一首诗——《有的人》，纪念鲁迅先生。现在我们来看看诗人眼中的鲁迅精神。

(出示《有的人》这首诗，教师范读，生再读)

师：他活着，是为了多数人更好地活，群众把他抬举得很高很高！所以，我们今天，在鲁迅先生逝世已经70多年的今天，还是不能不说鲁迅；所以，《亚洲周刊》把鲁迅先生的作品评为20世纪亚洲最有影响力的作品第一名；所以，《影响中国历史的100个人》一书，鲁迅占据了其中一个重要席位。随着历史的发展，可能还会有更多的所以……因为鲁迅先生留给我们的太多太多！

师：（大屏幕出示阅读书目，师推荐阅读）《社戏》、《从百草园到三味书屋》这两篇文章回去就可以阅读，《鲁迅全集》、许广平《欣慰的纪念》、林贤治《鲁迅的最后十年》、《人间鲁迅》留在今后的人生中慢慢读。

师：现在请同学们再看看文章的结尾，当你了解了这么多，你觉得这句话能不能概括出一个完整的、立体的、全面的鲁迅先生？

生：（略加思索）不能！

师：是的，周晔的文章早已写完，可我们对鲁迅先生的认识才刚刚开始。

下课！

评析

所有的好课都应能形成一个"场",没有"场"的课不是好课。今天听闫老师的课,我的确身在"场"中,我的精神、情感都被深深地卷了进去。说实话,今天聆听闫老师的课,我有几个"想不到":

第一个"想不到"是:闫老师将对《我的伯父鲁迅先生》这个文本的定位,置于整个鲁迅文化语境中。读一课与读一人,在不断穿插中有机整合。我们在闫老师的课上可以看到很多不经意的对鲁迅的插叙,比如鲁迅先生的120多个笔名,比如鲁迅就"碰壁"写过的两篇文章,比如鲁迅去世后萧红写的文章,比如当时万国殡仪馆出殡的经典的黑白照片……这些使我们觉得闫老师的课处于比较宏大的鲁迅的语境之下,整体感觉这个课非常丰厚,无论是信息呈现还是人文意蕴,因为置身于鲁迅的大语境下,文本得到了充分的开掘。而大文本与小文本之间相得益彰,相映生辉,使学生不但走进了这个文本,更走进了鲁迅的精神世界。因此,我以为这一课上得非常大气。

第二个"想不到"是:对于我们一定会关注的文本里的几个小故事,比如谈碰壁、救助车夫、关心女佣,闫老师敢于做出大胆取舍。仔细回味一下就可以发现,闫老师在处理的时候,每个小故事只截取了一个"立面",让学生从这个"立面"走进鲁迅人格当中的一个"立面"。这样的方式就跟我们以往的线性的、平面的处理完全不一样,它是立体的,一个面一个面切入的。比如"谈水浒",通过"囫囵吞枣"、"张冠李戴"这两个词让学生来辨一辨:鲁迅先生对周晔是在批评吗?不要小看这个问题,这个看起来很平常的问题,学生讨论后,闫老师一点,点到鲁迅人格上的一个侧面——他的幽默、他的风趣、他对孩子的那种无限的慈爱。再比如"谈碰壁",闫老师也只说了一个"面":读读这些对话,你觉得哪些话需要我们认真思考,有哪些地方还不明白?诸如"黑洞洞的"、"碰壁"之类需要思考的词语都是学生自己提出来的,又很自然地凸显出鲁迅的另一个侧面——"横眉冷对千夫指"。所谓他的作品作为"匕首",作为"投枪",他是那个社会的良知,那个社会的正义,都得到了丰满的解读。接着,"救助车夫",老师又抓了一个侧面:让你最感动的细节。通过谈你最感动的细节,凸显出鲁迅先生的另一个侧面——"俯首甘为孺子牛"。每一个角度,闫老师都舍得取舍,敢于取舍,而这种取舍又基于她对鲁迅文学、鲁迅人格的全面理解和把握。每个故事截取一个侧面,最后形成的人物的形象却是非常鲜明的、非常感人的。

第三个"想不到"是：就这个课的后半部分，每一次我都认为应该结束了，然而还没结束。每到一个地方，我都在想，这堂课该结束了，她还能转出什么东西来呢？巴金写下《永远不能忘记的事》，闫老师补充这个材料让学生来读，然后创设了一个问题情境：这些人物，你最关注谁？于是有的读一群小学生，有的读一位十三四岁的女孩子，有的读两个穿和服的太太，有的读秃顶的老人……感觉学生整个情感已经完全进去了，这个情感已经到一个很高的"高原期"了，这个课好像应该差不多了，应该很难再上去了，没想到闫老师"一转"，又"转"出了新的境界。什么境界呢？让学生来想象，在前去吊唁的人当中，也许会有阿三，也许会有车夫，当然还有周晔……然后，面对先生的遗容，想象脑海里浮现出了什么，内心涌动着一份怎样的情感。所以闫老师让学生写的时候是请学生把这份真挚的情感写下来。孩子们写得都很好。我以为孩子们这样的精神状态，不能简单地用写得好来形容。我认为，此时此刻，孩子们真正走进了鲁迅先生的精神境界，已经真正置身到鲁迅文化的这个"场"中去了，已经真正地实现了"移情体验"。

当孩子们都读完了，读懂了，读好了以后，我觉得应该到此为止了，没想到闫老师又一"转"，转出了什么呢？那就是：鲁迅先生留给我们的还有什么？除了那众多的作品，还留给了我们什么？

这一"转"，又转到了一个高的境界。如果说第一次"转"是一次精神诉求，是"骨鲠在喉"，不吐不快，在"吐"的过程中，学生确认了自己作为一个生命而存在。但这时的表达、这时的倾吐是感性的。

第二次"转"，转到了理性层面上：鲁迅先生留给我们的难道仅仅只是作品吗？还有什么？那就是先生的精神，一种高山仰止，"与日月同辉，与天地齐寿"的品质。第二次"转"了以后，我认为已经转到了那么高的层面了，已经不能再转了。没有想到，"山重水复疑无路，柳暗花明又一村"，又被她"转"出一个新的境界来——"转"出了臧克家的诗——《有的人——纪念鲁迅有感》。所以，第一个层面是感性认识的"转"，第二个层面是理性认识的"转"，那么第三个"转"是诗性层面的"转"，这是最高的境界。

诗性层面就是把感性和理性有机整合到一起后，直指心性，直指人的灵魂的"转"。这首诗只读了两遍，闫老师读了一遍，全班学生读了一遍。这是第三次"转"。第三次"转"完以后，我以为真是到顶了，真的到"珠穆朗玛峰"了，没有办法再上去了。

没有想到，闫老师又一"转"。从不得不说鲁迅，转到推荐鲁迅先生的作品，转到孩子们对鲁迅先生的认识是不是还停留在阿三所说的话上：先生就是这样的人，为别人想得多，为自己想得少——这句话是不是能全面地、准确地涵盖鲁迅先生的一生或鲁迅先生的精神呢？那么这叫什么层面呢？由感性的层面一转，转到理性层面；由理性层面一转，转到诗性层面；由诗性层面再一转，转到了孩子的人格层面。这一"转"跟闫学老师上课前说的一句话是相呼应的。她告诉孩子们："用自己的眼睛去发现，用自己的头脑去思考，这样得出来的结论才是自己的。"鲁迅先生的精神，最本质的是人格独立、思想自由以及对真理不懈的追寻。这才是鲁迅人格最大的魅力所在，也是鲁迅精神留给我们21世纪的最丰富、最宝贵的民族遗产。所以后面闫学老师为学生推荐作品，看似简单，其实用意极深。

到这个时候，人和文真正地合在了一起，人和课真正地合在了一起。所以《我的伯父鲁迅先生》这个课，老师是用什么精神在教"鲁迅"？是用鲁迅的精神在教"鲁迅"。用这样的思想去展开教学，一步一步，渐入佳境，直至高潮。

而这一课最大的智慧是——希望用鲁迅这样的精神，为学生的精神生命抹上一笔温暖的色彩，为学生精神生命的成长奠定一块宝贵的基石。（王崧舟）

观 点

语文就是人"道"
——我的语文教学探索与实践

作为一个长期在语文教学之路上跋涉的教师,我曾经在心里无数次地追问自己:语文的"道"究竟在哪里?

毋庸置疑,不管学习哪一门课程,都应该着眼于学生的发展。也就是说,一个教师,不管隶属于何种教学流派,也无论坚持何种教学主张,语文教学都应该是心中有"人"的教学。那么,从这个意义上来说,语文之"道"归根结底就是人"道"。

童年的语文

语文承载着人类文化和生活经验,面对正处在童年阶段的孩子,教师应该以快乐、自由来填充语文课堂。由此,感悟童年、抒写童年应成为语文课的重要组成部分,正如童年是人生的重要组成部分。

在教学林海音女士的《冬阳·童年·骆驼队》一文时,我把自由放飞思想的权利还给了孩子们——

师:既然小时候的林海音"总是问,总是问",想一想,她可能还会问什么?
生:她可能会问,骆驼吃草料为什么要交错地磨来磨去?
生:她还会问,这些骆驼是从哪里来的?他们为什么要到我们这儿来卖"乌金墨玉"或者是"南山高末"?
生:她可能还会问,骆驼过马路为什么不跑快点而是慢腾腾的?
生:她会问,骆驼怎么长着这样丑的脸、这样长的牙?
生:她还会问,骆驼为什么夏天不来,秋天不来,一直要等到冬天才来?
生:她还会问,为什么骆驼的毛会拖到自己的肚皮底下而没人帮它们剪呢?
生:她还会问,为什么骆驼要慢慢地走,慢慢地嚼?
生:她还会问,骆驼为什么能走三天三夜而不喝一口水?
生:她可能会问,太阳为什么每天总是从东边升起西边落下?

生：为什么知了总是在夏天"知了知了"地叫个不停？

生：母鸡为什么会下蛋，公鸡为什么早晨会啼叫？

生：为什么白鸡和黑鸡都下白色的蛋？

……

这是一个无限奇妙的心灵世界，这个世界鲜活灵动，绮丽多姿。当我们给了孩子飞翔的自由时，他们就寻到了自己的乐园。

语文课，应该如陶行知先生所说的，实现"五个解放"：解放小孩子的头脑，解放小孩子的双手，解放小孩子的嘴，解放小孩子的空间，解放小孩子的时间。我们应该时刻牢记，小学语文是童年的语文。

知识的语文

在具体的语文教学实践中，对"语文课如何教知识"、"教什么样的知识"这些问题，存在着诸多模糊的概念，大都仅仅从狭义的知识概念出发，陷入了非此即彼、舍我其谁的误区，乃至于把语文教学引向了狭隘的一隅，甚至从起点上就已经误入歧途。

其实，语文学科工具性与人文性相统一的特点决定了语文知识的学习不同于其他学科。按照王荣生先生的观点，"工具性"与"人文性"不是割裂的两极概念，在教学研究中不宜实体化。也就是说，在语文教学中，在语文教学的每一个环节中，都不存在单纯的"工具性"，也不存在单纯的"人文性"；任何一次"技能"的训练，任何一种"知识"的获得，任何一个教学环节的具体实施，都"沾染着特定价值观的色泽，黏附着特定的价值观"。这就为语文"知识"的习得提供了广阔的空间和极大的自由度。

那么，在上述理念的观照下，不露痕迹地进行语文知识教育当是最理想的教育。应该特别指出的是，这里的知识教育是广义的知识教育，是基于人类认识总和这一广阔背景下的"大知识教育"。

目前，这样的教学理念尚未被更多的语文教育工作者认同。我执教的《冬阳·童年·骆驼队》一课便引发了一场激烈的辩论：这堂语文课教什么？是一味教给学生描写童年生活的写作"知识"，还是帮助学生感受文本所蕴涵的情感内涵？是单纯进行"扎扎实实"的写作训练，还是让孩子走进童年，走进心灵的故乡？

我选择了后者。

在我看来，语文是母语教学，学生就生活在这个语言环境中，完全为了"教知识"或首先为了"教知识"而教语文没有必要。

有爱的语文

现行各个版本的语文教材都有不少爱的篇章，如《掌声》、《检阅》、《给予是快乐的》等等，语文教学当充分利用教材资源，让孩子感受爱，珍惜爱，献出爱。

我在教学史铁生的经典散文《秋天的怀念》时，引导学生紧紧抓住母亲的神态言行、一举手一投足，透过语言文字想象画面，透过语言文字感受其背后所承载的情感。

生：窗外"刷刷拉拉"飘落的叶子就象征着作者的心情，作者非常绝望，母亲希望他能出去散散心，看看坚强的菊花，重新鼓起生活的勇气。

师：说得真好！能通过具体的语言文字体会到作者的心情，体会到母亲的希望。"母亲说，北海的菊花开了，我推着你去看看吧。她憔悴的脸上现出央求的神色。"母亲有求于"我"吗？她为什么要一再地央求"我"来看花？

生：母亲是想让"我"看到花，让"我"充满生命力。

生：母亲希望"我"看到花，重新树立起生活的信心。

生：菊花在秋天开放，她具有顽强的生命力。

生：花象征着芬芳！

生：花象征着美丽和精彩！

生：花象征着生活的希望！

生：别的花开在春天，而菊花开在秋天，说明菊花的生命力很顽强，母亲希望"我"去看菊花，从中得到鼓励，因为她要帮助"我"树立生活的信心。

师：是啊，菊花自古以来就被赋予了坚强的象征。我国古典文学名著之一《红楼梦》中就有不少咏菊的诗，其中有这样的诗句——"一身傲骨世人晓，高雅品格比兰心"，东晋袁崧也有"春露不染色，秋霜不改条"这样的诗句，说的都是菊花的高洁与坚强。这一点也许母亲自己并没有意识到，但她却要带儿子去北海看花，看看那些傲霜开放的菊花，她要让儿子知道，失去了双腿不等于失去了一切，在这个世界上还有很多美好的东西值得留恋，她要用自己的爱来重新点燃儿子对生活的希望！

这是一段备受争议的教学对话。有人怀疑，这样对母爱的"拔高"是否合适？但我想说，母爱是朴素的，更是深厚的。以母亲的学识，也许还不足以想到很深的层面，但学生的解读却赋予了文本更加厚重的情感内涵：学生由菊花顽强的生命力联想到母亲的希望，那就是希望自己残疾的儿子也能够像菊花这样坚韧刚强。只要是母爱，任何"拔高"都不为过，况且，这样的"拔高"首先来自学生，我为孩子们能对母爱、对作者的情怀产生如此深入的感触而惊喜、自豪。因此，我依然坚持自己的观点：只要能让孩子们真正感受到人间有爱，我愿意去无限地尝试。至于采取什么形式，大可忽略不计。

有爱的人生是润泽的人生，有爱的语文是润泽的语文。

生命的语文

常听见一些专家说，语文课不要上成思想品德课，要有更多的"语文味"。我想我们在注重了"语文味"的同时，也不能画地为牢。若把很多人为限定的东西强加到教学中，课堂就不可能走向丰富和厚重。否则，当课堂遭遇了上述情景，语文教师该怎么办？是赞成还是批判？是认同还是回避？这些都是不能"回避"的问题。否则，我们的教育怎么跟"立人"结合起来，我们的语文课人文关怀的最终目标又落在何处？

我无意提供某种"示范"，只是把一种解决问题的方式呈现出来：

孩子们，也许你们的理由足够充分，你们作出这样的选择有可以理解的原因。但是，人的心里不应只有仇恨。猎人为什么不开枪，反而帮助 dingo 脱离了危险？因为他觉得此时开枪不够公平，不够光彩。他的内心深处有一份悲天悯人的情怀。正因为有了这种悲天悯人的情怀，他就是一个大写的人，一个值得我们尊敬的人……

孩子们眼光灼灼地看着我，有思索，有迷惑……于是我知道，我已经播下了一颗种子，它会生根，发芽，长成一棵树，最后成为一片美丽的风景。

语文课，应该有这样的播种。

想象的语文

想象是什么？

根据心理学的观点，想象是人脑对已储存的表象加工改造形成新形象的过程。在语文教学中，想象是语言文字的全新创造，是心灵的自由飞翔，是思想在无限广袤的时空中纵横驰骋的有力翅膀。

在教学文言文《伯牙绝弦》一课时，基于语言文字的想象使教学展现的正是"千树万树梨花开"的绚丽画面。

师：文章开篇便说"伯牙善鼓琴"，既然"善鼓琴"，他的琴声一定不只是表现了高山流水，除了泰山峨峨、江河洋洋，他的琴声还会表现哪些动人的场景呢？请你充分发挥想象力！

生：还会表现鸟语花香的景象。

生：还会表现秋天落叶满地的景象。

生：还会表现无边无际的蓝天的景象。

生：还会表现春天繁花似锦的景象。

生：还会表现冬天雪花纷飞、白雪皑皑的景象。

生：还会表现秋风习习的景象。

生：还会表现清晨朝阳四射、霞光灼灼的壮丽景象。

生：还会表现春天杨柳依依的景象。

生：还会表现春雨绵绵、诗情画意般的景象。

生：还会表现鸟在枝头歌唱的景象。

生：还会表现春天竹子拔节的景象。

生：还会表现秋天果实累累的景象。

这是一幅幅五彩斑斓的画面。这些画面是从文字引发，是在脑海中描画的。通过这样的想象，孩子们充分理解了"伯牙善鼓琴"，从而为"知音难觅"作了相应的注解。

这是想象的表达，这是语言的创造。这是以文言学文言，以心灵悟知音。而这一切，都是缘于美丽而自由的想象。

语文课，不能没有想象。

文化的语文

作为人类文化的重要组成部分，语文本身就是文化。那么，我们是否可以说，学习语文就是学习文化？

美国课程论专家小威廉姆·E·多尔在《后现代课程观》一书中曾经这样描述后现代课程的"丰富性"："每一门学科应以自己的方式解释丰富性。语言——包括阅读、写作、文学和口头交流——侧重（但不是排外地侧重）通过隐喻、神话和记叙的解释来发展其丰富性。也就是说要将语言放在诠释的框架之中；将语言与文化相结合,视语言为文化的决定因素之一。"我以为这种论述可以进一步佐证这一观点:学习语文就是学习文化。

那么,在文化的语境中教语文,在文化的框架中诠释语文,语文就有了无限的开放性和丰富性。

随着小学语文教材选文的多样化和选文内容所涉及的领域逐渐加大,也要求教学站在更加广阔的背景上展开,只有这样,实施开放的语文课程才成为可能。

在教学《我的伯父鲁迅先生》一课时,我作了这样的教学探索——在鲁迅文化的语境下教"鲁迅":将对这个文本的定位,置于整个鲁迅文化语境中。在课堂上有很多对鲁迅的插叙,比如鲁迅先生的120多个笔名,鲁迅就"碰壁"写过的两篇文章,鲁迅去世后萧红写的文章……读一课与读一人,在不断穿插中有机整合,目的是使课堂处于比较宏大的鲁迅的语境之下,让课堂更加丰厚、阔大。无论是信息呈现还是人文意蕴,因为置身于鲁迅的大语境下,文本可以得到充分的开掘。而大文本与小文本之间相得益彰,相映生辉,使学生不但走进了这个文本,更走进了鲁迅的精神世界。

当语文有了文化的滋养与浸润,这样的语文,是大语文,是有着厚实的文化内蕴与积淀的语文,是扎根于文化土壤的具有无限生长可能性的语文。(闫学)

解 读

由语文看闫学

闫学心中的语文是目中有"人"、心中有"人"的语文。然而，为了走向心中的语文，其间的酸甜苦辣，其间的千回百转，又有几人能够知晓？

追寻着闫学在语文教学上探索与跋涉的轨迹，我渐渐地找到了答案：执著追求，不断反思，超越自我，永不言弃——这就是闫学，一个永远在求真、求善、求美的人。

探索有生命活力的语文

1991年7月，闫学中文系毕业后，成了一名小学语文教师。良好的素质加上自身好强的性格，她上的教研课很快受到大家的好评。

20世纪90年代初，"语文课就是扎扎实实、有滋有味的语文基本功训练课"。于是，她开始对学生们进行"扎扎实实的基本功训练"，中文系毕业的她干得游刃有余。但她又隐隐地觉得，这就是语文？语文的美感在哪里？那些只有潜心感悟文本时才能体会到的可意会不可言传的东西，是不是也该让学生们去感悟，哪怕是很少的一点？那些灿烂的中国古代文化，是不是可以带领学生进行一番赏析？那几年，她还沉醉于教学模式的研究。她那时候雄心勃勃，一心想创造出一套新型的教学模式。但很快她就沮丧地发现，自己辛辛苦苦创造出来的教学模式竟然经不起任何理论的推敲，也经不起实践的检验。这使她开始认识到，对于语文教学来说，放之四海而皆准的教学模式是不存在的，她陷入了一个僵化的怪圈。

如何构建有生命活力的语文课堂？闫学陷入了苦苦思索之中，这种思索又化作在教育教学实践中不懈尝试、执著探索的源泉，使她在13年的教育教学历程中一直处于奔跑的状态。直到今天，这种追问还在延续。

2001年秋天，她来到了上海华东师范大学，参加了教育部跨世纪园丁工程——全国优秀中小学骨干教师培训。为期三个月的培训，使她对如何构建有生命活力的课堂，逐渐有了自己的认识。这我们可以从她近年来的一些文章和课堂实录中窥见一斑。

在《秋天的怀念》这节课上，有这样一个环节：

师：从文章中你读到了什么？

生：我读到了爱，母亲对儿子的爱。

师：你读到了爱，你就抓住了人生中最宝贵的东西，尤其是母亲对孩子的爱，那更是纯洁无私的。我真为你高兴。

生：我读到一个儿子对母亲的思念和爱。

师：能够体会到母爱的孩子本来就不多，而你却通过语言文字感受到了儿子对母亲的爱，我相信在生活中你也是这样的一个孩子！我为你骄傲！

生：我体会到人应该坚强地去生活。

师：你抓住了生命中最本质的东西，那就是不论在什么情况下，人都应该坚强地活着。我们的生命有一天会消失，但我们活下去的愿望却是一天也不可泯灭。我佩服你！

这是师生之间展开的一场关于爱、关于亲情、关于生命的对话。对于小学生来讲，这是一个比较宏大的话题。在闫学创设的这种对话情境中，师生在完全坦诚的情况下说出了彼此的感受，没有说教，只有平等的交流；在闫学恰当的随机点拨中，体现的是一种浓浓的人文关怀，而这种人文关怀又因为它根植于文本而并不空洞。

这是闫学心中有生命的语文。

演绎美丽的语文

随着新课程改革的实施和新课标的颁布，闫学对语文教学的认识逐渐清晰。她开始不止一次地发现，与别的学科相比，语文实在是一门美丽的学科！这种美丽既来源于语文本身，又来源于语文教育实践。人文关怀就是在语文教育中追求人的健康和谐的发展。在这种思想的指引下，她作了很多有益的尝试。

首先是中国古代经典诗文赏析。她觉得若论语言文字的精妙，首选中国古典文学。为了帮助孩子尽早地接触我国古代文化中最优秀的部分，她每周都在班里开设两节"古诗文赏析课"，此课深受学生的喜爱。

听过闫学上课的人可能都不会忘记她优美流畅的语言。她觉得一个教师的语言应该让学生如沐春风，教师本身必须首先学会美的表达，让孩子在这种美的语言的长期浸润下，全面提升自身素养。很难想象一个语言枯燥乏味的教师，他的学生能够真正喜爱语文，从而学好语文。好多人都很难忘记闫学曾经上过的一节古诗文赏析课《枫桥夜泊》，尤其很难忘记其中教师引导学生感悟的语言：

远处隐隐传来悠长的钟声，舒缓，缥缈，像是从梦中而来。诗人独自卧在船榻之上，不禁凝神静听，遥远的钟声再次响起。于是，诗人明白了，这钟声是来自姑苏城外西郊的寒山寺，在这无限寂静的夜里，悠悠地飘来，掠过江面，飘过枫桥，缭绕的余音传进了诗人的船舱。这钟声，是一个久远的梦，流年似水，花落花开，勾起诗人对往昔的多少记忆；这钟声，是一支寂寥的歌子，在那遥远的地方，如今可有等候的亲人在水边独立？

我想，闫学这种近乎唯美的表达一定会永久地留在孩子们的记忆里，这种表达给孩子带来的语言的浸润、思想的熏陶、性情的陶冶，恐怕难以估量。这是闫学心中美丽的语文。

追寻灵动的语文

与闫学聊天，读闫学的文章，我们不仅可以看到她对语文教学的痴迷和热爱，而且可以感觉到她浓浓的教育情怀：

炎热的夏天悄悄过去，窗外几棵高大的梧桐树，在日渐凉爽的清风中，叶子渐渐变黄。终于有一天，一片娇嫩的黄叶落了下来。然后，秋意更浓，渐渐地开始听到了天空中犀利的风鸣，白色的雪花在一次我们上阅读课的时候，轻轻悄悄地飘落下来。我让孩子们仔细地聆听大自然的语言，尽情地享受着大自然馈赠的礼物。我们曾经到附近的小树林里捡过五彩的落叶，曾经在一片白茫茫的世界里，用舌尖与上苍赐给我们的那些白色小精灵亲吻、游戏……然后，我们一起将自己的感悟，包括我们的一些美好的幻想都一一记录下来……

（闫学随笔《温暖的冬夜》）

透过闫学的这些优美流畅的文字，我们可以感受到一个教师对教育教学的炽热情怀。在这里，闫学心中的语文充满了灵动与爱。这些文字一再地打动着我，我甚至能够想象闫学在写下这些文字的时候，她的心头充满了美好的回忆，在那些温暖的冬夜，在那些秋日的黄昏，和孩子们在一起，她的欢乐，她的笑容……

走向远方的语文

2004年，闫学被调入杭州市拱墅区教育局教研室，担任小学语文教研员。

对闫学来说，这是一次全新的挑战，也使她能够站在一个比较新的角度去研究教育教学。不断地听课、座谈，与教育教学专家进行理论探讨，与一线教师切磋课堂教学，使她在较短的时间内完全适应了新的角色。同时，她对语文教学的探索更是丝毫没有停止，就像她在诗作《不停奔走的孩子》中所说的那样，向着心中的语文，她执著地向远方走去——

  我走向丛林
  走向草原
  为那一缕清风
  那一抹远山
  那一束纯净的阳光
  也为那些白色的羊群
  赶着羊群的姑娘

（风笛）

6. 何捷："写作本位"的阅读教学

何捷，小学语文特级教师。他是福建省"游戏作文""百字作文"创始人和倡导者。他现任福建省福州市教育学院第二附属小学语文教师，兼任福建省语文学会小学专委会秘书长，福建省作协成员。他的个人博客"何捷的教学世界"点击量百余万。他曾包揽福建省阅读、作文、教师素养大赛特等奖，全国阅读教学观摩比赛特等奖获得者。先后赴北京、山东省、四川、西藏自治区等十余地市为教师做过百余场教学观摩、讲座。撰写文章千余篇发表。已出版《何捷老师的游戏作文风暴》《作文真经》等十部专著。

画外音

印象何捷

　　我与何捷做朋友、做同事已经二十多年了。这二十多年来，见他从一位普通老师，成长为耀眼夺目的福建名师，我深感欣喜羡慕。电脑收藏夹里的日新月异的"何捷的教学世界"，每月都出现在专业刊物上的锦绣文章……其成长之迅速，成绩之瞩目，让我感觉他既熟悉又陌生。

　　作为语文教师，他有着和传统形象不相称的健硕体格，以至于很多人把他当做体育教师。他烨瞳秀眉，个性张扬外露，谈吐诙谐幽默，举止潇洒超然，才情横溢，童气不散，不拘人情世故，吸引"何粉"无数；他身为语文教师兼班主任，与学生交往方式别具一格，教学挥洒自如，亦庄亦谐；带班不落俗套，常另辟蹊径，怪招奇招跌出，是学校里的"万人迷"，所带学生均烙上其明显的个人印记，对其崇拜之至，他实在是名副其实的园丁；他深钻作文教学数载，兼收并蓄，拔新领异，"百字作文"，"游戏作文"深入童心，充盈童趣，学生兴致盎然，经其"点化"，便满纸"童话"，顿时让人惊叹。

　　他喜阅读，善书画，恒戏水，好发问，常作文，精评课，在各种场合常常妙语连珠，引经据典，打诨搞笑，营造气场，吸引眼球，锋芒难藏，吸引嫉妒目光无数……

　　随着他光芒刺目，成绩斐然，曾让我熟悉的他，却更让我读不懂了。略拟定几个小标题，权且当作印象尔。

读书何捷

　　何捷善读。如果你不认识他，只要在我们校园里走一遭，就可搜到其身影。在走路时，在学生做操时，在值班的空当……手不释卷，专心致志的那定是何捷。涉猎面之广、阅读速度之快、记忆之强，让人自叹不如。也许是因为看似年少轻狂的他感叹"生命就是迷茫"的岁月，而读书可探索、可缓解、可追寻，他是那样地废寝忘食，如饥似渴，且总是不断思考、追问、提升，知识树上硕果累累，所读书目内容也日渐艰深，内心变得坚定、明晰、独立，目光日见清澈、敏锐、深邃。为何而读？为何"捷"读？何来时间读？有何捷径？不懂！但他执著地我行我素。

教学何捷

何捷善教。一到讲台，总是有着浓浓的气场，牢牢吸引着学生。教学效率之高，速度之快，成果之显著，让众人刮目相看。只要他在校内开课，连其他学科的老师也趋之若鹜，而气场的营造在于他构思的独特、巧妙的设计、快捷的应变，"尽精微，至广大"，意在用冈，绝不繁琐，张弛有度，收放自如。课气有男教师的"霸悍"，又夹杂童稚的"甜媚"，不论阅读、作文皆有神采，且总能让学生轻松地从故事、游戏、交流中引爆激情，催化内力。每次听他的课，我也深刻地体验到来自我内心的本真和快活的力量，拥有难得的冲动和反躬自问。

写作何捷

何捷善写。"捷"字从手，何捷亦笔耕不辍，成果颇丰。名字常见于报端、刊物上，博文更是包罗万象，人气极旺，短短数年过百万。其文章擅长从细节入手，见解独到深刻，文笔自然质朴，笔力潇洒通达。看似信手拈来，实质博观而取约，厚积而薄发，洞察、熔铸、思辨、沉淀、锤炼之果。他不仅为自己写、为同行写、为家长写、为自己孩子写，近来更为学生写、教孩子写。《小学生作文真经》让孩子在南游记精彩故事中，在不经意的情节里感悟到读书和作文的真谛。在繁缛中他洞悉明了，微言大义，又以极快的速度妙笔生花，写出《游戏作文大课堂》、《百字作文大讲堂》等系列丛书，这定让"何粉"们欣喜不已。思路为何捷！创意为何捷！写速为何捷！不懂！但他依然笔耕不止，且愈演愈烈。

现在的何捷已经把这一扇门敞开了，向我们传捷报，任何人都可以去看看、去读读何捷。何捷！期待一如既往的风格和更高层次的境界。（陈曦）

课堂教学艺术

阅读教学当以写作为本位

"写作本位阅读教学"是福建师范大学潘新和教授提出的全新观点，集中体现在他的专著《语文表现与存在》中。潘先生学术视野宏大，观照着整个语文教育体系。作为一线小学语文教师，我们沉浸于"写作本位阅读教学"的学习要做到化大为小，以理念为指导，结合课堂教学实践，促成理念与实践的交融，转化为具体可操作的方式方法。本案结合近五年致力于"写作本位阅读教学"的实践体验，阐述此类阅读教学设计的思维范式。

首先要正本清源，准确阐述理念含义。笔者发现很多教师在实践中容易将"写作本位阅读教学"和当下较为时尚的"注重显性写作的读写结合阅读教学"相混淆，认为在阅读课上让学生写一写就是"写作本位"。笔者致信潘先生，幸得先生指导。先生在回信中明确答复，二者不是一回事！首先是目标定位上的差异。读写结合仍旧是"阅读本位"，二者的认知取向是不一样的。阅读本位的教学目标往往是放在选文的读懂、理解、欣赏上，而写作本位阅读教学则主要考虑的是选文中哪一点对学生的写作最有助益，如何将文本的秘妙转化为他们对写作奥秘的领悟、对写作技能的掌握。在阅读本位下，读、写教学的主要目标往往是不对应的，写作迁就、依附于阅读；在写作本位下，读、写教学的主要目标是交织重合在一起的，寻求二者的耦合点。由于教学目标选择的不同，阅读本位与写作本位阅读教学存在着内容与形式上的差异，体现在教什么、怎么教上，教学重难点的确定上都是错位的。在阅读本位下，为了读懂文本，其重点、难点主要是放在对某些重要文字（主题、意思等）的诠释上，它所考虑的学情主要是学生现有的阅读状况与文本理解水平，涉及的写作部分常常是随意的、附加的、次要的、局部的。它是以阅读来"带动"写作，在畸形强大的阅读系统中偶尔关照一下写作，使写作不至于杳无音信。而在写作本位下的阅读，是为了提高学生的写作认知，其重点、难点是放在学生某些写作缺陷的纠正与写作素养的培育上，以写作素养培育的系统性作为教学设计的出发点，自始至终贯彻着"阅读指向写作"的目标。写作是阅读的目的、指向、归宿，阅读须服务于写作。它所考虑的学情主要是学生对写作观念的培育与他们写作实践中的问题状况。其中的写作教学是刻意的、基本的、主要的、全局的，写作始终是主旋律。

潘先生的言说好像一柄利剑为我们劈开眼前朦胧的混沌。"写作本位"就是"人本位"，语文教学之目的就是养护儿童言语生命，使儿童能通过言语表达展现自我本色，通过言说来证明自己差别与其他个体的真实存在。因为言语表达与人的生命的血脉相连，所以我们的教学当以言语生命意识的培育为本。"写作本位阅读教学"观照下的备课，教学都应力求做到"目标指向写作，让阅读与写作在同一点上双重聚焦。"为达成目标，我们在教学设计时注意处理好主体"我"与客体"他"的关系，在二者的变式交互中，让学生更为深入体验文本的写作秘妙，解读文本中蕴藏的写作密码。

第一，"我"就是"我"。我们经常看见课堂上教师在费劲地引导，排除三五个"错误"答案后，终于找到久违的正确回答，唯有此时方喜形于色。目标指向错误的教学很容易演变成迁就、强制，甚至是压迫，表现在想方设法让学生"团结"到教师或者教参的文本解读中来，追求既定的标准答案。阅读文本时，每一个个体都是独立的，"写作本位观"提醒我们要在阅读中让每一个个体都保持本性，独立，要能结合个体的不同经历、环境、发展、见解做好个性化、主体性的解读。在设计中，我们常腾出时间让学生在潜心会文后，或者自由大胆地提出自己的主张，或者模拟提出自己的设想，达到人与文的思维互动。

例如，在《月光曲》一课教学中，"写作本位"教学目标体现在"了解传说故事的情节构思"上。

师：作家创作故事，需要构思情节。情节，就是故事发展的线索。刚才大家已经概括出了文章大意，现在来体验传说故事与众不同的情节就简单了。请再次速读全文，看看文章中作者都写了哪些情节。

生：（相互补充发言）贝多芬到小镇演出，贝多芬发现皮鞋匠兄妹，贝多芬为盲姑娘弹奏，皮鞋匠听月光曲时的想象，贝多芬飞奔回客栈创作月光曲。

师：弄清了情节发展就理清了课文脉络，这些情节串联起来就构成了整个故事。现在请大家想想：课文写的是传说，而传说最吸引人的地方就是情节中的各种巧合，它使传说故事曲折动人，引人入胜；在本文作者设计的情节中，你觉得哪些地方是值得琢磨的"巧合"呢？

生 1：我觉得在小镇散步，路过茅屋就是最明显的巧合。

生 2：贫穷的盲姑娘热爱音乐，特别热爱贝多芬的曲子也是巧合，正好贝多芬路过时她在弹奏，真巧。

生3：我觉得盲姑娘的双目失明也是为了情节发展而精心安排的。我听说双目失明，听觉就更发达，想象力也与众不同，所以下文才会出现大段的想象。

师：你好像没有看清楚，下文写的几乎是皮鞋匠的想象。

生3：兄妹长期在一起，有心灵感应。（众笑）

生4：我也认为他说得对。贝多芬耳朵失聪，盲姑娘失明，有一点同病相怜的味道，这真的越看越像是一种精心安排的巧合。

师：大家说得很有意思。记住，传说故事中的巧合对于情节的发展是至关重要的，绝不是可有可无的，也不是随意安排的。让我们来做个逆向思考：假如没有这些巧合，故事将会怎样发展呢？

生1：他不去散步也就不会发现盲姑娘，也就没有接下来的故事。

生2：发现盲姑娘不是那么热爱音乐，也就不会有演奏和创作。

生3：没有双目失明就不能激发贝多芬的同情心。

……

师：总之，少了这些巧合，故事就无法推进，或者说就吸引不了读者。记住，好情节源于精心构思。（板书：精心构思情节）我想今后大家动笔写作前会更加慎重思考，全盘布局，不会再"脚踩西瓜皮"随处滑行啦。

这段教学中围绕着"情节巧合"让学生各抒己见，在加深对文本认识的同时也进一步感受到作者在文本创作时的匠心独运。我们借用宋代理学家陆九渊提出的哲学辩证思想"《六经》注我，我注《六经》"来做个解释："我"就是"我"，鼓励学生拥有个性化观点，但不代表允许学生肆意放纵，任意发挥，游离主题；只有达到"《六经》注我"后方可真正实现"我注《六经》"的境界；要真正读懂文本后，才有资格做出解读、发挥。而此时课堂"形散神不散"，一切的言说都围绕着"写什么，怎么写"的教学目标，文本只是通往这一圣境的桥梁。

第二，"我"就是"他"。这里的"他"专指作者，也就是鼓励学生在阅读的时候，尝试把自己当成作者，去体验作者的创作情感、初衷、思路、用意、匠心、精妙。这样的换位非常独特，也相当重要。对"作者"这一角色的关注和解读是当代阅读教学中常常被忽视的重要元素。就文学创作而言，作者是极其特殊与至关重要的。作者是文本创作的主体，他在写作时就具备"作者"与"读者"的双重身份，优秀作者的写作行为中始终隐含或是明显指向着阅读，服务于特定的阅读人群，也就是我们通常所说的读者意识。如果我们在阅读文本时，除了对文本本身作出反应，还能适当揣摩作者的写作意愿，探究作品"是怎么写出来的"，自然更能触及文本的写作内核。

请看潘新和教授亲自为我评点的《白鹅》一课中的两个片段，他特别赞赏"对作者写作运思的还原"的设计思路。

片段一

师：（幻灯出示：鹅的叫声，音调严肃郑重，似厉声呵斥。它的旧主人告诉我：养鹅等于养狗，它也能看守门户。后来我看到果然如此：凡有生客进来，鹅必然厉声叫嚣；甚至篱笆外有人走路，它也要引吭大叫，不亚于狗的狂吠。）你觉得从鹅的叫声中能感受到鹅的高傲吗？

生：我发现鹅的叫声特别体现它的高傲。就像作者说的那样，鹅的叫声不亚于狗的狂吠。

师：很好，作者将鹅和狗对比，你觉得合适吗？

生：合适，狗是我们熟悉的，狗的叫声很大很凶。二者都是家畜，可以比。

片段二

师：这段话中的"颇像京剧里的净角出场"，"净角"大家一定不理解，作者为什么要用这个词呢？我准备一段录像给大家看看。请大家说说你看后的感受（课件：净角出场片段和鹅的走路姿态）

生：太搞笑啦，很威武，很高傲……

师：一看就明白了吧，其实不理解就是由于时代相隔的关系。写文章是要考虑读者的。要知道在此文刚刚问世时，此句一出，语惊四座，因为那时先生的好友都是超级戏迷票友，大家都熟悉京剧里的净角出场，所以读到这段文字就能仿佛看到一只高傲的白鹅一摇一摆地阔步走来。咱们今天只有通过朗读让这段文字活过来啦。大家先试一试，该怎么读。请大家推荐一个同学来试试。

生：（个别示范读）

师：能和大家说说该怎么读才能读出鹅的高傲吧。

生1：可以突出一些词，比如：傲慢、步调急速、局促不安、毫不相让、咬你一口等。

生2：读到"步调从容，大模大样的，颇像京剧里的净角出场"的部分可以慢一些，悠闲一些——越慢越高傲。

（生集体试读）

潘先生认为文本是写作成品，阅读就是关注成品，但从成品中是很难看到作者的写作运思过程的，这就需要教师从写作的角度进行推测、还原，将成品还原到写作运思过程中。而我在这两个片段设计思路中正契合了这一思想，这就从文本中揭示了隐秘的写作构思，学生就能明白写作时在措辞、构思上都要有读者意识，要选择便于读者理解接受的方式表达。

第三，"他"就是"他"。这里的"他"指的是文本中涉及的人与事，把"他"当作"他"就是强调客观地按照本来面目去阅读，不加个人偏见。阅读需要思维参与，会很自然地融入个人感受，这就决定阅读是一种主观主导下的行为，误读也就此产生。所以阅读学认为"一切的解读都是误读"。"写作本位"阅读观就是通过教学尽量削减、避免阅读者的主观意识，让阅读者作为观察者出现，自外于文本，去观察、测量，而不盲目评价。这样才能最本真地接触文本，把握文中人或事的性质、规律。

在《跨越百年的美丽》一课教学中，教师试图引导学生客观地认识居里夫人的美，同时探寻美丽背后的永恒，触及作者的写作终极意图——意念的永恒。教学设计时，我们着力将学生带向客观阅读中：

师：请大家自由读读课文，概括地说说，这份美丽是关乎于谁的？关于什么事？（板书：人事）

生：（自由读全文后总结）写的是居里夫人发现放射性镭的事。

师：接下来请几个孩子为我们接力朗读全文，其余孩子一边听，一边找一找文中正面描写居里夫人的美丽的语句，做上记号。

（生读文，标注）

师："最是人间留不住，朱颜辞镜花辞树。"原本稍纵即逝的美能跨越百年，必定有不同寻常之处。现在请大家各自朗读，读出自己寻找到的"美丽"语句，并说说你从中理解到的特殊的"美丽信息"。

生：我找到的是"一位年轻漂亮……全场立即肃然无声"。这份美特殊在于庄重。看上去美中不足的是略显疲惫。而正是这疲惫提醒着我们居里夫人对科学事业的不懈追求和辛勤劳动，所以更增添了美的分量。

生：我找到的是"玛丽居里穿着一袭……看透未来"。这份美丽是智慧之美，淡泊之美。

师：是的，能看透一切，看透未来的美确实是智慧之美，可是何谓"淡泊之美"呢？

生：淡泊之美就是看淡名利，不计较，没有欲望。

师：试想一下，当你通过刻苦和努力，拿到钢笔字比赛的优秀成绩单时；当你用一学期的汗水换来一张三好生奖状时；当你手捧参加竞赛而获得的奖杯时；当你获得进步奖章、表扬卡时……你何等地珍惜，可居里夫人却把自己获得的、是别人做梦都希望获得的荣誉看得那么平淡。这就是淡泊名利之美，这种境界真难得。

生：我在课外阅读时读到居里夫人得到一枚英国皇家学会奖章后，直接将它作为玩具给孩子玩。课文中也提到这点。居里夫人对别人说她是想让孩子从小就知道荣誉就像玩具，只能玩玩而已，绝不能看得太重，否则将会一事无成。

师：看来，这美丽确实不简单。

生：我找到的是"玛丽的性格里……执著的追求"。作者直接点明这份美丽源于其性格、人品、追求，是精神之美。

师：请大家把自己找到的句子自由地再读一读。

这段教学中教师指引学生多轮、不同形式地会文：集体通读，数人接读，个别朗读，自由畅读。依托文本，咀嚼文字后学生自能读出字里行间的真味，不待老师讲。宋代禅语中有"看山是山"一说，读也是如此。文本是"山"，阅读就要先看清山形，山貌，山势，山理，山路。只有看清楚，看明白了，才能心中有山，也才能拾级而上，渐入佳境。可当今的教坛上流行着一股风：文章没有琢磨透就急着拓展，一句简单的话却被挖掘出背后深深的意蕴，力求达古通今无所不包，几乎能成为人生真谛。有人将小学课堂上的深度解读拿给作家本人看，作家坦言自己都未曾这样想过。与其这样，不如让学生扎扎实实读书，把句子读通读懂了也就是收获，人生的成长是靠点滴经历与体验来积累而不是靠集中的理念填充。

第三，"他"就是"我"。如果仅仅停留在"看山是山"的层面自然不够。叶圣陶说："隔岸观火不如身临其境。"为体察写作之精妙，可以让阅读者进入文本，想象成为文中的一个角色，参与文中正在发生的事件，设想自己会如何想，如何应对，存留什么感受。"他"、"我"合一的阅读能让学生更为深入文本，与文字共化，融为一体。在《我最好的老师》教学中，我们从"写作本位"出发，做出如下设计：

片段一

师：（总结之前的学习）有了这样的经历，这样的感受，最后自然有了这样的评价，请再读课题。

生：（读课题：我最好的老师）

师：你觉得，怀特森的"好"表现在哪些方面？

生：有个性，鼓励学生自己探索，能激发学生的学习兴趣，有怀疑精神，很有趣，鼓励学生怀疑权威，没有架子……

师：看来"好老师"确实优点多多。不过，这只是作者自己一个人的感受，别人可不这么认为，请大家读最后一段。

生：（读第8自然段）

师：现在我就是那个怀疑的朋友，你来当作者，为怀特森先生辩护吧。

师：他哪能这样糊弄你呢？

生：不，他这是在让我们独立思考。

生：不，都怪我们不认真，大脑睡大觉，不过后来我们学会怀疑，不再受骗，也学会思考了。

生：不，这是一种特别的教学方法。

生：不，他给我们的一生都带来启发，教会我们不迷信书本，不迷信权威。

……

片段二

师：（擦去板书中的"我"字）作者写的是他和自己老师的故事，现在，我们把"我"字除去，请大家想一想，如果是你自己来写"最好的老师"，应该写些什么内容呢？

生：我要写自己和老师之间的经历。

生：我和他基本相同，但是我更要结合经历，多写写自己当时的感受、收获。

生：我要结合具体事件，直接在文章中给老师适当的评价，这些话和之前描写的经历、感受、收获有关系。

师：写经历，谈感受，说评价，这就是文章的结构。有了结构，文章就有了骨架，最后用上真实的事例，真正的心理感受，真挚的评价，就能写成真情流露的好作文。祝大家习作成功。

两个片段教学都鼓励学生进入文本，或是充当文中之人或是直接成为撰文之人。角色的变化让学生产生丰富多元的感受。接受美学的理论家姚斯曾说："一部文学作品，并不是一个自身独立、向每一时代的每一读者均提供同样的观点的客体。它不是一尊纪念碑，行而上学地展示其超时代的本质。它更多地像一部管弦乐谱，在其演奏中不断获得读者新的反响，使文本从词的物质形态中解放出来，成为一种当代的存在。但这一切都在期待和呼唤读者的介入。"如果学生能成为一个执著而深入的读者，痴迷文本，进入情境细细品读，他就能尝出滋味，能使文中的每一个"他"成为自己，达到"我即《六经》"的通达境界。

四种方式、四个思路并不是按部就班地出现，也不要在同一文本教学中集中体现。辅助学生解读文本应该遵循"适者生存"的原则，合理适用就是最佳方法。最经常出现的是在一案中四者交融渗透，互为参照，随机应变，和为一体。我们发现，在"写作本位"观照下，融合、圆通、和谐的教学很容易让学生体验阅读效益的增值。（何捷）

经典课例

让"白鹅"活在眼前，活在心里

——《白鹅》教学设计及评析

教材简析

  本案为人教版四年级上册第四单元"人类的朋友——动物"的开篇第一课，作者是著名的漫画大师、教育家、散文家丰子恺先生。先生用简洁生动、幽默风趣的笔调为我们描绘了一只高傲的白鹅形象。从刚抱回家的姿态入笔，三言两语提炼出可贵的第一印象，继而通过鹅的叫声、步态和吃相细致刻画，印证了这一特征，让人如见其形，如闻其声。为了突出白鹅独特之处，作者运用了反语、对比的描摹方式，配合其独特的语言风格，使文章给人留下清新、明快、诙谐、奇趣之感。同时读者能从字里行间分明感受到作者对这只高傲白鹅的浓厚之爱。此文是引导学生了解动物写作特点的优秀范本。

教学目标

  1. 自学生字，认识课后要求认读的 8 个生字，会写要求的 12 个生字。能正确读写"高傲、郑重、厉声、京剧、倘若、侍候、脾气、供养、邻近"等词语。

  2. 正确、流利、有感情地朗读课文，能背诵自己喜欢的部分。

  3. 从文句品读中体会作者对白鹅的喜爱之情，学习作者描写动物的方法，逐步养成仔细观察的习惯。

  4. 课后自主阅读相关文本，积累语言，丰富表达。

教具准备

  幻灯，课件

课时设置

  2 课时

教学流程

一、读诗，观画，初识作者

师：幻灯出示：鹅　骆宾王：鹅，鹅，鹅，曲项向天歌。白毛浮绿水，红掌拨清波。请大家读一读这首脍炙人口的诗。（此诗配真实白鹅图）

（生读诗）

师：和《静夜思》一样，简简单单的《鹅》几乎成了全世界华人都能朗朗上口吟咏背诵的诗歌，艺术就是这样，简单同时不失魅力。（幻灯出示：丰子恺的白鹅图）再来看看一幅白鹅图，这就是著名漫画大师丰子恺先生的作品。他同时也是著名的教育家、文学大师，曾经和叶圣陶先生合作过，共同完成民国时期的小学课本的编写，至今还受到大家的热捧呢。他正是我们本次要学习的课文《白鹅》的作者（板书：白鹅）瞧瞧他的画，再看看其他画家笔下的白鹅，对比后你发现丰子恺先生的画最大的特点是什么？

生：简单。

师：对，就这么简简单单，寥寥几笔就让白鹅跃然纸上，这就是艺术大师的功力。作者惜墨如金，文题不加任何修饰，请大家读读这样干净的文题吧。

（生读课题）

［点评：开篇以熟悉的诗歌引入，同时揭示丰子恺绘画和散文艺术的最大特点——简洁。诗，画，文三者在开篇就比较自然地融合，给同学带来较为强烈的视觉冲击力］

二、读文，识鹅，浅尝初感

1. 亮出"活"字

师：请大家在预习的基础上快速地浏览课文，说说文中这只白鹅给你留下什么印象？这是一只怎样的白鹅呢？（幻灯：_____的白鹅）

生：（快速浏览后）高傲的白鹅，有趣的白鹅，活灵活现的白鹅，淘气的白鹅，脾气很大的白鹅，很凶的白鹅，可爱的白鹅……

师：作者笔下的白鹅给大家留下这么丰富多彩的印象，可见作者是把白鹅写活了。（板书：活）写动物，就要让它们活在你的文字中。大家在作文中也练习过写小动物，请回忆自己的习作经历，说说让小动物活在你的文章中，可以怎么写呢？可以写些什么？有什么好的写作方法分享吗？

生：可以写动物的外形，生活习性，比如写它们的脾气、吃食的样子、喜欢的活动等。

2. 探讨"活"法

师：请一个同学为我们读读这句话。（出示幻灯片：一身乌黑光亮的羽毛，一对俊俏轻快的翅膀，加上剪刀似的尾巴，凑成了活泼机灵的小燕子。）

（生读句子）

师：动物的外形确实是写活小动物的首选，课文《燕子》中就着力刻画了小燕子的外形，让我们读了文字后就好像看到小燕子一样。可是丰子恺的《白鹅》却让我们很意外，全文对白鹅的外形描写浓缩到了极致，好像有意回避一样，比较集中的就属第一自然段。请一个同学为我们读读这段话，说说作者如何写白鹅的外形。（幻灯：这白鹅，是一位即将远行的朋友送给我的。我抱着这雪白的"大鸟"回家，放在院子内。它伸长了头颈，左顾右盼，我一看这姿态，想道："好一个高傲的动物！"）

生：（读句子）作者写白鹅是雪白的"大鸟"。用了比喻的方法。

师：写它的姿态用了哪一个词？

生：左顾右盼。

师：左顾右盼是什么样？谁来示范？

（生情境表演）

师：是啊，只有对陌生环境充满好奇并且无所畏惧才能这般左顾右盼，旁若无人，就连主人它好像也不放在眼里，无怪作者忍不住想到，请读——（幻灯：好一个高傲的动物！）

（生接读"好一个高傲的动物！"）

师："高傲"，怎么理解？一般情况下，你会用高傲一词来写动物吗？

生：很傲慢，高高在上……一般情况下高傲是用来写人的。

师：看来作者完全把这只白鹅当作活的人来写了，这也许就是把动物写活的一种方法吧。（板书：当作人来写）再来读读第二段，这简单的一句话中也藏着好方法呢！（幻灯出示：鹅的高傲，更表现在它的叫声、步态和吃相中。）

生：（读段落）要集中围绕一个意思来写；要从多角度写；要写全面……

（师适时选取学生发言板书：从多方面写）

3. 广寻"活"路

师：接下来请大家自由读读全文剩余段落，继续寻找作者写作的秘诀，同时和我们分享你最感兴趣的地方。特别欢迎大家拿起笔，一边读一边简单地做些记号、批注。

[点评：初读课文后教师引导同学认识作者写作本文成功的焦点——活。这个"活"字牵扯着全文，是"教学之眼"，是解读文本的密妙所在，也是本文的写作本位（观）的体现，更是本案中读写结合（改为"指向写作"）的立足基点。]

三、品文，悟法，咀嚼涵咏

1. 自读自品求自悟，入情入境味始出

（1）解读第三自然段

师：谁先和我们分享描写"鹅的叫声"的第三自然段。你觉得从鹅的叫声中能感受到鹅的高傲么？（幻灯出示：鹅的叫声，音调严肃郑重，似厉声呵斥。它的旧主人告诉我：养鹅等于养狗，它也能看守门户。后来我看到果然如此：凡有生客进来，鹅必然厉声叫嚣；甚至篱笆外有人走路，它也要引吭大叫，不亚于狗的狂吠。）

生：我发现鹅的叫声特别体现它的高傲。就像作者说的那样，鹅的叫声不亚于狗的狂吠。

师：很好，作者将鹅和狗对比，你觉得合适吗？

生：合适，狗是我们熟悉的，狗的叫声很大很凶。而且二者都是家畜，可以比。

师：（板书：恰当对比）说得很有道理，对比一定要选好对象。同样，在下一段"步态"描写中和鸭子的对比也是作者精心选择的。读好这一段，下一段就不用老师讲了。先看本段，请大家圈出作者描写鹅叫声的几个词语，这些词语中有的现在不常见，如果不理解，可以提出来问一问，大家互相帮助说一说。

生：严肃郑重、厉声呵斥、厉声叫嚣、引吭大叫。

师：亏得这鹅不会说话，但是我相信作者丰子恺和大家一定能明白鹅在叫喊些什么？（幻灯：凡有生客进来，鹅必然厉声叫嚣_____）听，鹅在叫什么呢?

生：别进来！快滚开！本老爷在这里，谁敢靠近，胆敢进来，定叫你好瞧……

师：大家发现这些词有什么共同特点？

生：都是四个字的。

师：是啊，作家都善于积累，作者知道文章选词最怕重复，所以同样意思用了不同的词语，而且字数相当，文章读起来就特别有节奏感。来，一起读一读，特别关注这些词语，读出这段蕴藏的特有的节奏感。（幻灯：鹅的叫声，音调严肃郑重，似厉声呵斥。它的旧主人告诉我：养鹅等于养狗，它也能看守门户。后来我看到果然如此：凡有生客进来，鹅必然厉声叫嚣；甚至篱笆外有人走路，它也要引吭大叫，不亚于狗的狂吠。）

（生齐读第三段）

(2) 解读第四自然段

师：（幻灯出示：鹅的步态，更是傲慢了。大体上与鸭相似，但鸭的步调急速，有局促不安之相；鹅的步调从容，大模大样的，颇像京剧里的净角出场。它常傲然地站着，看见人走来毫不相让；有时非但不让，竟伸过颈子来咬你一口。）作者写鹅的步态，我们之前已经略有接触，知道了他采用对比的方法。但是我相信这段话中的"颇像京剧里的净角出场"，"净角"大家一定不理解，我准备一段录像给大家看看。请大家说说你看后的感受。（课件：净角出场片段和鹅的走路姿态）

生：太搞笑啦，很威武，很高傲……

师：一看就明白了吧，其实不理解就是由于时代相隔的关系。写文章是要考虑读者的。要知道在此文刚刚问世时，此句一出，语惊四座，因为那时先生的好友都是超级戏迷票友，大家都熟悉京剧里的净角出场，所以读到这段文字就能仿佛看到一只高傲的白鹅一摇一摆地阔步走来。咱们今天只有通过朗读让这段文字活过来啦。大家先试一试，该怎么读。请大家推荐一个同学来试试。

（生个别示范读）

师：能和大家说说该怎么读才能读出鹅的高傲吗？

生1：可以突出一些词，比如：傲慢、步调急速、局促不安、毫不相让、咬你一口等。

生2：读到"步调从容，大模大样的，颇像京剧里的净角出场"的部分可以慢一些，悠闲一些——越慢越高傲。

（生集体试读）

2. 质疑解惑探究竟，寻根问源见本心

（1）抛出疑惑

师：学习了课文前半部分，我们收获很大，了解了鹅的叫声、步态，还掌握了一些把动物写"活"的好办法。接下来我们要学习鹅的"吃相"部分。老师在读课文时有个很不理解的地方向大家讨教。先请大家数一数课文一共几段话，围绕着第几段写？

生：共7段话，围绕着第一段写。

师：大家都知道第二段在文章中起到什么作用，是什么样的段落吧。

生：是承上启下的过渡段。

师：是啊，按理说接下来应该平均用力，写出鹅的叫声、步态、吃相，可是为什么唯独"吃相"部分就占了大半篇幅，用了5—7三个自然段。大家读读这三段，找找答案：究竟鹅的吃食有什么特点，有哪些讲究呢？为什么惜墨如金的丰子恺先生要浓墨重彩地大书特书呢？

（2）解读第5自然段

生：（自由读段落）鹅的吃食很麻烦。

师：请大家在说出感受后，连下去为我们读读课文吧，也算为自己的理解找寻佐证。

（生读第5自然段）

师：这段中的"三板一眼"可是个有渊源的词语啊，原先讲的是戏曲中的节奏，敲三板后停顿一个空音，这是多么精准的啊，简直就是一丝不苟嘛。可是作者把它用在吃食上，过分吗？请一个同学为我们读读相关部分。

（生读"一日三餐。它需要三样东西下饭：一样是水，一样是泥，一样是草。先吃一口冷饭，再喝一口水，然后再到别处去吃一口泥和草。""譬如吃了一口饭，倘若水盆放在远处，它一定从容不迫地大踏步走上前去，饮一口水，再大踏步走去吃泥，吃草。吃过泥和草再回来吃饭。"）

师：原来真是"三板一眼"，一点都不夸张啊。可按理说到此，鹅高傲的吃相已经毕露无遗，应该收笔。为什么还写了两段话？请大家找一找，这两段话中，除了鹅之外，还有哪些角色出场？

（3）解读6、7两个自然段

生：还出现了"我"也就是作者，还有偷吃的狗。

师：先请大家看看写狗的句子，请一个同学读读。（幻灯出示：因为附近的狗，都知道我们这位鹅老爷的脾气，每逢它吃饭的时候，狗就躲在篱边窥伺。等它吃过一口饭，踏着方步去喝水、吃泥、吃草的当儿，狗就敏捷地跑过来，努力地吃它的饭。鹅老爷偶然早归，伸颈去咬狗，并且厉声叫骂，狗立刻逃往篱边，蹲着静候；看它再吃了一口饭，再走开去喝水、吃草、吃泥的时候，狗又敏捷地跑上来，把它的饭吃完，扬长而去）你觉得作者笔下的狗还像生活中你见到的狗那般神气吗？你觉得在鹅的眼中，它像什么角色？

生：小偷，强盗……

师：这也是对比，当一只威武的狗像个贼眉鼠目的小偷一样出场时，你觉得作者要比出什么？

生：鹅的高傲。

师：是啊，一比较就写活了。

师：再请四个组的同学轮流读读写到"我"的四句话（幻灯出示：①这样从容不迫地吃饭，必须有一个人在旁侍候，像饭馆里的堂倌一样。②这时我们便替它添饭，并且站着侍候。③我们不胜其烦，以后便将饭罐和水盆放在一起，免得它走远去，让鸡、狗偷饭吃。④因此鹅吃饭时，非有一个人侍候不可。真是架子十足！）

（生轮流读句子）

师：请说说你的感觉。

生：人是鹅的奴隶；鹅是老爷，人是奴才；人伺候鹅，很可笑；鹅确实很高傲……

师：确实，作者在这段话中干脆直接呼喊鹅为——（幻灯出示：丰子恺的白鹅图）

生：鹅老爷。

师：这真是颠倒纲常，混乱乾坤啊。人的地位居然不如鹅！居然给鹅当奴才！真气人！可是，你再读读这些句子，你感觉到作者讨厌鹅老爷了吗？感到那股子"气"了吗？

生：没有。

师：你感觉到了什么？

生：我反而感觉作者很喜欢鹅。

师：这就更怪了。喜欢又不直说，还要低声下气地把鹅称为"鹅老爷"，还责说它"架子十足"？这里头一定有文章。请大家看看这些生活中常见的对话，相信你能发现作者的写作秘密。（幻灯出示：①妈妈催促说："小淘气，还不赶紧去睡觉！②老首长对小战士说："小鬼，还是你骑吧，我腿脚比你好！"③真讨厌！爸爸你真讨厌，为什么总是花钱给我准备生日礼物呢？)

生1：说是淘气，小鬼，讨厌，其实心里很喜欢。

生2：这是说反话。

师：（板书：反语）对，这就是反语，正话反说也能表达情感，还能让我们感觉很幽默，这也正是作者把鹅写活的又一秘密所在。请大家自由地将5—7自然段读读。

（生自由读课文5—7自然段）

师：读了这段"说反话"的段落后，你感觉到作者蕴含在其中的情感了吗？

生：我体会到作者很喜欢鹅，我体会到鹅很可爱……

师：是啊，要想写"活"小动物，少了它可不行。（板书：爱）文章不是无情物，有了爱，文字中才能流露真情。这只高傲的鹅老爷确实可爱，在丰子恺《白鹅》的原文中多处直言不讳地写到。我给大家读一读。（幻灯：①鹅，不拘它如何高傲，我们始终要养它，直到房子卖脱为止。②它对我们，物质上和精神上都有贡献。③因为我们这屋实在太简陋，环境实在太荒凉，生活实在太岑寂了。赖有这一只白鹅，点缀庭院，增加生气，慰我寂寥。）读到此，我们不仅认识了高傲的鹅老爷，也认识了一位爱动物的丰子恺。就像他的《护生画集》中的那些主角一样：蜘蛛，蝴蝶，黄蜂，燕子，母鸡，小猫，小鸟，黄牛……即便再弱小的动物都是他的朋友，都值得关心呵护，丰子恺就是这样一个童心未泯、稚趣天成的大师，朱自清先生评价他是"最像艺术家的艺术家"。艺术家就要像丰子恺先生这样，有敏锐的观察，有简约的春秋笔法，更重要的是要有一颗广博的爱心，心存善念，慈悲为怀。就像他自己说的那样。（幻灯：原来一切众生，本是同根，凡属血气，皆有共感。）

［点评：教师引导学生品读文句，总结写法，认识作者。三者的紧密结合使得文本变得更加可感，厚重，使学生在课堂上习得的不仅仅是文本的内容，更多的是感受和借鉴到可操作的写作方法，认识一个有血有肉的艺术大师。充分体现了本案的"写作本位"的读以致写的设计理念。在此理念观照下的课堂就像是一场精神的盛宴。］

四、回顾，拓展，指向写作

1. 复习整理

师：学习这样一篇佳作，大家的收获很多，让我们整理自己的收获吧。

生1：我学到了怎样把小动物写活。

生2：我认识了一只高傲的白鹅。

生3：我认识了一个有爱心的画家，作家，文学家，教育家——丰子恺先生。

生4：我再次了解了总分结构的写法。

师：是的，朱自清说丰子恺的散文像一颗青橄榄，值得一再咀嚼回味。课后请大家自由地多读几遍。

2. 拓展阅读

师：本单元的《白公鹅》《猫》等描写动物的文章，大多采用总分的结构，文中的动物写得也很"活"，大家可以自己先尝试读读，看看还能自学到哪些把动物写活的方法。另外，大家可以互相推荐阅读一些描写动物的书籍或者名篇，一来是学习模仿，二来也能增长见识，拓宽自己的知识面。老师向大家推荐我国著名作家沈石溪的《狼王梦》，还有《郑渊洁十二生肖童话》，包括：《鼠王做寿》《猪王照像》《虎王出山》《羊王称霸》《猴王变形》《蛇王淘金》《鸡王画虎》《马王登基》《牛王醉酒》《兔王卖耳》《龙王闹海》《狗王梦游》，都很不错。

（生互相推荐）

3. 指向写作

师：有兴趣的同学可以选择自己熟悉的小动物写一写。如果有饲养动物经验的同学，我相信你们一定会写得更好，因为接触了就有了情感，就有了切实的体验，就能像丰子恺先生说的那样，有了"共感"。同时，你笔下的小动物也能变得活灵活现，不仅活在你的笔端，也活在读者的心里。

评析：在写活动物上双重聚焦

何捷老师试图达成由阅读本位到写作本位观念与实践的转型，这是一个可贵的探索。

在教学目标的确定上，阅读本位与写作本位的认知取向是不一样的。一般来说，阅读本位的教学目标往往是放在选文的读懂、理解、欣赏上，而写作本位阅读教学则主要考虑的是选文中哪一点对学生的写作最有助益,最能帮助学生掌握写作的技巧。在阅读本位下,读写教学的主要目标往往是不对应的,要求写作迁就、依附于阅读;在写作本位下,读、写教学的主要目标是交织重合在一起的,寻求二者的耦合点。在写作本位教学中应力求做到阅读与写作在同一点上的双重聚焦。

由于教学目标选择的不同,阅读本位与写作本位范式下的阅读教学,在"教什么"、"怎么教"上,在教学重点、难点的确定上,也往往是错位的。在阅读本位下,为了读懂文本,其重点、难点主要是放在对某些重要文字(主题、意思等)的诠释上,而在写作本位下的阅读,为了提高学生的写作认知,其重点、难点是放在学生某些写作缺陷的纠正与写作素养的培育上,以写作素养培育的系统性作为教学设计的出发点。

固然在阅读本位范式下也提倡"读写结合",但是这种"读写结合"中的"写"只是"读"的附庸,以解读文本为主要教学内容,以讲读为主要教学方法,因此通常读与写只是形式上、表面上的结合,而不是实质上的结合。它所考虑的学情主要是学生现有的阅读状况与文本理解水平。涉及的写作部分常常是随意的、附加的、次要的、局部的。它是以阅读来"带动"写作,在畸形强大的阅读系统中偶尔关照一下写作,使写作不至于杳无音信。这种"读写结合",阅读是居于主导地位的,故也称为以读带写,或以读促写。

而在写作本位范式下的阅读,自始至终贯彻着"阅读指向写作"的目标。它不以理解文本为主要目的、终极目的,纯粹的文本理解上的问题不作为教学的主要内容,阅读只是通往写作的手段、途径和准备,写作是阅读的目的、指向、归宿,阅读须服务于写作。与写作目标关系不大的阅读理解上的问题,不应作为教学重点,甚至可以置之不顾。它所考虑的学情主要是学生对写作观念的培育与学生写作实践中的问题状况。其中的写作教学是刻意的、基本的、主要的、全局的。在整个教学系统中,写作始终是主旋律。这种教学范式,写作居于主导地位,可具体描述为:为写而读、为写择读、由读悟写、以写促读、读以致写。

阅读本位与写作本位范式,体现了两种根本不同的教育本体观、价值观。

何捷老师在教学实践层面对"写作本位"范式作了较好的诠释。

一、以写作为目的的双重聚焦

何老师的教学设计,从整体上看,对文本的解读,是指向写作的。具体地说，就是指向如何将动物写"活"。何老师将引导学生写"活"动物作为教学的基本目标，以此确定教学重点、难点，在写"活"动物上达成读写活动的双重聚焦。诚如何老师在"解析"中指出的："初读课文后教师引导学生认识作者写作本文成功的焦点——活。这个'活'字牵扯着全文，是'教学之眼'，是解读文本的秘妙所在，也是文本的写作本位观的体现，更是本案中指向写作的立足基点。"基于此，他在"读诗，观画，初识作者"部分巧妙地"导入"之后，在"读文，识鹅，浅尝初感"部分，直截了当地在写"活"动物上"点题"、"扣题"，其中三个教学环节是：①亮出"活"字；②探讨"活"法；③广寻"活"路。这三个环节层层深入地揭示、展开了该文教学的目标：学习、领悟如何写"活"动物。其中涉及写动物的外形，运用比喻、拟人的技法。在"品文，悟法，咀嚼涵咏"部分，则进一步深入品悟写"活"动物的技法：对比、反语等。较好地做到了读的重点，同时也是学写的重点。

围绕着学习写"活"动物，何老师给学生提供了广泛的资源，在"拓展阅读"部分，由课内而课外，为学生推荐了许多其他读物：

本单元的《白公鹅》《猫》等描写动物的文章，大多采用总分的结构，文中的动物写得也很"活"，大家可以自己先尝试着读读，看看还能自学到哪些把动物写活的方法。另外，大家可以互相推荐阅读一些描写动物的书籍或者名篇，一来是学习模仿，二来也能增长见识，拓宽自己的知识面。老师向大家推荐我国著名作家沈石溪的《狼王梦》，还有《郑渊洁十二生肖童话》，包括：《鼠王做寿》《猪王照像》《虎王出山》《羊王称霸》《猴王变形》《蛇王淘金》《鸡王画虎》《马王登基》《牛王醉酒》《兔王卖耳》《龙王闹海》《狗王梦游》，都很不错。

这就是为写而读、为写择读。读作为写的参考、参照，不仅要联系课内的有关选文，还要联系课外的作品，将其共同作为学写的背景知识，这就极大地丰富了学生的感性认知，也使他们的写作有了较大的借鉴与创新的自由度。这种扣紧"写作"目的的阅读，比以往无目的的泛读更有成效。

该教学设计最后落实在："有兴趣的同学可以选择自己熟悉的小动物写一写。"——这便是"读以致写"目标的达成。使读、写在写"活"动物上双重聚焦，以读为手段，以写为归宿，才意味着一次完整的教学活动的真正完成。

二、对作者写作运思的还原

何老师还注意从作品中对作者当时的写作情境进行还原，由读悟写，让学生不但知其然，而且知其所以然。例如：

师：……写文章是要考虑读者的。要知道在此文刚刚问世时，此句一出，语惊四座，因为那时先生的好友都是超级戏迷票友，大家都熟悉京剧里的净角出场，所以读到这段文字就能仿佛看到一只高傲的白鹅一摇一摆地阔步走来。咱们今天只有通过朗读让这段文字活过来啦。

阅读，读的是写作的成品，从成品中是很难看到作者的写作运思过程的，这就需要教师从写作的角度进行推测、还原。将成品还原到写作运思过程中。何老师就是这样做的，他猜测作者之所以要以"净角出场"作喻，是因为作者考虑到他的读者中有不少是"超级戏迷票友"，对"净角出场"的步态是很熟悉的，作此比喻便于他们的理解。这就从文本中揭示了写作构思的秘妙，告诉同学们写作时在措辞上要有读者意识，要选择便于作者理解的表达方式。

诸如此类"由读悟写"的还原，使"读"成为通往"写"的桥梁，是"写作本位"阅读教学的常规。要体会作者为什么这么感受、立意、结构、表达，而不那么感受、立意、结构、表达。这么做好在哪里，不足在哪里。在类似情境下，如果是教师自己会怎么做，如果是同学们又会怎么做，读过经典文本之后想要怎么做。——"作者将鹅和狗对比，你觉得合适吗？如果是你来写，想和谁比？"就是有阅读中引领学生进入到写作情境中去体验与领悟，这是十分重要的。

三、调动学生写作经验的参与

何老师注意调动学生以往的写作经验与文本互动，注意经验交流中的生生互动，这可以提高学生感受文本秘妙的悟性，提高由读致写迁移的效能。在"写作本位"的阅读教学过程中，应始终心中有写，能时时针对学生写作中存在的问题释疑解惑，以学生的写作现象、写作经验为参照，引导学生进入写作情境中。何老师让学生回忆自己以往写动物的经验，在欣赏作品的技法时，不失时机地引导学生来尝试运用该技法，这些都能有效地达成读以致写的目标，唤起学生的言说欲、表现欲：

师：……写动物，就要让它们活在你的文字中。大家在作文中也练习过写小动物，请回忆自己的习作经历，说说让小动物活在你的文章中，可以怎么写呢，可以写些什么？有什么好办法分享吗？

像这类师生交流、印证写作经验的过程，就是一种自我反思、纠错与升华的过程。使学生由对文本的理解，转换成对写作的理解与对自身写作实践的思考，这也是"写作本位"教学的一种重要方法。

四、对言语主体的动力建构

难能可贵的是，何老师并不是停留在写作技能的教学上，他还引导学生去探究、领悟写"活"动物的技能背后的情感与动机："更重要的是要有一颗广博的爱心，心存善念，慈悲为怀。"这就由技进乎道了。在语文教育中，"道"比"技"还重要。如果作者没有对"原来一切众生，本是同根，凡属血气，皆有共感"的领悟，是不可能写出另一种生命的可爱，便不可能有写作的冲动与激情。这就使其教学目标有了一定的厚重感，达成对学生价值观、动力学层面素养的培育。

"写作本位"范式的完整表达，应是"言语生命动力学表现存在论语文学"。该范式凸显对学生的言语生命、精神生命的关怀，与对言语主体内在的情意素养的关注。其价值观的重心不是技能训练，而是动力的养护与培育。通俗地说，就是要让学生明白人为什么要写作，为写作寻找理由。写作的理由很多，但归根结底是要让学生明白言语"表现"的目的是证明人的生命"存在"，写作行为是"人（人类）的确证"，我写故我存。"存在性"的言语生命动力的培育与建构，是语文教育的终极价值。

言语之道是"本"，言语之技是"末"。试想，学生有了不能不写的理由，有了言语表现的强烈需求与冲动，由"要我写"变为"我要写"，能主动、积极、愉快地写，还愁学不会技能、写不好作文吗？语文教育还会有成效不彰的尴尬吗？

鉴此，我赞赏何捷老师在"写作本位"教学上所作的探索与努力。（潘新和）

观 点

让孩子喜欢语文课的秘密
——我的"高效课堂教学"实施策略

我曾经的理想是做个受孩子喜爱的老师,上孩子喜欢的语文课。我很自豪地告诉大家,这个理想我基本实现了,所以我急切地把如何受孩子喜欢的秘密和你分享,因为我新的理想是让每个同行都能受到孩子们的喜爱。我一直在幻想,有一天,各级各类优秀教师的评选规则如果加上了"一票否决"的一条——学生喜爱率,您是否会庆幸阅读了我的分享文章呢?我衷心希望着。

秘密都在一篇孩子的习作中:

小何的"坏习惯"

蔡欣芃

谁是小何呢?那就是咱们班大名鼎鼎的班主任兼语文老师——何捷老师呗!小何有一个"坏习惯",就是不拖课。你也许会问,老师不拖课,这不是好事吗?可是,对小何而言,那就不同啦!不信的话,你就到我们的语文课堂上来瞧一瞧吧。

今天的语文课,上的是《颐和园》。我们跟着小何一边"逛"颐和园,一边画游览路线图。"逛"完了颐和园,小何又开始给我们讲故事。小何肚子里的东西可真不少,像个百宝箱,故事讲了一个又一个,从他两次进颐和园的经历到慈禧太后的"大清朝要的不是人才,而是奴才"这种雷人话语,我们听得津津有味。大家都很安静,这次连平时爱插嘴的星猫都没有说话,可下课铃却不安静,"当当当"地响了起来,小何像听到集合哨一样,立刻冲出了教室,任凭我们怎么叫,他也不肯回来。

唉,小何要是能拖拖课,那该多好啊!

瞧出来了吧,秘密就是——不拖课。的却如此,执教近二十年,我确实具有这个鲜明的特点。特别是近十年,不拖课几乎成为我对自己下的铁律。毛主席说:"做一件好事不难,坚持一辈子做好事难上加难。"每天下课,我们班的孩子总是第一个"占据"走廊,每天放学,只要最后一节是我的课,我们班总是第一个到达校门口，和孩子拍手告别成了校门口放学时的一道独特风景。就这么"简单"，但孩子超级喜欢。我心里知道，这"简单"的背后大有文章，坚持做到节节不拖课绝非易事。

不拖课得益于"用一生来备课"

"用一生来备课"这是于永正、贾志敏等前辈的教学信念。为了实现高效课堂，课外你必须付出比别人更大的努力；今生执教语文，你就必须与书为伍，与学习为伴。语文是包罗万象、四通八达、触类旁通的，教师的信息摄入量要大，知识面要广，知识组成结构要合理，人生经验要丰富。只有这样，课堂上你才能举一反三，纵横古今，贯通中西；才能从容面对孩童纷繁复杂的情况和天真无邪的言说；才能做到兵来将挡水来土掩，挡但不置之于千里之外，淹而不使其窒息沉闷；才能激活，引燃，领航，实现孩童和你自身的不断进展。而这一切，只能从书中汲养，从学习中获得。

我努力践行"用一生来备课"的信念。平日里，我挤时间阅读。虽然我沉浮于凡间，往来于琐事，但我从来不对自己说"忙"，我知道那是无谓的借口，是慵懒和惰性的遮羞布。更何况，有哪件事比阅读更有意义呢？我的一切都来源于阅读积累，我难道不应该把阅读放在第一位吗？幸好，我已经善于挤时间阅读了：带孩子做操，去食堂的路上，值班站岗，课间休闲，会议空当，读着读着，你会发现原来自己还有那么多时间可以利用，后悔之前的大好光阴白白流失。到具体备某一节课时，我会设法多渠道采集信息，坐拥大量资料后，综合，整合，融合，将其消化为己有，尽量能达到轻松谈吐，信手拈来的自如状态。这样备课后，你会有一种富足感，信心倍增，你会步履从容地进入课堂。于是，你的课堂就大气恢弘，左右逢源了。讲《詹天佑》一课时，可告诉孩子后清时期列强凌辱中华的不堪往事，课堂仿佛是民主共和志士的演讲台；讲《匆匆》一课时，认识一个奋发不息的青年学者，和他一起感叹时光飞逝，一同把握须臾，立志发奋有为；讲《将相和》一课时，带孩子进入战国风云，探源争鸣百家，将课堂变为少年版"百家讲坛"；讲《搭石》，让孩子领略水乡风情，感受乡土气息，一同分享生活中细小的和谐故事……这样的课堂，不拖课，都会让你自己感到遗憾。

很经常，一些备课时看似不起眼的信息会让我的课堂熠熠生辉。我在备《跨越百年的美丽》一课时就有这样的事例。不经意间我看到一则关于"一袭"这个量词的解读，得知它限用于赞美高贵华丽的服饰；我又得知玛丽居里实验用的"破棚子"原来是一个停尸棚的信息，我惊诧了，更被感动了。于是，课堂上我牢牢抓住前后出现的这两个反差巨大的词汇，陪同孩子深入浅出地一同感受居里夫人那种超越时空、跨越永恒的美丽。下课铃声响后许久，孩子们还不能从感悟体味中回神。我知道，这样的课堂得益于"用一生去备课"。

不拖课依赖于科学有效的课堂教学设计

很多教师平时上课不够注重科学设计，因此课堂低效，拖堂也成了常态。我们常常观摩到这样的现状：一篇文章语言训练点多如牛毛，教师敬奉"一个都不能少"的理念，每遇到一个训练点就紧抓不放，也不管是不是本学段的要求，不管曾经是否训练过。我们还常常听闻这样的埋怨——一篇课文四五个课时还未能上完。

原因何在？就是课堂没有经过设计。我的高效课堂奉行余文森教授的"先学后教"理念中的"三不教"：孩子懂的不教；孩子能自学后懂的不教，教了孩子也不会的不教。同时，我坚持进行这样的试验：长文短教，尽可能在一课时内完成课文教学任务，我称之为"清者自轻"，即为"看清楚教材，吃透文本，必然能举重若轻"。《这片土地是神圣的》《北京的春节》《老人与海鸥》《十六年前的回忆》……这些经典长文，我都实现了短教，案例设计都被核心期刊刊登。

例如，《这片土地是神圣的》，人教版六年级上册第15课。这篇文章被誉为有史以来关于环境保护的最为动人的演说。文章运用了大量比喻、拟人的修辞手法，形象地向我们展示了人类与大地、与自然界的密切关系，表达了印第安人热爱土地、保护环境、珍惜生命的真挚情感。对于孩子而言，本文是他们和"演说辞"这种文体的首次接触，特别需要教师引导其梳理清楚文脉，了解此类文体特色，以达到读写结合，相互促进的学习目标。

一、导入：读课题，感受"城与人"

1. 师介绍"西雅图"的由来，引出此文的文体类型——演说辞，导入新课。
2. 指导学生读课题，关注课题中的"神圣"一词。

二、感知：识文体，分清"演与说"

1. 师介绍演说辞的文体特点。"演"带有"展示"的意思，"说"带有"告知"的意思。要求学生在预习的基础上再次通读全文，看看西雅图首长最想要"告知"大家的信息是什么？
2. 教师介绍本课的重复写法，引导发现使用重复手法表达的关键句——这片土地是神圣的。
3. 齐读"展示"美丽西雅图的1—4自然段，了解西雅图的原始风光。

三、品味：赏片段，咀嚼"文与意"

1. 引读第 5 自然段。
2. 寻找该段中所叙述的，这片神圣土地上最为珍贵的河水。
3. 品味"善待"一词。
4. 归纳学法：找"最珍贵的部分"，品最重要的词汇，读文加深体会。
4. 举一反三，要求学生自学 6—8 段，汇报学习成果。

四、升华：谈感悟，着眼"今与后"。

1. 教师提出此篇演说辞的又一特色——警示的作用，以此引导学生学习 9—11 自然段。
2. 师生谈话：西雅图首长向我们发出了哪些警示，这些警示有没有变成现实呢？
3. 请学生结合自己的环保见闻，谈对这些"警示"的理解。
4. 师生共同发出环保宣言。

此课教学牢牢扣紧演说辞三大功能——展示，告知，警示，帮助孩子梳理出此课清晰的脉络：1—4 自然段为"展示"美丽的西雅图风光，此部分文字以读代讲，目的在于了解，同时能积累到一些优美词句；5—8 自然段为作者向读者"告知"这片土地上的神圣之处，需要咬文嚼字地细品关键词句；9—11 自然段为作者向未来发出的"警示"，结合孩子们现有的认识，以议论的方式展开教学。因内容不同，故侧重点不同，所以教学时不必同样用力。

近几年，我还结合自己对写作知识的了解和不断学习，不断尝试"写作本位"的阅读教学设计，即以文章写作角度解读文本，切住文章脉搏，牵一发而动全身，依旧为了达成"高效课堂，有效学习"的目标。例如，教学《普罗米修斯》。我抓住该文为"传说故事"的文体写作特征，以"情节""细节""情结"三个关键词的把握教学贯穿全课堂。先引导孩子复述故事情节，进行归纳概括文章大意的训练。当学生复述不清时，提供"黑暗——光明——苦难——自由"四个关键词给他们，启发、提示、促成他们更为简洁地概括文意；其次，我请孩子们关注文中一些含义深刻描写精妙的语句，品味细节，从细节处感受语言的精彩，大家各抒己见，课堂汇聚儿童精妙智慧；最后我组织大家讨论：如此一个故事，为什么千百年流传不息，其中究竟蕴藏着什么样的信念？大家创作故事，口头相传，是由哪种情结所致呢？这个问题直切文章中心，孩子的讨论结果不论深入或是浅显，幼稚或是成熟，精当或是冗杂，只要是触及主旨的，我们皆认可鼓励。你想：大人处事还允许仁者见仁智者见智，对孩子又何必要求精准呢？在不偏倚情况下的包容就能产生高效。这样简洁的课堂没有谁不留恋，下课铃声响起后，孩子望着我远去的背影，自发继续讨论。我听得见，跑得更快。他们不需要我了，觉得能战胜我了，我很高兴！

不拖课仰仗于对儿童特点的准确把握

我花了近二十年时间在教学第一线和孩子在一起，目的就是为了深入、全面、多角度地了解孩子。终于我摸清了一些门道：各个不同年级孩子的喜好，当下孩童间秘密流行的玩意儿；各个不同年龄层儿童语言发展的基本现状；孩童的流行语、热门游戏；男女生交往中的磕磕绊绊，心结顾虑；小团体中领导人和团队成员交往相处；留守儿童的心理透视；各气质类型儿童的教育、提升、辅助、疏导；外出活动的组织引领……不敢往下罗列，恐您阅读疲劳。总之关乎儿童的，我都有兴趣了解。

也就是这样，我的课特别受孩子欢迎，因为我讲的是"儿童语"；我的作文设计特别容易被孩子接受，因为我设计的是原汁原味的童话；我给孩子的批语评价特别入心入耳，因为我和他们说孩子听得懂听得进的心里话。

我想以一个孩子的习作来说明，更有说服力。

"叶圣陶先生"来我班

张嘉奇

号外，号外！"叶圣陶先生"竟然来我们班上何捷老师的语文课！不过这位"叶老先生"其貌不扬，身高只有1.39米。怎么回事呢？哈哈，这个"叶老先生"是安童扮演的"盗版货"。

这一节语文课，何捷老师给我们上第三课《记金华的双龙洞》，而此课的作者就是叶圣陶老先生。为了更形象的让我们知道叶老先生当时从外洞通过孔隙进内洞的过程，何老师就请安童来扮演叶老先生，再现当年叶老先生的进洞过程。这样我们班就有一位"叶老先生"了。

只见安童躺在代替小船的课桌上，按照课文中说的那样，全身紧贴在"小船"上。可是这时"叶老先生"做了个愚蠢的行为，他太激动了，冲着何老师做了个"耶"的手势时，何老师伤心地说："你的这两根手指恐怕要受累啦！"原来，这个举动在课本的"剧情"中是严重被反对的，因为当时"叶老先生"所在的洞极矮，四周都是好像要向他压来的巨石，他一伸手，手指会折断的，所以错了。不过，我们都对孔隙的特点更加感兴趣，记忆也非常深刻了。

继续演吧。工人开始拉系在小船上的绳子，慢慢地，小船来到了课文中所说的有岩石挤压的场景了。这时,"巨石七人组"也闪亮登场,他们是何老师请来的扮演向"叶老先生"挤压的岩石的同学。同学们伸出手臂,紧紧贴近"叶老先生"的身体,只差一两厘米。其中一块岩石差一点就压到"叶老先生"身上,我们身临其境般感受到孔隙低矮窄小的特点。这节课上得惊心动魄!

就这样,"叶圣陶先生"亲自带着我们游览了金华的双龙洞,感谢何捷老师这个导演,更加感谢所有演职人员。我想,要是每节语文课都这样上,没有一个孩子不喜欢语文。

大家想想,这样一节"惊心动魄"的语文课,谁愿意准时下课?但是下课铃响必须下课,这就是我对儿童心理的把握:要在他们兴致高涨时结束,他们才能期待下次的相会!语文教学是延续性很强的工程,我们要有持久的设计,要做百年树人的工程,就要注重儿童的心理效应,把课上到孩子的心里去。

不拖课借助于言语表达的自觉训练

借讲学时和王松舟老师请教:您如何锤炼自己的课堂教学语言,使您的发音那么有吸引力?王老师介绍说他坚持练习气功,上课时每每调动丹田之气来说话,使得课堂语言随着文意不同而产生变化:激情澎湃时言说有震颤力,热情洋溢时表达有雄厚的阳刚之力,亲切温柔时有平和舒缓的亲和力。原来王老师也在自觉训练。我不由联想起大师于永正,不也是将自己喜爱的京剧表演融入课堂,在《梅兰芳》一课中指导孩子读文时注重眼神的跟踪,要有神,多么经典;虞大明老师讲授《刷子李》也借助了相声的语言技巧,介绍刷子李的高超技艺,让孩子如同在天津的天桥下听老艺人摇头晃脑地细细说道……我领悟到:要想让孩子喜欢你的课堂,教师的语言必须有感染力!

于是,我开始反省自己。我出生在闽粤方言区,福州话的口音较重,必须正音,于是我向身边的教师学习,不断跟磁带练说,借助外出北方讲学的机会模仿当地教师的纯正口音。终于有一天我在一个县城执教,课后新华社记者问:您是福州人吗,为什么语音不像当地人的?我心里甜着呢!但我知道这远远不够,这仅仅是我补上的基本功。

我酷爱听评书,小时候伴随一架收音机,享受了诸多经典:《杨家将》《薛刚反唐》《包公案》《岳飞传》《隋唐演义》《三国演义》《水浒传》……小时候我就喜欢模仿单田芳、田连元等评书表演艺术家的风格说话,突然间我发觉可以在重温旧梦的同时锤炼语言——听评书,学习评书语言技巧。就这样,每天清晨的第一功课就成了听评书联播,一边听一边模仿。现在的评书已经能下载收听,可以重复回放,这就给我的学习模仿带来极大的便利，使得我的语言表达水平突飞猛进。很多教师听我讲课都感觉有评书的味道，入耳，顺耳，醒目，舒坦，有张力，有吸引力。孩子更是被这种特殊的、极具个性的、有感染力的语言所征服。孩子们听课时脸上挂着笑，两眼不离我身，伴随着我的讲述时而欢喜时而紧张，时而闭目享受，时而瞠目惊叹。我知道，这样的课堂已经使孩子眼到，口到，手到，心到。他们喜欢语文课，就像我听评书一样，舍不得关机！我还有杀手锏。旧时的评书表演艺术家都在茶馆酒舍中现场说书，观众的上座率就是他们的生活。于是，在每一章节结束时，他们都留个扣，"预知后事如何，请听下回分解"，就这样让听众跑不了，场场守候。我的课堂临结束时也要留个扣，让孩子延续学习。当"可恨"的下课铃声响起，我常常精心设计结语言，这如同惊堂木一响——预知后事如何，请听下回分说。之后甩袖离去，任凭台下呼声一片也不返场。这即是我让孩子喜爱语文课的"伎俩"。

不拖课还借助于突发情况的理智处理

课堂是瞬间万变的，高效课堂既要关注全体，也要照顾个体，但必须以全局为重。我知道在全局和局部的关系处理上，非常考量教师的应变技巧和教学机智。其实机智也好，方法也罢，背后的实质都是师爱、师德和教师教学能力的反映。

不少教师将课堂的低效归结于孩子出的意外，如：小鸟做客，噪音干扰，突发事件，纪律整顿……鸡毛蒜皮的事都能让教师停课处理。在不知不觉的说教中，时间滑过，下课铃声响起。此时，教师仿佛才想起自己的任务未完成，于是拖堂教学。窗外喧闹一片，欢声笑语，人影攒动，可此时却毫不影响教师拖堂的决心，一如既往，讲完为止。这时候，谁能听得进呢？无效！其实，早有许多教师撰文记录自己如何处理这些意外并将之转化为新教学资源，抱怨者纯属孤陋寡闻。

对于突发事件，我有自己的处理原则：其一，能用眼神提醒的就不开口，以免影响大众学习；其二，实在需要个别提醒的，可以提示他下课后到办公室聊聊，不间断全体的学习；其三，不得不停下课来处理的，索性结合自己的班主任身份，随即做好结合具体事件的育人工作。另寻其他时间完整执教语文。一、二两点大家自然能明白。课堂是神圣不可侵犯的。虽然你是集体的一员，但你也没有权利影响大家的学习，所以，除了自律外，应该知道"履霜坚冰至"的道理，在我的眼神言语提醒后能回归课堂，我不会因小失大。课改至今，许多教师已经不敢提"惩戒教育"，但我以为，没有惩戒的教育本身就是不完整的教育，关键在于惩戒的形式和强度。孩子小时候不知道敬畏课堂，尊重规矩，无益于长成公民后适应社会。关键在于第三点。看似一节课损失了，但是我和孩子们事先约好：如果占用语文课，必另寻时间补偿。师生之间有协议，大家能接受，孩子不希望别的课被占用，故而学习时格外认真。高效出自专注力。这三点，我称之为理智，因为师生之间事先有协议，有默契，能理性应对处理。

突发事件就要仰仗教师对事件本质的认识，对孩童的了解，对教育的理解了。借助一篇孩子的习作来说更形象。

何老师写错别字

刘畅

今天早上，何老师给我们上《搭石》这篇课文。

上课的时候，何老师要我们跟着作者一起游览，进行一次"寻美之旅"。何老师说着便转过身去，拿起粉笔，在黑板上写着"寻美之旅"。当何老师写到"旅"字的时候，突然不写了，好像忘记怎么写。半分钟后，何老师继续写，居然写出了错别字。

这时黄星瑞喊起来，并且要求到黑板上修改。更没想到修改的也是错别字，在原有错字上添了条"狐狸尾巴"！最后，还是来小邱"救"了这个字。此时，班级有些闹，大家议论纷纷。

我们继续上课。我偷看何老师，他好像一点事都没发生。当教学到第二自然段的第3句：如果别处都有搭石，唯独这一处没有，人们会谴责这里的人懒惰。何老师问我们："'谴责'是什么意思？"我们都回答正确了。接下来何老师要我们谴责他刚才写了的错别字，黄星瑞道："没想到得了全国大赛特等奖的何老师也会写出错别字呀！"更没想到何老师高兴地评价说："好，谴责成功了。你们学会一个词，应该会记住一辈子了！"

一节课40分钟很快就过去了，虽然《搭石》这篇课文只上了一半，但我们都认识了一个可爱的何老师。

相信你看出来了，一个错误原本会让课堂低效，但理性地处理能保证高效课堂，还能让孩子通过具体的事件爱上语文，爱上课堂，爱上学习！

我的一切都和你分享了，剩余的就是你的批评了。因为我知道，任何一个教师都需要在批评中成长，要想让你的课堂教学更具艺术性，就必须在批评中汲养。（何捷）

解 读

一言一行关语文　一心一意为学生
——我认识的何捷老师

何捷老师，20世纪七十年代出生，从事小学语文教育教学不足二十年，可是，他所取得的成就令我仰视。成功总是有理由的。我愿意"以管窥豹"地分享何老师的成功"秘笈"。

咬定青山不放松

何捷老师的名声，首先是从被孩子们称为"有魔力的作文课"出来的。

大凡语文老师都有一"愁"——如何让学生不愁作文。何老师也不例外。例外的是，何老师勇于迎"愁"而上，用"心"使"秋"变成丰收的甜蜜和期待的喜悦——那便是何老师的"游戏作文"。对"游戏作文"的探索与成功，缘于何老师对"儿童—游戏—作文"的科学认识。何老师认为"游戏的身份非常高贵，它直面儿童的内心世界，是童年的'主题曲'，是学习活动的'原始状态'，它能够解放孩子的精神束缚，释放他们自由独特的个性。将其融入作文课堂，符合孩子的心智发育规律和认知事物的特点。以往很多教育者也知道其价值，但是没有真正地引起重视，只不过将其当成招之即来挥之即去的'仆人'罢了。"何老师的"游戏作文"则强调以作文教学为目标，以游戏为媒介和手段，为达成教学目标服务。在设计上讲究合理安排游戏的形式、时间，科学设计教学程序，使得游戏能够在教学中充分发挥激趣、引导、启发、辅助的功能，成为习作指导课的"主子"。何老师的"游戏作文"课，往往使学生在全身心地投入游戏的同时完成"作文"。比如在福建省首届小学作文教学观摩比赛中，何老师的《盲人雕塑家》从减压"小点心"——现场游戏——放胆"侃大山"——现场自由写作——交流评议，学生无不津津乐道，自然地把"经历"转变为文字。此课获得一等奖和最受欢迎奖，但这并不是何老师"游戏作文"探索与实践的开始，而是成熟的表现和新的起点。钱本殷教授称"何捷老师的游戏作文无论从理论上，还是实践上都很值得肯定与研究"。倾注心血一堂课，成功都与苦相连，在作文教学的园地里，何老师用心智和心血谱写一曲充满活力的作文教学之歌。这支歌一定会唱响作文教坛，也必将赢得阵阵喝彩。

　　成功属于过去，挑战总在当下。何老师并没有满足于"游戏作文"，他继续思考着前行，于是"百字搜索"、"百字作文"诞生了。何老师的"百字搜索"的创意来源于《福建电视4套》收视率很高的栏目《F4大搜索》。编导将本日各套节目中的奇闻趣事网罗在20分钟左右的时间里播出，让观众一次看得过瘾。仔细一想，如果也让孩子们做个小编导，将每天发生的最精彩的事件、最想说的话、最真实的感受、最有价值的收获等，先在大脑里"过电影"，稍作回忆，再用简短的百来字记录下来，收集起来，不就是很有意义又富有趣味的一种小练笔形式吗？既然是小练笔，那么不如就放手让孩子自由发挥：记录的过程不必强调篇章结构的完整，语句不必字斟句酌地苦苦推敲，只要能简洁明了地表达自己的意思即可。长期这样坚持，不就等于为自己今后的写作建立了巨大的素材库吗？何老师想好了就行动，于是，学生的习作百花园中又开出了一朵朵"百字作文"奇葩。

　　也许我们心中有这样的疑问：何老师的"游戏作文"、"百字作文"一直有效吗？我也这样做，为什么孩子"激动了三天"就没"戏"了呢？何老师很自信地回答："我就是作文！"正如王尚文教授在《走进语文之门》中所言：教师和所执教的学科是水乳交融的。教师所教授的是他所有的、是内在于他的、从他心里流淌出来的，也就是他自己。何老师是懂儿童的，只有懂儿童，才能教好儿童；何老师是会作文的，只有会作文，才能教好作文（即使学生作文不是"教"出来的，但是，我们丝毫不能否定"良师促自通"）。

　　何老师不仅"是作文"，还是语文。

看似平常最奇崛

　　习作离不开阅读，习作教学离不开阅读教学。何老师在研究习作教学的同时，也在研究阅读教学。何老师对阅读教学的目标和阅读教学的"对话"理念做过深入的研究和扎实的实践。何老师认为阅读教学的目的是让孩子在阅读实践中学习语言、积累语言、运用语言，提高语言表达水平，提升语文素养。每一篇课文都是孩子学习语言、积累语言、运用语言的"范本"和"练习本"。老师要引导学生徜徉在经典语言中学习表达方法、感受语言魅力，逐渐积累、迁移、内化，形成自己的语言表达习惯，可谓一语中的。何老师对阅读教学是一种"对话"亦有自己的心得，认为语文教学中的对话是多元的，包含师生对话、生生对话、学生和文本、和编者对话。课中"对话"的质量取决于教师课前与文本、与编者"对话"（包括对学情的把握）的质量。何老师总是努力地把认识转化为课堂教学行为，自觉地运用理论指导实践、用实践印证完善理论，达到和谐共进。

我们来分享何捷老师的《跨越百年的美丽》在首届福建省小学语文教师素养大赛中荣获特等奖的经历。这个课例是何老师潜心研究阅读教学成果的展现。何老师以"美丽"为线，和学生一起挖掘居里夫人"美丽"的内涵，探索居里夫人"美丽"的奥秘，引发学生对人生的思考。课堂教学设计精巧、学思结合、语文味浓厚，展现何老师语文课堂的"独特美丽"。请看三个教学片段。

师：请看老师书写一个词（板书：美丽），生活中，美丽的人和事有许多，请你用上"美丽"说一说。

生：美丽的世界，美丽的老师，美丽的教室……

师：就像哲人说的那样"美丽是这世间最大的遗憾"。的确，美丽太短暂了。不过老师要在"美丽"前添加一些内容，弥补这一缺憾。（板书：跨越百年）请大家连起来读一读。这是今天我们要学习的课题。（生读课题）

师：一份美丽可以跨越百年，必定能够跨越千年、万年，最终达到永恒。（板书：永恒）这是为什么呢？这篇课文所说的这份永恒之美是关于谁的呢？请完整地说出她的名字。（生：玛丽·居里）课文用了三个词语来向我们介绍她这份永恒的美丽，读一读课文，能发现吗？

生：（读书）美丽；极美丽；美名。

师：这里的"极美丽"指的是居里夫人吗？

生：不是，指的是镭发出的光。

师：为什么它也能用以说明居里夫人的美丽呢？

生：这是居里夫人的伟大贡献，是她所从事的科学研究。

师：原来人的美丽和他的工作、对人类的贡献息息相关。这样的美有内涵，不空洞，这美名也不是空穴来风啊。请一个孩子串联三个词语，说说这篇课文的主要内容。

生：美丽的居里夫人发现了极美丽的镭，留下了千古不变的美名。

这是何老师安排的初读课文，初识"美丽"理文路。何老师巧妙地利用课题，设置悬念：美丽—遗憾—永恒。一波三折，激发阅读兴趣，挑动阅读期待，引发积极思考，快速进入阅读情境；然后细读书、抓关键词、理清文路。

师：好，大家真会学习，能结合具体的情境来理解。法国科学院由人声鼎沸到肃然无声，可见这份美丽的庄严和震撼力。还有描写她美丽的句子吗？

生：我画的是"玛丽·居里穿着一袭黑色长裙，白净端庄的脸庞显出坚定又略带淡泊的神情，那双微微内陷的大眼睛，让你觉得能看透一切，看透未来"这句话。

师：这句话中说到居里夫人的美可不单调。大家读一读，想一想共有几个层次的美？

生：衣着美，神态美，眼睛很美。

师：一袭黑色长裙。这里的数量词"一袭"，相当于哪个词？

生：一身，一件，一条……

师：为什么作者选用"一袭"呢？用上你们说的这些词好吗？读一读，有什么感觉？

生：我觉得不好，好像不够美。

师：是啊。知道吗，数量词也是有色彩的。"一袭"用做量词时，带有高贵，典雅，端庄的意思，最能够体现居里夫人的美。看来作者的选词很讲究，也看得出作者对居里夫人很崇敬。因此，作者才会在居里夫人发现镭100周年时，写下这样一篇纪念文。大家继续聊吧！

这是品读语句，深解"美丽"生情感。何老师的"一袭"，看似平常最奇崛。何老师抓住这个看似不起眼的数量词"一袭"，引导学生体会词的色彩意义，进而读出文字背后蕴藏的丰富内涵和情感，披文生情。

师：（擦去板书：美名）我们都知道，居里夫人视这些"美名"如粪土，不值一提；（擦去板书：极美丽）镭已经广泛运用于我们的生活中，为我们所熟悉，它所发出的淡蓝色荧光也不再那么诱人；（擦去板书：美丽）青春易老，容颜易逝，玛丽居里离开我们百余年。现在我们来读一读剩下的板书。

生：（读）跨域百年的——永恒。

师：（擦去板书：跨域百年的）永恒又何止百年。大家想一想，玛丽居里为什么能够成为人类公认的永恒之美，这份永恒的美丽究竟应该有着怎样的内涵。这个问题，可能要思考一两天，或是一两年，也许是你的一生都要思考的永恒的话题。

何老师把写板书与擦板书变得不平常，巧妙而意味深长，堪称"行为艺术"。更为可贵的是，课虽止、思再起。学生能带着问题下课、带着思考回家，应该是"教学是科学与艺术完美结合"的最好诠释，也是创新人才成长的沃土。

一片冰心在玉壶

如果此前，何老师在课中还比较"强势"（教师的精彩淹没学生的精彩、教师的表现淹没学生的表现），那么，《跨越百年的美丽》则是一个转折点。在《跨越百年的美丽》中，"学生是语文学习的主人"意识凸显出来，但质的飞跃是在参加全国第八届青年教师阅读教学观摩比赛的课例《匆匆》中体现出来的——学生主体意识、"让学"意识由"他觉"变成"自觉自然"。这是一次"华丽的转身"。正如何老师在课后反思中坦言：教师应该让位、让学，还课堂于孩子，真正值得欣赏、最有价值的应该是学生的"学"。语文课堂是孩子学习语言的重要场所，是语言运用的"演练场"。孩子是学习的主人，他们在课堂上应该掌握学习的主动权，想说、能说、敢说、会说；想写、能写、真写、写好。也只有这样，课堂结束后，孩子的心里才不会空落落的，才能带着收获的喜悦和学习的快感继续学习，探索未知的领域。可以说何老师的专业成长，是伴随着"以学生发展为本"的教育理念的深入以及化为自觉的教学行为而快速成长起来的。

学生主体地位是否得到尊重和落实，评价的标准各不相同，但是难出"四有"左右，即学生有读书（实践）的时间、有互动的空间、有发问的机会、有表现的平台。我们来欣赏何老师的《匆匆》教学片段，具体感受。

师：倾听（听孙道临先生朗读录音）之后，我请大家跟着作者一起思考，请大家沉下心来默读课文，特别关注刚才那些给你留下深刻印象的地方。一边读一边思考，争取读懂一到两处，如果有疑问，也可以整理出来一起交流。这个环节老师给大家三到五分钟，要求大家不装样子，真读。可以拿起笔快速写下一些批注。（学生默读课文，老师静静地关注）好孩子，抬起头，整整五分钟匆匆而过。当你经过认真思考之后，我相信你就能读懂作者要表达的意思，能和作者对话了。我们先以第一段为例，看看第一段，你读懂了什么？

生：我从第一自然段看出作者很羡慕这些能失而复得的花草，它们的时光可以重新再来，而作者心中有无数的问号，为什么自己的时间匆匆而过？

师：是啊，在羡慕之余有无限感慨。你能带着自己的理解，把自己的情感融入其中读出来吗？孩子们注意，如果他能读出这种感受就给他掌声。

生读第一自然段。（生自发鼓掌）

何老师让学生静下心来，集中精力，潜入语言文字中，与作者"同呼吸共命运"，读书、思考、质疑、批注笔记；引导学生抓住重点或关键词句、语段，反复琢磨、推敲；鼓励学生乐于与同学分享个人所得、讨论个人所感。

师：就这段，还有谁读出了不一样的感受？

生：世间万物都能重新来过，但是时间不可以，作者让我们好好珍惜时间。

生："一去不复返"这个词我能看出时间不能回来了。

师：这个孩子了不起，他不但读出了味道，而且还为我们提供了一种读书方法，抓关键词来感受。（生读）每个孩子带着自己的理解读课文，各读各的。（学生自由读文。）

"主体"首先是个体、是独特的"这个"，因此，我的感受不能代替你的理解，他的思考不能代替我的头脑。何老师在赞许第一位学生的感受之后，立即推进"还有谁读出了不一样的感受"，为学生生成、表达"独特的感受、体验和理解"提供时间和空间。于是，不同的"朱自清"出现了。

师：一篇文章永远不是一节课能品得完的，当你走到人生不同阶段时，同一篇文章会留给你不同的感受，对话也好，倾听也好，思考也罢，你觉得读得越是深入，品读文章的落脚点应该在哪？

生：应该是思考

师：提出你的思考和疑问。

生：为什么要徘徊呢？

生：作者为什么说他赤裸裸的来到这世界，转眼间又赤裸裸的回去呢？

生：现在又到了哪里呢？我们的日子为什么一去不复返？

师：这个问题贯穿始终，这是大家第二节课思考的内容。

今天学生提出的问题也许显得稚嫩，今天十一二岁的少年自然难以读懂《匆匆》、更难以读懂朱自清和那个时代，但是，有什么关系呢？思考是一个渐进的过程，成长是一个慢而长的经历，只要勇敢地迈出一步、坚持不懈地朝着理想目标前进，便是成功、便是胜利。

这是何老师给予的。也应该是所有老师追求的，因为把学生放在心中，把"以学生发展为本"的教育理念和"全面提升学生语文素养"的课程理念转化为课堂教学行为，引导学生潜心徜徉在作者的语言、思想和情感世界中，读书、思考、感悟、表达，得意、得言、得法，当是语文教学的根本和灵魂。（黄国才）

7. 盛新凤：雅俗共赏之美的"和美语文"

盛新凤，小学语文特级教师。中学高级教师。她的课堂追求音乐美、绘画美、建筑美，充满了浓浓的诗情与诗意。她曾获得浙江省优秀教师、省教改之星金奖、教坛新秀等荣誉。现任浙江省湖州吴兴区研训中心教研员。她曾在各级教学观摩活动中多次荣获一等奖，并两次在中国教育电视台"名师讲坛"栏目中示范教学。她先后独立承担多项国家、省市级课题研究，发表文章几十篇，出版有教学专著《构建诗意的语文课堂》、《两极之美：盛新凤经典课堂与创新设计》和几册配套音像教材。

画外音

雅俗共赏之和美

盛老师曾这样说过:"我一直在憧憬这样一个诗化的语文境界:师生或吟或诵,或争或辩;或浅吟低唱,如痴如醉;或慷慨激昂,面红耳赤,尽性尽情,痛快淋漓。可谓过瘾。"

曾经,一位老师在欣赏了盛老师执教的《卢沟桥的狮子》后说:"那真叫一个美啊!"美在人。教师有如激情的诗人,一颦一蹙,一字一句,令人回味无穷。学生有如他乡遇故知,神采飞扬,情动辞发。美在课。课如诗,体现着闻一多先生对诗歌三美的诠释,绘画美、音乐美、建筑美在盛老师的课堂上浑然一体。

"以两极融通之和,求雅俗共赏之美"的"和美语文",是盛新凤老师在借鉴古今中外哲人智慧的基础上提出的概念。此概念的提出,旨在平衡小学语文阅读课堂教学中诸多的极化现象,构建两极融通之和的小学语文阅读教学境界,生成雅俗共赏的和美课堂。

盛老师认为,"雅"和"俗"是两个对立的、处于"两极"的概念。"雅",《新华字典》的解释是美好大方。这里指语文课的可鉴赏性,特指美的、阳春白雪类的语文课,表现的总体特征是内隐的。"俗",字典上的意思是大众化的、普遍流行的。这里特指语文课的实用性,是实用的、甘为"下里巴人"的语文课,表现的总体特征是外显的。阅读课"雅而不俗则和寡,俗而不雅则无味"。课上得太"阳春白雪",会造成"曲高和寡";太"下里巴人",则会流于枯燥机械,缺乏美感和情趣。雅俗共赏的语文课,追求两极融通的"和美"境界。

盛老师的"和美语文"扎根于课堂实践,也许,我们能从她的几个经典的课堂案例中感受到"和美语文"的理念,感受到盛老师精湛的课堂教学艺术。

(雷玲)

课堂教学艺术

之一：朗读，大雪无痕

《番茄太阳》教学片段一

师：（笑着说）同学们，老师想问一个可能你们会觉得很可笑的问题。你们会读书吗？

生：（异口同声）会！

师：你在读书时用过哪些读书符号？

（生回答，师板书读书符号）

师：那你们会不会快速阅读？我们看一组词语，看看你能记住几个？（老师出示了十几个带"笑"的词语）

（学生拼命读记词语，反馈）

师：（问记得最多的学生）你有什么好方法吗？能记住这么多的词语。

生：没什么好方法，我就记住了。

师：你的脑子特别灵！所以记得这么快。其实我们在记的时候可以用一些方法，比如，我们可以先扫读一遍，然后再选择熟悉的读，这叫跳读，这样你就会记得快。（板书：扫读、跳读）我们可以马上就来试着用这种方法来阅读一段话。（大屏幕出示介绍张海迪的一段话）请你默读，在一定的时间内，你能记住多少重要的信息？

……

评析

这是盛老师与初次见面的学生的课前谈话，她没有正式地对学生进行说教，但就在与学生亲切的谈话中，已将阅读的重要方法渗透其中——学会快速默读，并提倡默读时不动笔墨不读书的方法——动笔圈圈、点点、画画、写写，以提高思考的质量。

古人曾把读书时的品味、揣摩喻为春雨润花、鱼入水中、溪水濯足等，因为唯有全身心浸染于语境之中，方能知其意、得其趣、悟其神。默读就能带领学生走入这样的境界。

在新课程改革的今天，在"读"被提到空前的高度的今天，大多数课堂是热闹的：有感情的读、充满激情的读、精彩的表演读……那么多的读，唯独难见"默读"，老师们怕这种课堂的沉寂，怕被斥之为"课堂气氛沉闷"。但殊不知，缺乏默读能力的人，在现代社会是很难立足的。因此，在重视朗读训练的同时，我们不可忘记默读训练的重要性。盛老师给我们作了很好的示范，在教学课文时四次让学生快速默读。我们看到在默读时，因为有了课前谈话的铺垫，学生能在老师不提醒的情况下，自主地利用不同的读书符号记下读后的成果。虽然此时的课堂"一时寂静"，但却收到了"无声胜有声"的效果，学生有了充分品味、体验课文的时间和空间，快速默读的方法也得到了训练。生活在信息时代的学生一旦养成这样的习惯，必将受益终生。

《番茄太阳》教学片段二

师：让我们把目光锁定在这些描写明明笑的语句上，出声地读读这些句子，来品味明明的笑。

（生自由读）

师：谁来选择一句读读？

生：如果不是盲童，明明挺漂亮的：乌黑的头发，象牙色的皮肤，精致的眉毛，笑起来像个天使。（强调"笑起来像个天使"）

师："笑起来像个天使"，为什么这么读呢？

生：因为笑起来很美，像一个天使。

师：看你微笑读书的样子，也美得像个天使啊！

……

生：明明一面用手摸，一面咯咯地笑，妈妈也在旁边笑。（读得不是很好）

师："咯咯地笑"，你喜欢这样的笑声吗？

生：喜欢。

师：把这种喜爱之情融入你的朗读中就能读出味儿来了。试试好吗？

（生再读，感觉好多了）

师：你的声音也是悦耳动听的。

生：明明一面用手摸一面笑："真的吗？太阳真的像番茄吗？那我就叫它番茄太阳。"明明咯咯的笑声银铃样清脆，一串一串地追着人走。

师：听着他的朗读，你有什么问题要问吗？

生：明明的笑声为什么会追着人走？

师：是啊，是不是人家走远了，明明还追上去笑给人家听呢？

众生：因为这笑太美，太悦耳，令人难忘。

师：是啊，所以能追着人走啊！谁还想读？

（一生读时没有追的感觉）

师：能让这笑声追得再紧些吗？

（生再读，进步了很多）

……

评析

朗读是引导学生还原语言形象、感受语言情境、体味语言情感、理解语言蕴涵的主要方法，是培养学生语言的感受力、领悟力、品评力的有效手段。

综观阅读教学现状，老师们总是苦于不知如何进行朗读指导，还有些老师只注重朗读技巧的指导，结果事倍功半。在上述教学中，盛老师并没有在朗读技巧上下工夫，而是从学生的现场朗读中抓住每个孩子的闪光点或不足之处，给予恰如其分的评价与点拨：或让学生进行情感体验，或让学生自主质疑、解疑，或创设情境、渲染气氛……就是在这种种的不经意间，盛老师悄无声息地教会了学生怎么把自己的情感融到朗读中去，怎么抓住重点词更好地表达自己的情感，等等。

在盛新凤老师的阅读教学中，朗读指导就是这样无痕地进行着，她把朗读指导与对语言的感知、理解、运用、积累等有机融为一体，达到了令人信服的艺术境地。

《番茄太阳》教学片段三

师：那银铃样的笑声，那天使般的笑脸，带给我们美的享受。这是一种怎样的笑啊？你能用一个词来概括吗？

众生：天真、纯洁、快乐、开心、甜美、灿烂、动人、幸福……

……

师：是啊，这么多语言信息都向我们传递着一个残酷的现实，明明一直生活在黑暗之中，她的世界除了黑暗，还是黑暗。对这么一个孩子来说，在生活中肯定会遇到许许多多的困难，比如说她想喝开水，可是……（想象说话）再比如说，她想走出去找小伙伴玩，可是……还有许许多多的可是啊，你能接着想下去吗？

（生想象说话）

师：尽管生活对一个盲孩子来说，有着太多的磕磕碰碰，尽管生活对一个盲孩子来说没有一点色彩，尽管生活对一个盲孩子来说有着太多痛哭的理由，可是（还是这个可是），可是天真可爱的明明，却向生活张开了天使般的笑脸，笑得那么灿烂，笑得那么满足。这是一种多么令人心酸、心痛的笑啊！谁愿意再来读读这些描写明明笑的语句。相信你会有不同的感受。

……

师：是啊，因为有爱，明明笑得那么真、那么善、那么美、那么富有内涵；因为有爱，这笑才会"银铃样清脆"；因为有爱，笑脸才会美得像个天使；因为有爱，这笑才会一串串地追着人走；因为有爱，笑脸才会像最美的番茄太阳；因为有爱，这番茄太阳才会一直挂在我的心中。

……

评析

教师的教学语言不仅是传授知识的工具，而且还是榜样——教师给学生做出的运用语言的最直观、最有效的、有声无形的榜样。教师的教学语言对学生的语言习惯与能力的影响是日积月累、潜移默化的。盛老师那优美、诗化的语言，如春雨润物一般，成为学生语言发展的"聚宝盆"，为学生开启读、思的源泉。学生如能长期受到这言之成序、言之有理、言之动情、言之生趣的教学语言的熏陶，必定会逐步产生对语言的浓厚兴趣，进而掌握灵活运用语言的本领。

《番茄太阳》教学片段四

生：（朗读）女孩安静地坐着，说话声音细细柔柔，特别爱笑。

师：是啊，生活特别难，明明却特别爱笑。

……

师：再比如说，她想走出去找小伙伴玩，可是……

生：小伙伴们欺侮她。

师：可能会有这样的孩子，不过不多。

……

师：此刻，卫宣利阿姨的内心是坚强的。但人生漫长，对于卫阿姨来说，她要走的路还很长，而且，可能要比我们所有的人都要走得艰难。让我们也来写上几句话温暖卫阿姨，鼓励卫阿姨，好吗？

……

评析

　　叶圣陶曾指出：教育的目标在于"造就善于处理生活的公民"。语文是生活中的一种必要工具，引导学生由单一的语文教学步入广阔的语文空间，在学语文的同时学做人，在长智力的同时养成习惯，在练就终生受用的语文本领的同时提高自身的思想素质、心理素质和作为现代人所必具的社会交际素质，从而促进自我人格的全面完善，已经成为语文教学的重中之重。盛老师在进行语文教学的同时，不正是在努力地培养一个个有着健全人格的社会人吗？——教育孩子要乐观生活；教育孩子不能欺侮弱小；教育孩子懂得去关爱他人……孩子们与其说在学语文，不如说在学做人——学做健全、健康、快乐的人。（徐晓霞）

之二：怎一个"美"字了得

《卢沟桥的狮子》教学片段一

　　师：读着读着，我们仿佛觉得这些狮子是有人性的，充满了浓浓的人情味儿。在和平的年代里，这些狮子正在尽情地嬉戏，享受着天伦之乐呢！大伙儿把整段话连起来读一读。

　　师：同学们，可爱的狮子，古老的石桥，在美丽的月色下如诗如画，想不想去欣赏一下？

　　（看录像配乐朗诵，介绍卢沟桥原来是繁华的商埠，现在有卢沟晓月胜景等）

　　师：美吗？这么美的景就在咱们北京啊！在这么美妙、祥和的意境当中，还有些狮子在干什么呢？你能不能帮作者再想下去？

　　（配乐演示形态各异的狮子图片，边看边交流）

　　生：有的小狮子拥在一起，玩耍打闹。

　　生：有的小狮子抬头望着天，好像在数天上的白云。

　　生：有的大狮子张牙舞爪，很威武的样子。

　　生：有的小狮子趴在大狮子的耳朵上，好像在说悄悄话。

　　生：有的大狮子在舔小狮子的身体，好像在给小狮子洗澡。

　　生：有的小狮子躲在大狮子的怀里，好像看到了什么让它害怕的东西。

　　……

师：这么多可爱的狮子，在和平、祥和的气氛中，为卢沟桥的美丽添上了浓墨重彩的一笔。每一尊狮子都栩栩如生，都是精美的艺术品，怪不得马可波罗要由衷地赞叹，这是世界上最好的独一无二的桥。（演示）再读一次，把"最好"的意思读出来。

《卢沟桥的狮子》教学片段二

师：那一阵阵密集的枪炮声把我们的思绪带到了67年前那个血雨腥风的岁月，让我们再睁大眼睛看看这些枪林弹雨中的卢沟桥的狮子。还是这些狮子，但再看到这些狮子，你的情感、你的想象就会发生变化。

（演示前面自由想象时的那些形态各异的狮子图片，配上了枪炮声，在枪炮声中启发学生写、交流）

师：这些枪林弹雨中的狮子，还会幸福吗？还有快乐吗？这些失去了幸福和快乐的狮子，此刻又在做什么呢？联系当时的情景，在作业纸上改写或者补写课文最后一段，可以写一句，写得快的可以写两句。

生：有的小狮子偎依在母亲的怀里，好像害怕日军的枪炮。

生：有的低着头，好像在为牺牲的战士们流泪。

师：奖励你光荣地站着。

生：有的蹲坐在石柱上，好像正在朝着敌军怒吼。

生：有的狮子瞪圆双眼，好像在仇视日本侵略者。

师：也奖励你光荣地站着。

生：有的小狮子偎依在母狮子的怀里，好像在躲避敌人的枪林弹雨。（示意学生站着）

生：有的小狮子蹲坐在石柱上，好像在守卫着我们的祖国。

生：有的狮子蹲坐在石柱上，好像在指责这些破坏和平的人；有的低着头，好像在为炮火中受伤的人们而伤心。（示意站着）

生：有的狮子全家坐在一起，好像在清点日军的罪行；有的狮子蹲坐在石柱上，好像在怒视着日本侵略者。

生：有的狮子很威武，好像要把日本军团全部给消灭了。

生：有的狮子庄严地站着，好像在防止日本侵略者来侵略自己的家。

生：有的大狮子把小狮子按在地上，好像害怕日寇把自己的幼子抢走。（示意站着）

……

师：请你们几位站着的同学，带着你们的作业纸，到前面来。让我们怀着激愤的、气愤的、悲愤的心情来读我们改写过的这段课文，就读你们写的句子，盛老师给你们读总起句。

（师引读后，学生依次读自己写的句子，读完后，关闭枪炮声和图片）

评析

1. 追求课堂内涵的"绘画美"。我国古典诗论中特别讲究"诗中有画"的美学原则，这就说明了诗歌是具有绘画美的。在盛老师执教的这两个教学片段里，我们看到了图文互生，互补，互长。

在课堂上，卢沟晓月的胜景因"这是世界上最好的独一无二的桥"这句话应运而生。蓝天、白云、祥和的气氛，展现给学生的是一幅自由、亮丽的画面。图文的相互映照和补充，成了极美的视觉享受，学生的语言也随之活泼起来。这些石狮子或尽兴嬉戏，或怡然自得，或亲昵撒娇。片段一中孕育了如此美好的情感。而片段二中却生动地体现出了战争的恐怖。还是这些狮子的画面，通过录像，学生们真切地感受到枪林弹雨把美好的事物毁灭了。学生们口中描述的狮子或战战兢兢，或极度愤怒，或拼死抗争。师生再读"这是世界上最好的独一无二的桥"这句话时，又是另一番滋味上心头。

课堂上图文的互生、互补，厚实了文本的人文内涵，丰富了图片的意境，图文因此互相提升，进而促进了语文课堂的成长。

2. 品味课堂情感的"音乐美"。在片段一中，卢沟晓月的胜景是伴随着轻柔的音乐出现的。在盛老师轻拢慢捻的语言中，学生的眼前仿佛浮现出了可爱、顽皮、颇有趣味的狮子形象。学生的情感也似这抒情音乐一般，轻松，自在，愉悦。在片段二中，阵阵枪炮声，打破了方才营造起来的和谐气氛。课堂的节奏一下子由弱及强，由缓至急。孩子的民族情绪被点燃。此刻，卢沟桥的狮子在学生眼中成为了历史的见证人，成为了祖国尊严的捍卫者。"情动而辞发"，学生的语言一下子喷涌而出，师生共同谱写了课堂上一段磅礴的乐章。

3. 感受课堂结构的"建筑美"。盛老师曾这样生动地描述一堂优质语文课的结构流程："先找到一个支点，再拉出一条线，最后画成一个圆。"

在这两个片段中，我们不难发现，盛老师找到的点是这一句话："这是世界上最好的独一无二的桥。"围绕这个点，盛老师分成两个层次展开教学流程。首先体会和平年代里狮子的无忧无虑，然后感受战争年代里狮子的饱经沧桑。一前一后的呼应，拉出了课堂上的一条主线。这是一条丰满的主线。在研读中，盛老师补充了很多学习资料，让孩子的语文学习更加有血有肉。这还是一条不断延伸的主线，留给孩子很大想象、思考的空间。就是这一点、这一线，画出了一个开放的圆，展现了一个系统、融通的语文课堂。（高静秋）

之三：课堂中的"水墨诗情"

盛老师教学的《古诗四首》一课，给人一种清新酣畅之感，仔细琢磨这堂课发现它暗含了国画作品所追求的气清、骨雅、神秀。

气清——尊重学生的选择，让学生拥有最大限度的自由

气清者——画面饱满而不轻薄，含蓄而不单纯，有和润清新之气扑人眉宇，细审，则有灵动之气相贯，法度自成而机趣隽永，其韵细长也。这是在"虚"上下工夫。明人沈石田《风雨归舟图》，只画堤上柳条迎风而舞，远沙一抹，孤舟蓑笠一渔翁。有人问："雨在何方？"画论家方薰说："雨在画处，又在无画处。"所谓"画处"，就是画面的实处，"无画处"即画面上不着笔的空白处。只有这样，才使画面"虚实相生，无画处皆成妙境"。语文课堂也讲究虚实和谐，老师的言行有如画面的实处，学生的参与有如画面的虚处。现代教育理论认为，学生始终是教育过程中的主动参与者，学生对教育影响具有选择性，他们可以积极地接受某种影响，也可以消极地抵制某种影响。尊重学生自主学习的愿望，就要给学生选择学习的权利，这样才能达到国画中"笔愈简而气欲壮，景愈少而意愈长"的境界。

在教学中，盛老师引导学生由《游园不值》中的"一枝红杏"引出对满园春色的遐想，又放多媒体请学生欣赏满园的春色，在声情并茂中，请学生用学过的或课外看到的诗文尽情地描绘。一时间，教室里快诵的声音此起彼伏。而学习《春日》时，盛老师巧妙地将它与《游园不值》联系起来，说这首诗的好几句也可以用来描绘满园的春色。请学生找出句子后，任选一句或几句，或朗读，或用自己的话来描绘。学生探其深幽时，逐渐感受到了诗句的美，这就很自然地让学生在自己选择的学习方式中任意品味意蕴深长的诗句，尽情想象诗句所描述的画面。

盛老师用不多的话语，抓住"一枝红杏"，为学生提供了契机，营造了"言有尽而意无穷"的审美空间，使得学生的表现多于老师，似国画中的"飞白"，流动着回味无穷的意境美。而教学最后的作业布置，又变老师的"指令性"为学生的"选择性"，让学生自己来设计作业，或画，或说，或写，或背，或演，或默……可以说是五花八门，让学生选择，减轻了学生的心理负担，给学生创设了"心灵的自由"，使学生摆脱了"行为控制"，创设了"行动的自由"，消除了学生的"思维控制"，同时还创造了思维的自由，极大地激发了学生的积极性，展现了学生的思想个性。

骨雅——以读为主线，引导学生在读中感悟，在读中理解

骨雅者——无笨拙、滞涩之笔，而有苍润、浑厚、拙朴、老辣之骨。像明代徐渭的《墨葡萄》，藤条错落低垂，枝叶纷披，泼辣豪放的笔法，形成了动人的气势，同时又不失形象的真实。有人说，画面上若没有几笔泼辣粗犷的笔致，一幅画看上去就少有精神。而泼辣粗犷的几笔，正是一堂课上老师要着意训练的内容。

盛老师很早就开始注重对学生语感的培养，强调在读中感悟，在读中理解，并形成一种特色。整堂课上，你可以不断地听到学生琅琅的读书声，可以感觉到许多问题自然而然地在读中解决了。盛老师的朗读指导，可以说是别具匠心又不着痕迹，一些胆小的学生也会急不可耐地读给人听。请看这一处的朗读指导（教学《游园不值》最后两句的片段）：

师：正当诗人有点垂头丧气的时候，猛一抬头，看到什么了？（生答"一枝红杏"）于是情不自禁地吟出了下面两句诗。

（齐读，引导学生说感叹句和反问句）

生：满园的春色是关不住的呀！……（呀！一枝红杏伸出墙外来啦！）

生：满园的春色怎么能关得住呢？……（一枝红杏不是伸出墙外来了吗？）

师：说出了诗人惊喜的心情，该怎么读这两句？（自由读，男女分读）

读出心情的变化，这只是第一个层次的要求。在教完《春日》后回归到这两句时，问学生为什么把"出"字读得特别带劲，此时，学生已在读时领略到了春的力量，甚至还有一些哲思。

俗话说，一叶知秋。从一个短小的片段中可以发现，盛老师把启发式教学贯穿在"读"中，以读促思，读思结合，集多种教学方法于一体，融看、想、说、读、写于一炉，进行"以读为主"的语文综合训练，使整堂课的教学统一于"以读为主线"的整体教学之中，引导学生带着目的与渴求投入地读书，使之见于书，入于目，出于口，明于心；使读者有感染性、愉悦性，使"死读书"变成了"活读书"，一些纯粹的语言训练被伴随着审美愉悦的"沉浸浓郁，含英咀华"所取代。

神秀——用真情潜心创设和谐愉悦的学习环境

　　神秀者——无柔弱、死板、刻画之神态，而能得山川之灵气、天地万物之生机，以灵活多变之笔墨表达气韵生动之意境。为求得神秀，画家们集激情、构思、精力于一体，力求"咫尺之间，写百千里之景"，以情带意，以意带笔，笔到情到，情随笔迁，用饱蘸激情之笔，夺造化之功，使得"情凝笔端而情满青山"的境由心生。在语文教学中，要使课堂焕发活力，必然需要老师真情的注入，使得学生没有任何负担，全身心地投入，在宽松、自由的氛围中，无拘无束地展现各自的想法、做法。

　　在盛老师的课上，你无时无刻不感受到她真诚的笑容、友善的情态和亲切的语气，这不仅是老师一片爱心的表现，更是开启学生智慧闸门的钥匙。学生上台板书"一枝红杏"，字写得不错，盛老师马上夸一句："字写得真漂亮！"学生朗读古诗不到位时，盛老师微笑着说："再读一次，我相信你会读得很不错的。"谁都有被赏识的渴望，何况是喜欢争强好胜的孩子？

　　老师的情不仅融在对学生的态度中，而且渗透在教学过程中的点点滴滴上。教学一开始，盛老师为学生动情地朗诵了朱自清《春》的最后三句话，向学生描绘了万物复苏、繁花似锦、生机勃勃的喜人景象，学生看着多媒体，朗诵了脑中写春的诗文后，盛老师带着学生又一次诵读这三句话，传达着对春的喜爱与赞美之情；学完两首诗后，再次齐读这三句话，并让学生思考可以和学的哪几句古诗联系起来，不仅让学生产生了理解了的满足，发现了的喜悦，还有与老师、与诗人、与朱自清在情感上的共鸣，可以说是一波三折，令人荡气回肠。

　　画家画人，讲究"传神"；画景，追求"意境"。那么一堂示范课，我想所追求的不应只是完美与精致。盛老师的课，不仅传达着先进的教育理念，也展现了其独特的个性色彩，更使得孩子们在流动着"水墨诗情"的课堂中，愉快地学习，大胆地表现。（孟丽）

经典课例

美丽流淌于诗情画意间
——《青海高原一株柳》教学评析

盛新凤老师对教育、对语文充满了眷恋，着力追求语文课堂的音乐美、绘画美和建筑美。于是，她的课堂便常常会产生一种力量、一份感动。

她上的《青海高原一株柳》一课，获得广泛赞誉。整堂课结构相互融通、首尾呼应，像一个开放的"圆"，折射出迷人的美的气息，符合中国人传统的审美观念。学生在潜心会文的过程中，发现、感悟柳树的美，将柳树拟人化、生命化、情态化，进而用自己的情感和语言去创造柳树的精神美，让我们感觉到了说不尽的精彩，获得了艺术的享受、精神的洗礼。

音乐之美投射柳树视像

语文老师应该是"性情中人"，应该是"多情善感"的人。善于"抒情"和"煽情"的语文教师会使他的语文课堂魅力无穷。这一点，在盛老师身上得到了充分的体现。

学生普遍对《青海高原一株柳》中有关青海高原特有的气候和地理特点的语言描述缺乏感知和体验，而文字只有化为学生可以充分感知的意象，才能焕发出充满生命活力的教育意蕴，从而不断根植于学生的语言世界，成为一种精神生命的存在。

在解读"长到这样粗的一株柳树，经历过多少虐杀生灵的高原风雪，冻死过多少次又复苏过来；经历过多少场铺天盖地的雷轰电击，被劈断了枝干又重新抽出了新条。它无疑经受过一次又一次摧毁，却能够一回又一回起死回生"一句时，盛老师借助话语描绘、播放课件，激活学生的想象，引领学生将"虐杀生灵的高原风雪"、"铺天盖地的雷轰电击"两个简简单单的词组活化为一幅幅环境恶劣的画面：

师：刚才你们在圈画的时候，盛老师走了一圈，发现好多同学都画出了这一段，看来读了这段话你们特别有感受，是不是？刚才他是从"虐杀生灵的高原风雪"和"铺天盖地的雷轰电击"看出环境特别地恶劣。这个"虐"字，特别容易写错，同学们拿起笔来跟老师一起写。上边是虎字头，下边是横，然后是竖折横。虐是残酷的虐待。屠杀生灵的高原风雪和铺天盖地的雷轰电击，没有体验肯定想象不出有多可怕。你们听（播放课件），这就是虐杀生灵的高原风雪和铺天盖地的雷轰电击，它们像无情的杀手在摧毁这株柳树，你能想象柳树在遭受摧毁时无助可怜的样子吗？你仿佛看到它——

生：我仿佛看到它东摇西摆，柳枝被吹掉了。

生：我仿佛看到这几株柳树慢慢地被连根拔起，枝丫都断光了。

生：我仿佛看到这几株柳树的枝干被很厚的雪压断了。

师：是啊，柳树就在遭受着这样的摧毁，我们有了体验之后再来读读这两个词组。（点击变红："虐杀生灵的高原风雪"、"铺天盖地的雷轰电击"）

（生读词组）

师：这么一读仿佛让我们看到了柳树在遭受摧毁时的情景。

师：尽管高原上的风雪雷电是这样的凶狠残暴，柳树害怕了吗？他们——（点击变红：冻死过多少次又复苏过来，被劈断了枝干又重新抽出了新条。）谁来一个人读读这两个句子？你读。

（生读）

师：我听出来了，他在咬着牙坚持。谁再读？

（生读）

师：他在拼命地熬啊，挺啊，坚持啊。谁再读？

（生读）

师：他是在跟死神较劲呢，是吧？大家一起来读读这两个句子。读。

（生齐读）

盛老师以语言实践活动为基础，用心灵去拨动孩子的心灵，借助课件中的风雪雷鸣声，借助自身富有感染力的话语，借助学生有滋有味的朗读，使得本来没有血肉、没有生命的文字带给了学生极大的震撼，成为回响在他们心灵最深处的电闪雷鸣。于是"虐杀生灵的高原风雪"化成了"枝干被很厚的雪压断了"，"铺天盖地的雷轰电击"化成了"慢慢地被连根拔起"……青海高原那一株柳在学生心中变得更加坚强、更加壮美。学生的悟性和灵性徜徉在言、象、意的水乳交融中，师生共同在这如歌的美丽中诗意地栖居……

绘画之美建构柳树意象

盛老师认为要努力使课内与课外的知识点整合，新知与旧知整合，使学生脑中的语言梳理、归纳后有序化、条理化，有效链接，形成新的语言图式。

"多少……多少……多少……"、"一次又一次"、"一回又一回"，这些词语传神地描绘出了柳树在频繁遭受摧毁时撑立的不容易。如何把这样的语言学进去，变成学生自己的语言呢？也就是如何把浅层的语言表象变成深层的语言积累呢？课堂上，盛老师没有满足于字面意思的理解和扩展，而是创设情境，放飞学生悟性和灵性的翅膀，以新带旧，以新比旧，新旧语言互相融通，让学生直面柳树的精神，抒写内心的意会：

师：它就是这样撑过来的。同学们，柳树经受摧毁仅仅是难得一次吗？

生：不是。

师：你是从哪儿看出来的？

生："经受过一次又一次"和"却能够一回又一回"这两个词组说明它经受的摧毁不止一次。

师：是啊，一次又一次，一回又一回。还有吗？你说。

生：还有从"冻死过多少次"这个词组可以看出来。

师：你们看这里用了几个"多少"？（点击变红）谁能读好几个带"多少"的短句？

（指导一个学生朗读）

师：这几个"多少"写出了柳树遭受的摧毁是多么的频繁。但柳树畏怯了吗？

生：没有。

师：没有畏怯，而是冻死过多少次——

（师生合作朗读）

师：可见，它这种一定要撑下去的决心是多么的大呀！

师：同学们，我们甚至可以想象到很多时候，也许当它被折磨得死去活来觉得自己快撑不下去的时候，它会怎么鼓励自己呢？

生：我要坚强地活下来，一定能冲过许多的困难，最后长成一株茁壮的大柳树。

师：一定要坚强地活下去，它是这样鼓励自己的。

生：马上就好了！马上就好了！只要坚持一会儿就好了！

师：马上就会过去的，马上就会过去的，它就是这样给自己打气的。还有，你说。

生：它肯定鼓励自己撑下去。因为风雨之后一定能看见彩虹。

师：说得太棒了，正是因为有了这样的信念，所以——让我们合作再来读这一段。"经历过多少虐杀生灵的高原风雪，冻死过多少次——"

师：这是一种怎样的撑立啊，同学们？你能用一个词来概括吗？

生：顽强。

师：好，把这个词写在撑立的边上。

（生上台板书"顽强"）

生：坚持不懈地撑立。（板书）

生：不畏艰难。（板书）

生：坚强不屈。（板书）

生：勇往直前。（板书）

生：不屈不挠。（板书）

在这里，我们清楚地看到了一种借助文本而又超越文本的教学理念和有效策略。盛老师做到了方方面面集成，前前后后联系，左左右右贯通，整个环节呈现出一种多姿多彩的图画。

我们惊喜地发现，柳树已被学生的生活阅历和人生体验拟人化甚至人格化了，柳树已不再是自然界的柳树，与柳树的对话转化成了人与人之间的对话。我们强烈感觉到，不是柳树在言说，而是学生自己在言说；不是在言说柳树本身，分明是在言说学生自己的思想、情感、体验、悟性和灵性。学生获得了更大的语言信息量，同时有助于他们理解语言、积累语言。于是，那株坚强的、苦不堪言的、艰辛的、令人敬畏的柳树就那么"撑啊，撑啊"，撑出高原上一道独特的风景；就那么"撑啊，撑啊"，撑出了一棵柳树执著而坚定的信念；"撑啊，撑啊"，撑出了一个人最大的人格魅力……青海高原那一株柳就这样扎根在学生纯净的心灵中了。（董翱）

观 点

盛新凤课堂教学感悟

● 我一直在憧憬这样一种诗化的语文境界：师生或吟或诵，或争或辩；或浅吟低唱，如痴如醉；或慷慨激昂，面红耳赤，尽性、尽情，痛快淋漓。这样的语文课，可谓"过瘾"也！

● 语文讲究"境"，教师上课要入境，入"文境"、"课境"。文本向读者敞开的时候，已营造着一个特定的情境，那是由文章的基调、情感内涵等多种信息融合而成的特定氛围。教师只有通过多次与文本对话，走入文本的核心，仔细谛听作者的言说，与作者、文本心心相印，才能算真正入"文境"。入文境是上好课的基础。其次还要入"课境"。在观课过程中，如果让我们感觉到这课是"师、生、文"融为一体的，老师和学生都在"课中"，说明老师是"入境"的，"课境"是佳的。

● 教师上语文课，"入境"太重要，"入境"的课，人课合一，浑然一体，和谐流畅。不"入境"的课，师与生、生与本的关系犹如油浮于水。

● 我经常有这样的体会：轻轻地读一篇文章时，能很好地把握好情感，而且自己的情感自己听得到、感受得到，往往就能感动自己；当有人和读时，自己的情感往往会被他影响，两人就像在比嗓子似的。唱歌也一样。所以我觉得应尽可能地少安排齐读，安排自由朗读时要求学生轻轻地，让自己听到自己的声音，也要保证让别人听到自己的声音。这样的要求就是要学生控制读书的音量，创造一个诗意的，适合自己情感宣泄的场。久而久之，这样的氛围营造，会潜移默化地改变学生，让他们在读书过程中学会用心读，读出作者，还要读出自己，倾心地与文本作亲密的交流。阅读教学，在课堂上为学生创造一个良好的读境，是非常重要的。

● 整合是一种理念，综合化是一种崭新的课程理念。整合课的呈现应是一个整体，故而，要上此类整合课，首先必须营造一个统一的完整意境，把几堂不同学科的课看成一个完整的艺术品进行整体的设计打磨，要注意它的完整性，前后照应、过程转换无痕，真正把它整合到一个统一的结构中去，然后再在里面进行全方位的交叉渗透。这样的整合才是"高度整合、全程整合"，否则，大家虽然执教同一主题，但还是桥归桥，路归路，各行其是，貌合神离，这样的整合只能算是低度整合。（盛新凤）

解 读

语文课堂的审美追求

在课堂教学中，盛新凤老师借鉴闻一多先生在新格律诗运动中提出的"三美"，即音乐美、绘画美、建筑美的主张，努力构建审美化的语文课堂，追求语文课堂的"三美"。

绘画美

闻一多所提倡的诗歌的绘画美，指的是古诗中所描绘的色彩美。语文教学也是追求绘画美的，即追求"百花齐放"的教学格局，这既包括教师丰富多彩的教学个性，又包括各不相同的课型。有这么一个小故事：番茄妈妈要求小番茄长得像西瓜那么大、橘子那么甜、香瓜那么香、苹果那么有营养。小番茄决心向它们看齐，但经过努力，非但没有长得像它们那么大、甜、香、有营养，最后连番茄的特点也失去了。

盛老师认为，这个故事告诉我们：保持自己的特色是多么重要。因为你"永远只是你自己，模仿别人就等于丧失自己"。教师要根据自己的性格、气质来创造自己的教学风格。温柔细腻的女教师可以把课上得如李清照的词般婉约动人；粗犷、洒脱的男教师可以把课上得像长江、黄河般豪放大气。你可以选择娟秀、清新、自然、深厚、旷达等任何一种境界；你也可以追求行云流水、气吞万里、慷慨激昂、收放自如、丝丝入扣、意蕴深厚等任何一种完美。你的课可以如散文般"形散神聚"，也可以如小说般构思巧妙、丝丝入扣；可以如诗歌般凝练传神、含蓄隽永，也可以如科学小品文般科学严谨、信息丰盈……然而，不管你的课是"散文体"、"诗歌体"，还是"小品文体"，只要是艺术的，就是美的。体裁绝不是决胜的砝码。

《秦始皇兵马俑》教学片段

师：你们想对栩栩如生的兵马俑有个更全面的了解吗？快速阅读资料卡。
你们看这些兵马俑共有（ ），按地位可分为（ ），按兵种可分为（ ）。他们各有各的神态，我们从他们的神态中就能判断出他们不同的年龄、兵种、性格、地位、心理活动等，真是栩栩如生啊！让我们再读书，把他们读活了，齐读全节。

师：同学们能不能学着作者的样，通过仔细观察这些兵马俑的外貌，特别是神态，来推测一下他们不同的年龄、地位、兵种、性格、心理活动呢？任选一个写下来。

师：当我们看到军阵那精妙的布局时，更为之惊叹。请大家自学课文第三自然段，在自学前，先作个调查，每个人都有自己的理想，长大想当文学家的有多少？军事家？导游？播音员？根据大家不同的兴趣、理解，自由选择一到两项学习任务。

1．军事家：画、摆军阵图。
2．文学家：研究作者观察顺序、写作顺序。
3．导游：练说导游词。
4．播音员：读出军阵的威武雄壮。

当我们的语文与军事、文学、导游、播音结合在一起时，当我们的语文与音乐的情感、美术的直感、体育的动感、数学的畅感结合在一起时，我们的语文课从此不再孤独。盛老师用她的尝试为我们开拓了语文教学的一派新景象，那收放自如、丝丝入扣、意蕴深厚的教学境界更为大家提供了一种别样的完美。

音乐美

俄国著名作曲家柴可夫斯基说过："对于我，作曲是一种灵魂的表白。"音乐，是一门心灵的艺术；语文教学，是一门塑造心灵的学科。它们共同打动人心灵的东西便是"情"。语文教师应是"性情中人"，应是"多情善感"的人。善于"抒情"、"煽情"的语文老师，会使他的语文课堂魅力无穷，充满磁性与感动，由此会使语文教师本身光彩照人、鲜亮无比。

因此，盛老师主张语文教师的情感释放应是有节制的、把握好火候与分寸的，充满了古典美的特质的那种，而不是在课堂上张牙舞爪，疯疯癫癫。因为古典一点的情感是最美的情感。情感折射出来的魅力是无穷的，因为人是情感的动物，情是每个人都渴望的最诱人的精神食粮。语文教师对每一篇课文都应情深似海，对新课文应一见钟情，对旧课文应旧情复燃，用语文独有的人性美和人情美去丰化和磁化语文教学过程。

盛老师善于在课堂上用心灵去拨动孩子的心灵，这使得她的课堂流淌出音乐般美妙的旋律，而师生在这如歌的美丽中诗意地栖居……

《卢沟桥的狮子》教学片段

（师生共同朗读、欣赏了卢沟桥的美丽的狮子）

读课文最后一段。

跟朋友交流自己查找的关于"七七事变"的资料。

通过交流信息，你感到最气愤的是什么？你感到最欣慰的又是什么？

老师也找到了一段录像资料，一起来看。（边看边动情渲染：战士们士气高涨，同仇敌忾，有的战士嫌走路慢，干脆从城墙上跳下杀入敌群，喊杀声几里外都听得见。）

那一阵阵密集的枪声把我们的思绪带到了66年前那血雨腥风的岁月，让我们一起睁大悲愤的眼睛再来看看卢沟桥的这些狮子，还是那些狮子，但也许，你的情感、你的想象，就会发生变化。（看录像：枪林弹雨中的狮子）

你觉得这时这些狮子还快乐吗？还幸福吗？失去了快乐和幸福的狮子，它们都在干什么？联系当时的情景来改写或补写课文好吗？

六名学生怀着激愤、气愤、悲愤的心情连起来读自己改写的课文。

师小结：饱经沧桑的卢沟桥的狮子，亲眼目睹了日本鬼子的无理挑衅和中国人民的英勇反抗，亲耳听到了这震惊全世界的抗日战争的第一枪，它们，是最好的见证啊！

当我们在课堂上用心灵去拨动孩子的心灵时，精神就升华了，人格就提升了，语文教学的美、美的语文教学，在这里共同融会交织成一首美的交响曲，在这样美的语文境界中学语文，学生整个心灵都会被浸润，何愁人文素养不能提高？何惧健全人格不能养成？这样的语文课，也是最有"语文味"的语文课。

建筑美

盛老师认为，语文教学中的"建筑美"，美在课堂结构。课如流水，在流动过程中的起承转合，构成了一堂课的结构。一堂好课应是一个完整的"圆"，"美不在部分而在整体"。亚里士多德是这样阐述美的"整一性"的："……一个非常小的活东西不能美，因为我们的观察处于不可感知的时间内，以致模糊不清；一个非常大的活东西，例如一个万里长的活东西，也不能美，因为不能一览而尽，看不出它的整一性。"

这就像人，我们常看到一些面孔，就其中各部分孤立地看，看不出丝毫优点；但是就整体看，它们却显得很美。所以课堂结构设计应追求一种系统美。"圆"形的课，它的完整性、流畅性、延伸性、开放性，无不折射出迷人的美的气息，这是符合中国人传统的审美观念的。

遵循画圆的规律，遵循学生语文学习的规律，我们可以展开这样的设计流程："先找到一个支点，再拉出一条线，最后画成一个圆。""点"是圆心、中心、轴心，定点的过程是定基调的过程，定点可以从知识角度，也可以从能力角度。

如《打碗碗花》的教学设计，盛老师展开了这样的设计流程：围绕一个"点"——"体会人物心情，练习有感情地朗读课文"，分成三个层次展开教学流程，把这个"点"拉成了一条不枝不蔓的"主线"，而这条主线又充实了许多"血肉"，使之显得很"饱满"。拉线的过程是展开教学步骤的过程，做到了线的流畅性、层次性、丰满性、延伸性相结合。最后是"画圆"。

整堂课的结构相互融通，首尾呼应，是一个开放的圆，形成了"曲径通幽"、"别有洞天"的意境。

高明的教师如同一位出色的建筑师，会把他的"房子"设计得新颖别致、美观大方。

虽然"三美"是闻一多对诗的审美追求，但它也应成为我们广大语文教师的审美理想。（盛新凤　张霞）

8. 周益民：诗化语文教学

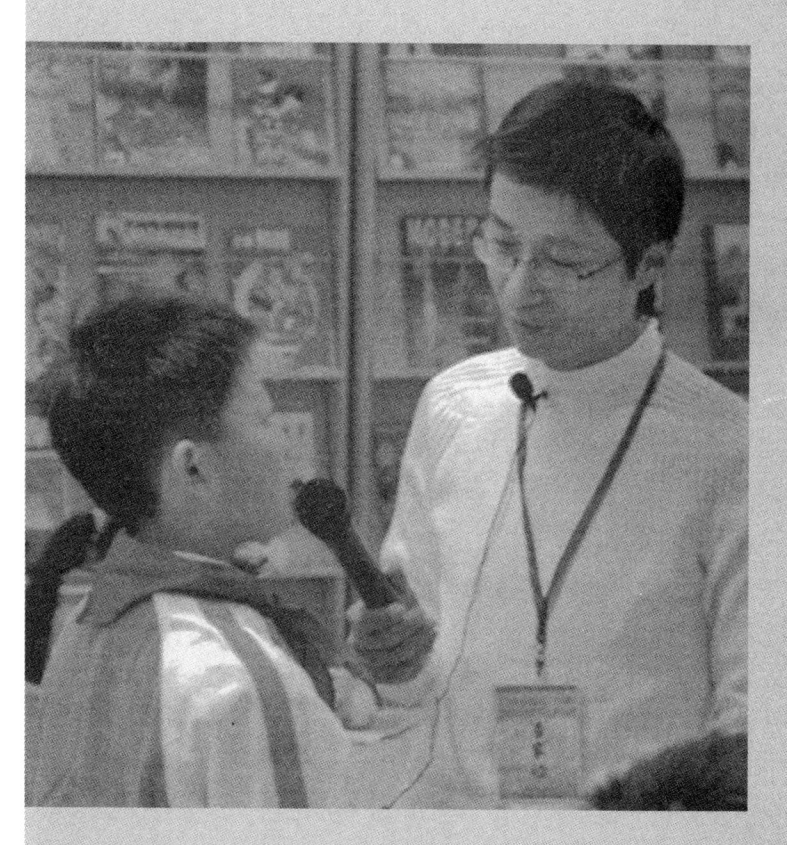

周益民，小学语文特级教师。他是儿童阅读推广人，2002年起致力于"诗化语文"的行动研究，得到教育界、儿童文学界有关人士的关注。他曾获江苏省优秀教育工作者、南通市学科带头人等称号。现任江苏省南京市琅琊路小学语文教师，他在省级以上报刊发表教育教学文章120余篇，出版个人文选《步入诗意的丛林》，主编《小书虫牵手大作家》《上读书课啦》等书。

画外音

一位走在路上的追梦人

在周益民的心中，生长着一个令他痴迷如斯的梦——那是语文教育的诗意之梦，那是一片澄澈碧蓝的教海之梦。

在工作的最初几年，他研读了国内众多前辈名师的课例。老教师的严谨、质朴给了他很大影响，使得他的课堂教学技艺不断提高。简洁内敛的教学气质使他很快就在教坛崭露头角。一堂"周总理，我们怀念您"的语文活动课打动了一室的听课者。

当一次次收获的快乐归于平静时，他隐隐感到了某种缺失。他开始思考：语言的本质到底是什么？语言与人又是怎样的关系？海德格尔说"语言是存在的家"、"一切的思都是诗"。就这样，一个梦在他的心中悄悄萌长——要让语文学习成为诗意之旅。

独立的教学品格铸就了他风格鲜明的教学特色。有学者评价他的教学充满了古典情怀与宗教色彩。是的，他的课绝少运用现代媒介，因为"语言的成长就是精神的成长"、"真正好看的人是不多施脂粉，不乱穿衣服的"（老舍语）。他的课，贯串始终的是对汉语言的潜心品悟，因为"母语是对后代的精神哺育"，是"民族之根"。

周益民的诗化语文教学之花正在美丽地绽放着。2004年，他在《人民教育》上发表了《无法预约的精彩》一文，其"思想的深度"和"教学技巧的娴熟"（《人民教育》编者按语），引发了关于"对教育思想的追求、对教学论文价值的理解、对新课程观念的阐释"等的广泛讨论，《人民教育》2004年第6期以"语文教学追求什么样的精彩"为话题对此作重点报道。

英国教育家怀特海说过："教师应是智者，风格是智者的标志……（风格）往往保留着童年的印记。"周益民的语文教学正在形成自己的风格，他坚信文字的力量，怀着古典诗意的情怀营建着美丽的精神家园。

有位朋友这样描述周益民："寂寥月夜，无言独上西楼，伫立寒风，衣襟飘飞。清瘦身形如同霜白地上拖出的长影。"然而周益民并不寂寞，他有志同道合的同事,有眼光长远的领导,还有许许多多的朋友。

在行走的途中,他仍在思索:我们的母语教育到底该走向何方?面对纷繁与浮躁,语文该如何固守那份宁静与古典?——诗意之梦是永远不会有尽头的。

一位朋友曾以"一位走在路上的追梦人"为题作诗献给周益民:

你坠落在
你爱着的绿洲里
如同婴儿般微笑着入梦

——这,正是周益民的写照。(雷玲)

课堂教学艺术

之一：无法预约的精彩

《鹬蚌相争》教学片段

《鹬蚌相争》是一个非常有趣的故事。课堂上，学生们学得真带劲，孩子们诵读着，表演着，乐不可支。

奇怪的是，每逢这种时候就分外活跃的小常今儿个怎么似乎游离在外？

周老师正待悄悄过去看个究竟，他已经高高地举起了小手。

"老师，我觉得课文有问题！"语气是那样的兴奋，"你看，书上写鹬威胁蚌说：'你不松开壳儿，就等着瞧吧。今天不下雨，明天不下雨，没有了水，你就会干死在这河滩上！'你想啊，鹬的嘴正被蚌夹着呢，怎么可能说话呀？"

"是啊是啊，这样想来下面也有问题。下面又写蚌得意洋洋地对鹬说：'我就夹住你的嘴不放，今天拔不出来，明天拔不出来，吃不到东西，你也会饿死在这河滩上！'蚌正夹着鹬的嘴呢，怎么说话呀？一开口不就让鹬拔出嘴了吗？"其他同学受到启发，也有了新的发现。

周老师感觉到，这正是新课程提倡的"生成性资源"，他赶紧接着他们的话题："同学们不迷信书本，善于思考，勇于发表自己的想法，真是好样的！这样吧，大家就这个问题小组讨论讨论。另外，还可以参阅老师课前发下的这则寓言的古文。"

教室里立刻安静下来，片刻之后教室里叽叽喳喳一片。

"我同意刚才几位同学的意见，课文这样写不妥。"

"我觉得那不能怨编者，古文就那样写着呢，课文是根据古文改编的。"

"不对，古为今用，可并不是照搬照用，不正确的也要修正。"

"要我说，课文是寓言，你想想，鹬也好蚌也好，其实哪会说话呀，那是人们借这么个故事说明道理呢，所以我觉得课文这么写是可以的。"

……

周老师接着引导："同学们讨论得真热烈，也很够水平。不过咱们不能光停留在发现问题上，我建议，同学们一起动动脑来改改教材，再动动手给编辑爷爷写封信，如何？"

"好——"一致通过。

周老师正想着为这次讨论画上句号时，又有一位学生要求发言："我觉得我们刚才的讨论有问题。鹬的嘴被蚌夹住了确实不能说话，可是蚌就不一定了。它是软体动物，嘴应该在壳里，也许不用打开壳就能说话呢！"

呵，链接到生物学上了！"这个问题怎么解决？"周老师问。

"上网或去图书馆查资料。"

"请教自然老师去。"

"不，设法弄只蚌来自己观察。"

一堂课就这样在精彩中延续到课后了。

评析

课堂是教师、学生互动交往的场所，每一节课都是不可重复的激情与智慧的综合生成过程。如果无视课堂中与学生的不断对话、调适，使课堂囿于严格的封闭状态，则必然违背了课程的终极目标。在这节课上，当学生在教学现场突然对教材"发难"，学情突起波澜时，尽管出乎周老师的"预约"，但周老师应对"有法"，于是收获了"精彩"。

教师们都有过这样的体会，在课程的实施过程中，预设的教学计划同课堂的真实情境之间经常性地存在着某种偏轨。其实，这些"偏轨"正是学生个人知识、直接经验、生活世界等"儿童文化"的外显，正是学生与文本教材碰撞出的自我解读，其中不乏有价值的成分。在这一过程中，学生的智慧正在催放，情感正在撞击，视界正在敞亮，这是比任何设定的所谓的知识目标更为可贵的资源。当周老师在教学《鹬蚌相争》一课"遭遇"这种状况时，他干脆抛弃了原先预设的方案，以课堂上学生即兴生成的问题为生长点，鼓励学生向"权威"（教材）挑战，进而帮助学生完善教材，让他们体验思考的快乐。在这种充满探究意趣的平等对话活动中，课堂不断生成新的问题，最后并未形成一个"标准"，而是就再一次生成的问题引导学生走向课外。周老师在这堂课上敏感地捕捉住其中有价值的因素，"为学习而设计教学"，通过富于智慧的教学策略，重构教学，生长出比"知识"更具再生力的因素，产生了无法预约的精彩。（马兰若 整理）

之二：没有"围场"的课堂

《去打开大自然绿色的课本》教学片段

描述、初读、感受、交流、读诵——课在美好地行进。

周老师问："想想，诗人为什么说大自然是绿色的呢？"有学生说："因为大自然里有绿树、翠竹、碧草、青山，它们都是绿色的。"有学生说："不对，大自然里也有红花、彩霞呀，并不完全是绿色的。"

（这时，出现了别样的观点，周老师意识到现在正可形成认知冲突，于是赶紧抓住——）

师：说得有道理！那么诗人为什么偏要说它是绿色的呢？想想，绿色是不是有着某种——

生：我明白了，绿色是生命的颜色，象征着活力。

生：确实，在沙漠里，只要看到了绿洲，就等于获得了生命的希望。

生：因为绿色充满活力，像一个少年，朝气蓬勃，活力四射。

生：王安石"春风又绿江南岸"中，"绿"的运用被历代称颂呢！

（就在这时，一个角落里传出一声嘀咕——）

生：我就不同意，难道其他颜色就不能代表大自然的色彩了？

（好，又一个另类观点，周老师敏锐地抓住这个有意思的话题伸展下去）

师：好啊，那你说说看，你认为大自然是什么颜色的？

生：我认为大自然是红色的，红枫、红花、红云，万紫千红。红色代表着喜气洋洋，象征着红红火火。

师：红色的大自然，好！蕴藏着热烈，昭示着兴旺，传递着幸福。古诗中对"红"的吟咏也很多，像——

生：霜叶红于二月花。

生：人面桃花相映红。

生：日出江花红胜火。

……

（孩子带着强烈的个体色彩的理解触发了周老师的灵感：何不变换问题的角度，充分利用孩子的心理特点，拨动起他们各具韵致的诗弦？）

师：噢，那就是说大自然是一本奇妙的科学课本了！啊，谢谢你，你打开了我的思路，我的脑中突然冒出了一个很有意思的话题，咱们不妨来讨论讨论：大自然是本什么课本呢？

（这下孩子们来劲了，先是交头接耳一番，随即便是一片小手的森林）

生：我认为大自然是本语文课本，当你看到树木的时候，就会想起"木"字。我们倚靠在大树旁，不就是"休"字吗？

生：我认为大自然是音乐课本。小燕子是音符。《燕子》中写道：停着的燕子成了音符，谱出一支春天的歌。

生：我也认为是音乐课本。小蝌蚪才是音符呢，小河哗啦啦地往前跑，像在唱着一首古老的歌谣。空中，小鸟在赛歌，那是民族唱法，"自在娇莺恰恰啼"嘛；林间，野兽在狂吼，那是摇滚。

……

师：同学们，大自然真是神奇而又美妙，打开它，你就会感受到它的魅力。我相信，只要我们用心体会，它还会是数学课本、体育课本，甚至舞蹈课本等等。就像我们心中各有一种大自然的色彩一样，我们只要用心阅读，也同样会拥有一本属于自己的大自然课本。

不知什么时候，下课的音乐铃声响了起来。

评析

周益民老师教学《去打开大自然绿色的课本》，开始的流程朴素得不能再朴素——"描述、初读、感受、交流、读诵"。周老师如一位底蕴深厚、谙熟规律的"指挥家"，启发引领，联想推演，用神奇的指挥棒经营自己的"乐队"——启承，抒情，转合，激荡。没有现代化辅助手段，完全是苏格拉底式的对话，正视学生的关注点，不是居高临下地告诉学生"这是什么、那是什么"，但其外延和内涵却很广，我们已经不能从"重点是否突出，难点是否突破，方法是否先进"的技术层面审视。周老师没有把知识技能看成凝固不变的东西，而是合理承认其不确定性，通过它进行批判性、创造性思维并由此建构出新的意义。这样的教学过程就真正成为学生学会学习，学会思考，形成正确价值观的过程，同时也充分体现了"探究本位"、"学生中心"的课程理念。于是，学生探究出了一个五彩缤纷的大自然，"唱出"了自己心中的色彩，获得了心灵的远航与飞扬。

这样的课堂才是生命的绿色课堂，才是原生态的可持续发展的课堂——就是这么一个过程，原来知识的意义被重新建构："同一个大自然，各人的体会却可以不一样"；就是这么一个过程，学生学会了用自己的眼光去观察自然，用别人的态度来反观自己，用自己的情感去理解别人，用作者的诗情来体悟人生；也就是这么一个过程，学生的阅读心境一下子与文本的语境打通、连接甚至同化。对话的平台已经建起，对话的语流必将畅通无阻。正因为跟学生的个体生命体验相关，就避免了被动的强加，从而形成对话和个体感悟，实现了内在主动性驱动下的学习活动。这种不设"围场"的课堂其实就是在追求一种不确定性、生成性，弥漫其中的思想和生命的气息将使课堂充满不可预料的魅力，使课堂成为一个思维激荡和灵感勃发的"场"。（窦桂梅）

之三：在阅读中拔节

《只有一个地球》教学片段

师：请同学们拿出课文，轻声读读，用心体会，看看哪儿打动了自己，碰响了咱们心底的那根弦。（学生认真阅读）

师：看得出，许多同学读得都非常投入、非常专注。读书，其实就是同文字交流，同书中的人物对话。想想，读这篇课文，我们就是同谁交谈呢？

生：（齐声）地球母亲。

师：是啊，文字后面是地球母亲的心跳，是地球母亲的呼吸。我们默默地读，静静地听，就能听见地球母亲在跟咱们诉说呢！我们先默读文章的一、二自然段，听听地球母亲首先跟我们说什么。

（学生认真阅读、"倾听"后交流）

生：我听见地球母亲在说：我是那样的美丽壮观，和蔼可亲。

师：噢，你是从哪段文字听出来的？（该生朗读第一自然段第一、二两句话）

师：那我们一块儿来瞧一瞧吧。大家眯起眼睛，地球母亲正向我们走来，看看，她长什么样？身材？衣服？眼睛？头发？（教师有感情地朗读）"映入眼帘的是一个晶莹透亮的球体……和蔼可亲。"

生：我看见地球母亲腰身粗壮，（师：呵呵，那叫丰满）圆圆的脸庞漾着笑容。

生：我看见的地球母亲身材很苗条，她秀发披肩，双眼水汪汪的。

师：是个典型的东方女性。

生：我看见地球母亲穿着白蓝两色的纱裙，走起路来那样轻盈。

师：请班上的一位女同学来朗读写地球外形的句子，大家边听边想象。（指名读）

师：地球母亲如此美丽，你想对她说什么呀？

生：我想说，地球母亲，你真漂亮，我们爱你！

生：我想说，地球母亲，我为你感到骄傲，你是我们心中的圣母！

师：啊，圣母！多么圣洁，多么崇高！在这一部分中你们还听到了什么？

生：我听见地球母亲在说：我很渺小，你们要爱我。

师：是的，如果我们把地球跟太阳作个比较，一个太阳抵得上130万个地球呢！（生感叹）她就像汪洋中的一条小船。（出示词卡：一叶扁舟）

生：（大声齐答）一叶扁舟。

师：不，那是大轮船！

生：（轻声地齐答）一叶扁舟。

师：同学们，刚才我们用心聆听，感受到了母亲的心声。接下来，就让我们仍像刚才那样，默默地读下面的部分，静静地听，听听地球母亲还在跟我们诉说什么。

（学生默读、"聆听"，而后交流）

生：我听见地球母亲在说：在宇宙空间里，我是你们唯一的母亲。

……

师：你们还听到别的了吗？

生：我还听到了她悲惨的哭声。

师：哭声，母亲的哭声，令人揪心！这哭声来自课文何处？

生：课文第三自然段告诉我们，地球有限的矿产资源正面临枯竭。

生：第四自然段告诉我们，人们随意毁坏，滥用化学品，造成了一系列生态灾难。

师：关于地球的现状，上一课我们各小组交流了不少收集的资料。现在，请每小组推荐一位同学用一两句话简单说说。

生：长江是我们的母亲河，因为滥砍森林、滥垦坡地，它的秀色正被滔滔黄水所代替。它在呐喊："救救我吧，不要让我重蹈黄河的覆辙！"

生：目前，我国土地沙化严重，沙化的速度相当于每年损失一个中等县面积的土地。

生：因为大气污染形成了酸雨，使得植物枯死，湖水变质，建筑物被严重损害，成了"石头的癌症"！

师：是的，酸雨洒向人间都是怨。现状真是触目惊心！同学们，地球母亲又向我们走来了，现在的她又是什么样子呢？大家再眯起眼睛仔细瞧瞧。

生：我们的地球母亲已经面容憔悴，她身上的衣服已经破碎。

生：母亲原先的笑容已经消失，满脸愁容，两眼泪汪汪。

生：母亲原先健康的身体已经伤痕累累，满头的秀发已经脱落，先前明亮的眼睛已经暗淡无光。

师：你们能用一个词语说说母亲的现状吗？

生：伤痕累累。

生：满面愁容。

生：遍体鳞伤。

师：受伤的母亲，苍老的母亲，青春不再的母亲！此刻，我们重温她昔日的美丽，心情还会如当初般轻松愉悦吗？（生摇头）

（仍请原先朗读地球外形的女生朗读，这回她的语调低沉忧伤）

师：看看现在，想想过去，我们不禁要质问，伤害母亲的罪魁祸首是谁？快速读第三、四自然段，找词语。

生："不加节制"、"随意毁坏"。

生：还有"不顾后果地滥用"。

师：读三、四自然段，把这些罪魁祸首狠狠揪出来！（生读，上面的词语重读）罪魁祸首果然就是这几个词语吗？

生：其实是我们人类。

生：是人类的贪婪。

生：是人类的无知。

师：说得对！刚才我们一起聆听了地球母亲的心声。她首先告诉我们她曾经的美丽，接着向我们诉说她是那么的爱我们，可是人类却在无情地伤害着她，最后她呼吁我们：保护我吧，我是你们唯一的母亲！在这些话语中，最让咱们感到沉重、心酸的是哪一点？

生：是母亲的不幸遭遇。

师：我想起了曾经看到过的一幅漫画作品。（出示漫画作品）齐读题目。

生："百年后的语文课"。

师：看明白了吗？

生：老师和同学都戴着氧气罩，老师正向同学提问："再给你们五分钟，想想什么叫'空气'。"

师：我们也花上5秒钟，静静地想一想。（静场五秒钟）

师：我不由得又想起了黎巴嫩著名诗人纪伯伦的文章——《田野里的哭声》。想听听吗？（生点头）（教师有感情地诵读片段，对原文略作改动）

东方欲晓，晨曦初露，我坐在田野里，同大自然倾心交谈。

我听到溪水像失去儿子的母亲似的在号哭，于是我问道："甘美的溪水呀，你为什么哭泣？"它答道："因为人们鄙视我，用我去为他们洗涤污垢。不久，我这冰清玉洁的身体就会变成污泥浊水。我怎能不号哭？"

随后，我侧耳细听，又听到鸟儿仿佛号丧似的在唱一首悲歌，我就问道："漂亮的鸟儿呀，你们在为谁号丧唱挽歌？"一只小鸟走近我，站在枝头上说："人将带着一种该死的器具，像用镰刀割草似的把我们消灭掉。我们正在诀别，因为大家都不知道谁会幸免于难。我们走到哪里，死神就跟到哪里，我们怎能不号丧唱挽歌呢？"

（诵读毕，满文军《懂你》的深情歌声响起……）

（歌声止，学生举手）

师：其实我们什么都不必说了。面对地球母亲哀伤的眼神，作为她的孩子又该如何应答呢？这是我们每一个地球人都应该直面的问题。大家静静地想一想，然后写下来吧。

（学生思考、写作，《热爱地球妈妈》的童声合唱轻轻响起。然后选取数位同学的作品全班交流。）

师：同学们，千言万语，汇成这一句话——（在"地球"前板书"只有一个"）地球的明天会如何，就在你我他，就在我们每一个人的手中。警示人们，大声读——

生：（大声地齐读）只有一个地球。

师：把这句话深深地镌刻在心底，字字千钧地——

生：（低沉而有力地齐读）只有一个地球。

评析

在现代教育和教学中，你想寻找某种富于诗意的慰藉并不容易。它深陷诗意荒芜之境，表现得太理性、太自尊、太矜持、太俏皮、太矫情（理性狡黠的种种面具），而这些无疑都是浅薄的表现。因为理性表面上深刻而实际上却是浅薄的。"理性一再成为胡闹。"（歌德语）当然，现代教育和教学似乎也关注情感，但它跟诗意的追求并无关系。因为它常常蜕变为一种赤裸裸的趋乐行为，缺乏真纯、谦卑、高贵和发自心底的颤动，因而多半只能用来充任理性的饰物和婢女，而落入比理性更加肤浅的境地。因此，周益民老师提出语文教育是诗意之旅，我是很赞同的。他执教的《只有一个地球》就让每个孩子都拥有了这样一次会留下恒久记忆的经历。

人是诗意地栖居在大地之上的。大地哺育了人，成为人的"无机的身体"。因此，人无论多么伟大、睿智，多么超凡入圣，都应该对大地感恩戴德。但事实并非如此。近代以来，人类在"主体性"的冲天号角和凯歌阵阵中，以前所未有的贪婪和凶残，疯狂地掠夺和践踏大地。如果我们没有一份对大地的敬畏之心，而继续这种恣意妄为，大地就会陷入万劫不复的灾难。因此，我们太需要虔诚地面对大地，走进大地，在告慰她的同时寻求宽宥。周老师的课所寻求的正是这样一种努力。这是一次成功的与大地母亲发自内心的对话，但与一般意义上的对话的不同在于，面对大地，无论教师还是学生（至于他们之间的角色关系则不重要了），都不是任何意义上的什么"主体"，而只是一个谦卑的聆听者，一个准备接受灵魂拷问的反省者。如果我没有说错的话，周老师显然是要把课堂演变成一座小小的而又庄严神圣的心灵教堂。在这里，我们重温大地的恩典，悲悯大地的不幸，忏悔自己（主体？）的暴戾。周先生很机智地从美国《时代周刊》遴选地球作为一年一度的风云人物入手，引发儿童议论：将地球作为杂志的封面"人物"是搞笑还是别有用意？一个小家伙显然不认同许多伙伴们关于美国佬就喜欢搞笑的看法，心领神会而又带着几分严肃的口吻说道："地球当然是'人'，她是我们人类的母亲！"周先生的反讽艺术显然起到了作用，教室里马上因为这个孩子的"空谷足音"而变得凝重起来。（李庆明）

经典课例

给心灵寻找一块栖息地
——《小王子》（节选）班级读书会评析

读书印象

（略）

聚焦"驯养"

师：小王子和狐狸说了那么多，想一想，其实都是围绕哪两个字？

生：我觉得都是围绕"驯养"来说的。

师：小王子说的"驯养"，跟我们原先认识中的"驯养"意思一样吗？

生：不一样。我们平时讲的"驯养"指人将动物驯服了。这里的驯养就是相互依存，相互都需要建立感情联系。

师：相互依存，相互需要，"建立感情联系"，说得很深刻。

生：一般所理解的"驯养"，比如驯兽师驯服了一只老虎，对它做一个手势，这老虎就会低头，或者会站起来。这里的"驯养"，就是相互建立感情联系，而不是一方让另一方做什么，另一方必须这样做。

生：我觉得"驯养"这个词可以用"爱"来表示。这里的"驯养"说的是为别人付出了时间，付出了爱。

师：请你把"爱"放到这段话中读一读，看是不是适用。

生："你对我不过是一个男孩子，跟成千上万个男孩子毫无两样。我不需要你。你也不需要我。我对你不过是一只狐狸，跟成千上万只狐狸毫无两样。但是，你要是爱我，咱们俩就会相互需要。你对我是世上唯一的，我对你也是世上唯一的……"

师：觉得这种调换合适吗？

生：合适。

师：咱们轻轻松松说了"驯养"，似乎理解了许多。请你们想一想，"驯养"容易吗？不用着急举手，看看故事体会体会。

生：我觉得"驯养"并不容易，驯养需要花费时间去了解一个人，直至他和你建立感情关系，到互相需要，互相帮助。

师：能不能以狐狸和小王子的事例说说？

生：小王子必须在狐狸身上花费一定的时间，与他建立感情关系，还要互相帮助，听他的埋怨、高兴与快乐，与他分享任何一件事情，才能达到心灵之间的交流。

师：我听出了你发言中的两个重要词语，第一必须花费一定的时间，第二"分享"，这"分享"既指分享快乐，也指分享忧愁。

生：驯养要非常耐心，每天可以靠近坐一下，时间久了，就建立了感情联系，也就是你"驯养"了那个你要"驯养"的东西。

师：每天靠近一点，其实就代表了什么？

生：其实是想让狐狸深深地记住：是这个人驯养了我。

师：同学们想想，每天身子靠近了一点，还有什么东西靠近了？

生：我觉得他们的心灵也是每天越来越近。

生：我觉得驯养是不容易的。文章的最后一段狐狸说："我的秘密是这样的，很简单：用心去看才看得清楚。本质的东西眼睛是看不见的。"正如狐狸所说，驯养不仅仅是他们之间的相互靠近，而且应该互相用心去感受对方，并且为对方付出时间，对对方永远负责，要用真心去体会对方。

师：你提出了永恒与责任，非常深刻。

生：建立感情并不简单，不是说一句"我喜欢你"或者"你喜欢我"，而是要为对方花费时间，互相了解。

师：你喜欢我，我喜欢你，很容易，但要真正从心底里发出可并不简单。所以狐狸才说语言是误会的源泉，靠心体验吧，真正的东西、本质的东西，眼睛是看不见的。

生：我也觉得很不容易。我找到一句话，"这要非常耐心，你先离我远一点，像这样，在草地上坐下。我用眼梢瞅你，你一句话也别说。语言是误会的源泉。但是，每天，你可以靠近一些坐……"驯养的人必须有耐心，必须持之以恒。

师：语言是误会的源泉，意思是说驯养的时候不要说话，想想——真的不说话吗？

生：人表达自己的意思有很多种方式，不一定要用嘴巴，也可以用自己的身体语言，譬如眼睛。我想他们之间坐得很近，不说话，但他们的眼睛可以透露出对对方的喜爱和与对方做朋友相互依存的向往。

师：所以中国才有那么多美好的词汇："含情脉脉"、"心有灵犀"、"此时无声——（生齐）胜有声"。

师：真正的心灵相通，无需言语表白。看来驯养并不简单。狐狸告诉小王子说，驯养还需要——（生齐）仪式。什么是仪式？

生：仪式，就是使某一天不同于其他日子，某一钟点不同于其他时间。

师：同样的时间，同样的日子，每天同样的二十四小时，怎么就不一样呢？

生：我想狐狸的话可以解释："比如说，猎人也有仪式。他们在星期四跟村里的姑娘跳舞。星期四就成为一个美妙的日子！"生活中像教师节等节日也是一种仪式。

师：也就是说，9月10日教师能集中感受到同学们对老师的尊敬，对老师的爱戴。就像咱们小朋友盼望着"六一"节一样。

生：这里的"仪式"就是狐狸所说的，这一天不同于其他一天。我们每天过的日子都是千篇一律的，如果要让一个日子成为一个仪式，让一个钟点成为一个仪式的话，就必须让它有意义，这个有意义或许是神圣的，或许是欢快的。比如"国庆"节对于中国人来说是神圣的，而"六一"儿童节对我们学生来说，是一个欢快活泼的节日。狐狸所说的"仪式"就是把某个时间变成一个有意义的时间。

师：这个时刻对于狐狸的意义是什么？

生：是小王子就要驯养他了。

师：小王子就要来了，仪式就要到来了，但你还得耐心地等，越接近仪式越临近这个时刻，心中的幸福感就越来越强。同学们看上边一段狐狸是怎么说的？

生："最好在同一时间来，比如说，你在下午四点来，一到三点我就开始幸福了。时间愈近，我愈幸福。到了四点钟，我已坐立不安。我发现了幸福的代价，你要是想什么时间来就什么时间来，我就不知道什么时候装扮我这颗心……"

师：驯养需要耐心，驯养也需要仪式。

生：（读描写小王子与狐狸离别情景的对话）我看出驯养还是需要承受一些痛苦的。小王子和狐狸马上就要分别了，可小王子说不哭，有了麦子的颜色。我觉得狐狸还是很为小王子着想的，他不想为了自己而不让小王子走。狐狸说有了麦子的颜色，就是说有了自己可以思念的地方。麦子的颜色是金黄的，小王子的头发也是金黄的，他喜欢风吹麦田的声音，他非常爱小王子。

师：你很会读书，发现了文字背后的东西。各位同学，你从刚才同学的发言中获得了哪些启示？

生：就是你驯养一个东西，不一定要天天看到它，不一定要天天和它说话，只要你心中有它，就会觉得非常幸福。

生：我听明白了，我觉得驯养不仅是互相需要，还要互相体谅，互相宽恕，这样了解对方，想到对方的难处，才能够增进爱。

生：我还听出了狐狸对小王子的爱，狐狸知道小王子要离开他了，他就想哭了，但是他又觉得有了麦子的颜色，他能想到小王子，不会忘记他。

师：痛苦也好，承受也罢，其实都是因为一个字——爱。同学们说了那么多驯养的不容易，谁能梳理一下，驯养需要什么，还需要什么？

生：驯养需要仪式，驯养需要沟通，驯养需要爱。

生：驯养需要耐心，驯养还需要深刻地了解对方。

生：驯养还需要承受痛苦。

师：在驯养中，到底是狐狸改变了小王子，还是小王子改变了狐狸？

生：我觉得是小王子改变了狐狸，是小王子让狐狸有了一个可盼的人，是小王子让狐狸喜欢风吹麦田的声音，是小王子让狐狸看到金黄色的麦田就想到了他。

生：我觉得是狐狸改变了小王子，因为他让小王子明白了对自己驯养的东西必须负责任，还让小王子明白用心去看，才看得清楚，本质的东西眼睛是看不见的。

生：我也觉得是狐狸改变了小王子，在小王子看到了这个玫瑰园之后，他认为自己的那朵玫瑰花不是世上唯一的。驯养了狐狸之后，小王子重新明白那朵玫瑰花是他唯一的，改变了对玫瑰花的看法。

生：我觉得他们俩都互相改变了，小王子因为听了狐狸的话，知道了驯养的道理；狐狸因为小王子的驯养，有了一个给自己希望的人。

生：我也认为他们俩是互相改变的，因为小王子驯养了狐狸，使他跟其他成千上万只狐狸不一样了，他是世界上唯一的狐狸；也使小王子跟其他成千上万个男孩子不一样了，是世界上唯一的小王子。

师：驯养是相互的，是双向的。回到这句话了，我们一起来读。

生：（齐声）你对我不过是一个男孩子……我对你也是这世上唯一的。

师：请你们把这段话里的"我"和"你"调换后读读。

生：（齐声）我对你不过是一个男孩子……你对我也是这世上唯一的。

穿越生活

师：小王子和狐狸的故事多么打动人心啊！但是，这世上真有小王子和狐狸吗？

生：我觉得应该是没有的，因为《小王子》是一部童话。

生：我也觉得是没有的，狐狸说"人只能了解自己驯养的东西……你要朋友就请驯养我吧"，现在的人都没有时间去了解什么了，他们只知道买现成的，并没有真正意义上的感情交流，所以现实生活中没有小王子和狐狸。

师：现在这个社会太功利了，人们急急忙忙地去买房子，但是买不了家；到商店去买商品，但是买不了朋友。

生：我觉得世界上应该是有小王子和狐狸的。其实小王子和狐狸就住在我们的心中，像一些心灵纯洁的人，他们需要朋友，需要爱，他们的心中既有小王子又有狐狸，所以说小王子和狐狸在他们心中就存在。

师：这样吧，让我们穿越时空，回到遥远的古代，看看是否能够找到小王子和狐狸。（出示古诗句）

"孤帆远影碧空尽，唯见长江天际流"，春日的江上千帆竞发，为何诗人李白眼中只有一艘船呢？"海内存知己，天涯若比邻"、"在天愿做比翼鸟，在地愿为连理枝"，你是否找到了，是否发现了？

生：因为人和人之间有着深刻关系，有的是情意深刻，有的是亲切的爱意，只要有了这种关系，任何高科技都比不了的，就算相距天涯海角，两人的心灵之间也会架起一座桥梁。

生：我觉得这些东西对他们来说都是唯一的，像李白的那句诗，整个河里不是只有一艘船，而在他眼里只有朋友的一艘帆船，对他来说是最重要的。

师：这就是驯养啊！看最后一句："子在齐闻韶，三月不知肉味。"孔子在齐国听到了韶这种音乐，太喜欢了，三个月居然不知肉味。你是否从孔子的这个故事中对驯养有了新的认识？

生：我觉得不一定是人和人之间才能够驯养，人和音乐之间，人和动物之间都可以驯养。

生：像许多科学家为他们所热爱的事业奋斗一生，我觉得他们也被那些科学的真理所驯养了。

师：老师给你们讲一个我自己的故事。我小时候非常喜欢看书，从小就迷上了一个作家。老师长大后一直打听这位作家。遗憾的是她定居国外了。后来终于联系上了，我们通过 E-mail 互传信息。前几天她给我发了个邮件，说 13 号到 17 号回国，到南京，有空的话见个面。我看到这个信息有多兴奋啊！这两天她太忙了，约好今晚 9 点见面。同学们想想，这 9 点钟对我来说就是什么？

生：是仪式。

师：对，就是仪式！时间越是临近，我就越是激动，越是幸福。今晚的 9 点跟任何时候的 9 点都不一样，对我来说，这是唯一的，因为我被她的作品、被这位作家——

生：驯养了。

移情想象

师：驯养是一种幸福。狐狸和小王子幸福地分别了，小王子回到了他的星球，回到了他的玫瑰花身旁，会对狐狸说什么呢？狐狸呢，每天聆听着风吹麦田的声音，心里在想什么，他要对小王子说什么？请各位同学从狐狸和小王子中任选一个角色，想象他们的内心，写几句话。（学生书写后交流）

评析：教育不是灌输，而是激活

60 分钟的课听下来，感动后的心像蓝天般澄明。

听周益民的这堂课，我越发相信，教育不是灌输，而是激活。教育不能与儿童的天性相违背，因此，教育要激活的一定是儿童的天性。周老师的这堂课通过《小王子》（节选）这篇教材，激活的是忠诚、责任、归属的爱、渴求伟大的事物这些儿童内在的本性。

1. 选材精到，独具匠心。

周老师选择《小王子》是颇具眼光的。在儿童的阅读越来越平面化（即周老师说的"浅阅读"）的时代，周老师选择《小王子》这篇深邃的心灵之作，表明了他"在阅读中守望童年"的诗心这一追求。

《小王子》是一部中篇童话，60 分钟只能选取片段来讨论，因此，周老师还要第二次选择。他选择了"驯养"这部分。我认为《小王子》主要有两个精神蕴涵，一个是在与儿童对比下的对成人文化中的教条主义、功利主义的批判，另一个就是人类个体与个体间归属性的感情联系。周老师选择后者，是符合小学五年级儿童的精神成长需求和接受可能的。

周老师在选材上表现出来的智慧，来自他的缪斯心性和深厚的儿童文学学养。我坚信，未来的语文教师中的最优秀者，一定是具有缪斯心性和儿童文学学养的人。

2. 以孩子的天性为资源和动力。

杜威说："儿童在没有教育以前，有一种天生的本能、情性和冲动。教育就应该以这些东西为根据，为基础，不然便没有教育可施。"

孩子是本能的缪斯性存在，周老师深知这一点。他一开始就抓住孩子们对故事的喜爱，引出《木偶奇遇记》、《皇帝的新装》等故事，激发学生的学习兴趣。孩子又天生拥有诚挚的情感和对伟大事物的渴求，周老师也深知这一点。讲《小王子》，他紧紧围绕"什么是'驯养'"、"'驯养'容易吗"、"'驯养'需要什么"这些令许多成年人感到茫然的人生的重大问题展开。他穿针引线，循循善诱，引导着渴求伟大事物的孩子们到达了许多失却"真心"的成人所到达不了的精神的彼岸。

周老师的这节有难度的班级读书会应该给我们以非常有益的启发：语文教育要真正认识、激活儿童的巨大潜能，万万不可小视儿童，在欣赏、理解儿童文学时，孩子的审美并不亚于成人。

3. 显示出很强的驾驭文体的实力。

在儿童文学经典中，《小王子》是严肃、深邃，富于哲理又带有淡淡忧伤的作品。周老师准确地把握了作品的风格，从一开始，就带领学生体会作品的这一艺术特色。他紧贴儿童的感性化思维，提出阅读《小王子》与阅读《木偶奇遇记》等作品有何不同感受这一问题。"有一种想哭的感觉"、"感觉有点悲伤"，学生的回答表明周老师的引领是到位的。

整堂课，周老师一直带领学生贴近教材来讨论。他抓住几个重要段落反复讲、反复读，既提纲挈领，画龙点睛，又使语文阅读落实到了"语文"本身之上。

我认为，周益民执教的这节《小王子》班级读书会，是他诗化语文教育的又一次成功的实证。（朱自强）

观 点

让语文课堂成为儿童"梦"的故园

有人说,梦实在是非常美妙的"愿望的达成","语文教育应该给孩子以梦"。

确实,童年是多梦的季节,儿童是情感的王子。他们的心中充盈着想象的激情,蓄积着创造的欲望,扑棱着翻飞的诗性。对学习,对生活,对理想,对这个五彩的世界,他们有着太多太多梦幻般美好的期待。——这便是儿童最初的人生。

而语文,似乎生来就是为着放飞儿童的多彩的梦而存在的。在这儿,荷花会与"我"共舞,小蝌蚪在着急地寻找着妈妈,多希望卖火柴的小女孩来到我们中间……多少个方块字连缀在一起,仿佛起了魔力,让人产生奇思妙想。儿童在这美丽的追梦过程中,固有的灵性得以迸发,原始的诗情得以生长,潜具的悟性得以唤醒。与此同时,他们对祖国语言、对民族感情开始了美好的体验。

然而不幸的是,如许斑斓的梦尚未得以编织,即已濒临萎缩。在"应试"与"纯工具"的导演下,理性认知排挤了感性体验,被动接受压抑了个性自由。教师们举着解剖刀,精细地肢解着美丽的童话,孩子们只能哼着"同一首歌",日复一日地操练、训练、演练。丰富的"语文"简化成了技艺之学,"人"的功能退化成了机器,以致出现了一批批"老态龙钟的儿童",本该属于孩提的"梦"渐渐干涸。欠缺了"梦"的人生,只会一路平淡。

教育第一位的问题"是使孩子拥有一个幸福、快乐、健康成长的童年"。(康健语)在当今语文教学高扬人文性的旗帜下,我以为,我们的首要工作是让孩子在语文课堂中幸福成长,最终成为拥有丰富精神世界与创造力量的人。为此,语文教学还有什么理由不恢复其本真面目,还孩子以"梦"的快乐与自由呢?

营造"梦"的支持情境

这是一堂一年级语文课——《小小的船》。

弯弯的"月儿"挂在"蓝天",轻缓的音乐在室内流淌。教师指着画面,动情地描述着:"这弯弯的月儿多像一条小船哪!你们听着琴声,身体随着音乐轻轻地摇摆,慢慢地你可以眯上眼睛……你是不是好像飞上了蓝天,坐在月亮上了……"孩子们美滋滋的,脸上写满了兴奋:"我的腿好像变长了。""我的身子好像变轻了,我飞上月亮了!""我乘着月亮船在银河里穿梭。"……一个个沉浸在无限美好的遐想中，忘情地描述着，激动地诵读着，智慧的火花燃烧得如此炽烈。

什么力量如此神奇，使得儿童这样忘我，这般投入？一个重要的因素是情境——教师倾心营造的与儿童心灵相通的情境。研究表明，环境无不对人的心理发生着作用，恰当的情境刺激有利于儿童的自主体验、想象放飞、个性张扬，诱发和促使"梦"的发生。

毫无疑问，儿童与阅读的文本间存在着必然的或大或小的审美距离。同样毫无疑问的是，只有当儿童与文本间产生了某种撞击，文本才会展示出无限丰富的意义，儿童也才会从中获得满足。而情境，正是二者牵手的红娘。

情境的实质是人为优化了的环境，是促使儿童能动地活动在其中的环境。这种充满美感和智慧的氛围，与儿童的情感、心理会发生共鸣而契合。它所观照的是儿童内心的自由、愉悦、释放、本真，追求的是让儿童像儿童那样在课堂上生活。

情境召唤着"梦"。就像种子发芽离不开阳光雨露，儿童"梦"的生成也需要一定的外部催化。当情境——这一儿童乐于亲近的胶合教材特点和学生心理的形态——呈现在面前时，他们内心的潮汐开始涌动了：小蝌蚪最后找到妈妈了吗——喜欢的角色让他们关注；蝙蝠怎么能在漆黑的深夜自由飞行呢——与既有经验的冲突让他们感到好奇进而探索；桂林的山来漓江的水，祖国的笑容这样美——诗情画意让他们心驰神往；军需处长与云中山一起化作了一座晶莹的丰碑——伟大的人格让他们的灵魂得到洗涤……儿童置身于具体情境，强烈地感受着无形之"力"的作用，情不自禁地关注、向往、投入。

情境生成着"梦"。情境的营造，着力于儿童既往经验与当前体验的撞击或认同，发挥了情感的纽带、驱动作用，因而在召唤起孩子的注意后，即会帮助他们与文本产生共鸣，产生移情效应。孩子们物我同一，激情飞扬，神思畅达，会有力地促进"梦"的生成。教学《再见了，亲人》一课时，教师通过语言描述、音乐渲染、影像再现等手段，营造了当年志愿军战士与朝鲜人民依依惜别的动人情境，孩子们产生了真切的角色认同，仿佛自己就置身于这送别的人群，自然地开始了跟与其说是课文语言不如说是亲人的对话。

欣赏每一个孩子的梦

儿童是天生的幻想家、诗人，儿童的世界是异想天开的世界，对生活、对文字，他们有着迥异于成人的理解视角。其实，这正是因为他们拥有一颗颗充满蓬勃生命力的活泼的童心。对于上面这首小诗，我们难道能套用成人惯常的评价标准、思维模式吗？

欣赏每一个孩子的梦，是儿童自由成长的心声。就像世界上找不到两片完全相同的树叶，每个孩子也都是独特的个体，都有着只属于自己的内心天地。他们用各种不同的方式解读语文，用各种不同的语言诠释发现。而这一切，也许会让我们成人感到迷茫，甚至不屑。长期以来，我们习惯用统一的标准要求所有的学生，课堂上只能听到一种声音，看到一种答案。智慧的幼芽就在这种"精品标准化教育"中淹没了。难怪英国作家赫胥黎曾慨叹："为什么那么多男孩女孩离开学校时感官迟钝，心灵封闭了？大多数的年轻人在动脉硬化前40年心理就先硬化了。"

因此，欣赏每一个孩子的梦，就是珍惜孩子童年天然的丰富的想象世界和精神需求。我们要像对待荷叶上的露珠一样，小心翼翼地呵护孩子稚嫩的心灵。

欣赏每一个孩子的梦，也是语文学习固有特点的呼唤。语文本就栖居着浪漫和诗意。作者情意的表达隐匿于语言文字深处，语言又常常是多解、模糊、歧义的，加之阅读是一种个体行为，学生在阅读的过程中，由于认识的深浅、思考的角度、生活阅历和个性差异等因素，必然表现出理解差异。我们认为，这种差异只要不是原则问题，不但应该允许，而且应该提倡。教师要尊重每一个学生自由而多样的思考方式，让不同的人学习不同的语文。

教学《画》时，教师让学生现场操作体会"近听水无声"。可一位学生反复强调自己听到了声音。教师没有简单否定，而是说："我想你一定有和大家不一样的体会，你先回座位，想清楚后再告诉大家。"即将下课时，这位学生高高举起了手："老师，我是看着图上的瀑布，心里边感受到了声音。""真了不起，你有一颗诗人的心！"可以想见，这般褒奖该让孩子产生何等强烈的幸福体验啊！

欣赏每一个孩子的梦，教师要拥有一双"儿童的眼睛"。用儿童的眼睛观察，教师就会获得与学生心灵的沟通。用儿童的眼睛观察，就会重捡久违的纯真、善良；就会接纳"老鼠和猫交朋友"的离奇、怪诞；就会微笑着面对这些天然智慧的闪光；就会认同在那千钧一发的时刻，奇迹发生了，小羊得救了（《狼和小羊》）；就会觉得小猴真可爱，它心地善良，热爱美好的事物（《捞月亮》）……于是，每个学生都获得了按照自己喜欢的方式宣布只属于"我"的与众不同的发现的自由。

在广阔的空间放飞梦想

儿童的多彩的梦就如轻盈的蒲公英，乘着风儿的翅膀遨游天地才是最大的心愿。这就要求语文教学要彻底走出"课堂中心、书本中心、教师中心"的封闭性，充分拓展空间，增强活力。

为课堂的有限时空注入无限张力。传统的语文教学囿于学科本位，淡薄了学生的能动性与生长潜力，学生的自我意识常常处于抑制状态，课的结束也就意味着学习的暂时终结。其实，孩子是金子，本就闪烁着光芒。我们如果能把个体生命发展的主动权还给他们,充分开掘他们自身的智慧,势必会使有限的课堂时空得以扩张,并且无限接近浑圆式的饱满。

首先,要给孩子"自己说话"的自由。琵琶大师刘德海论述琵琶教学时说:"脑袋是教师的,手是学生的,声音还会自然吗?"同样,自由宽松的语文课堂才会激起学生智慧的波澜。要允许学生用自己的眼睛观察,用自己的脑袋思考,用自己的嘴巴表达,获得自我满足。于是,高涨的热情将会有力地支撑学习活动。身处有限的空间,心灵却在高远地飞翔,激情泛起的才智与探索生成的快乐不断喷涌。于是,有形课堂学习的结束意味着无形课堂学习的开始。

其次,要给孩子"说自己话"的权利。也就是要走出结论学习的模式,强化体验感受。优秀的作品往往是作者刻骨的生命体验和深刻的生活感悟的结晶。高质量的阅读活动需要阅读主体生活体验和生命激情的充分投入。课堂上,唯有引导学生披文入境,激活已有经验表象,进入个体丰富的想象空间,才会跃过语言的表层,与作者的心灵一同震颤。其间,结果是否正确已不再重要,课堂赋予学生的是丰富的过程体验。

再次,要培育孩子"话说自己"的策略。我们常常误以为,学习就是引导学生去获取课本内的知识,忽视了启发学生用新视野对自己已有的学习方式、学习态度、学习规律进行重新发现和调整。因而,尽管儿童在与文字的对话过程中获得了丰富的体验以及一定的经验,可是一旦面临新的情境材料或"岔路思维"时,往往只得将求助的目光投向教师。其实,我们完全可以在儿童的内心深处培育一位老师,请"他"启发学生随时用个人最优的方式解读语文,编织梦想。课堂上,教师应该有示范,孩子们在聆听教师"梦"的同时也在悄悄地比照自我;应该经常追问孩子"你是怎么想的",让他们的自我认识由模糊走向明晰;要组织交流,让孩子们在相互的碰撞中获取视界的拓展。

让儿童回归远离了的生活世界。传统的语文教学,将学生的视界禁锢于教材,定格在课堂,切断了他们与生活的联系。要知道,语文本就是生活的一部分,就是生活的积聚与抒发。绚烂多姿的生活有形、有情、有境,是语文学习的不竭之源,是"梦"的发祥之地。李吉林老师曾指出:"儿童的悟性都是通过感觉实现的。""儿童总是凭借他们的感官在认识周围世界的过程中获得思维、语言的源泉。"因而,我们要将学生的视线引向广阔的空间,为儿童打开更多的认识世界的窗户,拓宽儿童施展各自才能的天地。课外阅读、社会调查、民间采风,就是对社会、对人生进行深入的体验感悟,从而建构起良好的语文背景。

语文课堂应该放飞浪漫的诗情,充实睿智的感悟,激发豪迈的胸襟,应该给予儿童超凡脱俗的精神层面的提升。为了高高托举儿童的"五彩梦",就让我们不断向往,不断追求吧!(周益民)

解 读

诗化语文与语文教学的审美化

周益民是一位值得我们关注的年轻的小学语文教师。

周益民的教学常常有无法预约的精彩，这种精彩是在他深刻的思考和较为丰厚的文化底蕴中生成的，因而实际上是可以预约的。周益民的教学有自己的追求，这种追求不是刻意的，而是不自觉的，因为他常常处在读书、思考、研究、试验的状态中。近几年来，他在研究和探索"诗化语文"，我们也在预约着他的研究的成功和精彩。

"诗化语文"是一个容易引起争议的命题。其一，"诗化语文"是否会有制造概念的嫌疑？其二，语文的诗化是否会"虚化"语文，淡化语文的工具性，使人难以捉摸？其三，语文的诗化是否会使语文褊狭为文学教学？其他类型的文体如何诗化？等等。其实，这是我自己"制造"出来的几个问题，是在研读周益民的"理想速写"和"课堂现场"时产生的，我想这些问题可能有普遍性。

新概念的呈现

我一直有这样的观点：新的概念的诞生，不仅仅是话语的变化和发展，更是思想的活跃和深化。新概念的呈现，往往标志着这一领域的研究迈入新的走向和进展。当今是多元发展的时代，鼓励人们去作多元的思考、探索和解读，人们充满着创造的激情和活力。语文是一个巨大的蓄水池，不断有新的水流汇聚，也不断有新的水花突然冒出。语文教学有研究不完的问题，因而始终充满生命的活力和创造的魅力。周益民的"诗化语文"不是在制造概念，而是在语文教学研究中自己的独特体验以及他所作的理论概括。"诗化语文"的背后是他的深度思考和认真探索，体现出他的研究品质和精神气质。诗化语文是语文这个蓄水池里的一朵水花。当然，"诗化语文"的路还很长，很艰辛，周益民还有许多工作要做，但我相信这一过程始终会伴随着诗的因素，充满着创造的激情，闪烁着理性的色彩，且又实实在在。

诗化语文是什么

诗化语文是什么？关键是什么是"诗化"。要给诗化语文一个准确的定位，很难。但是有一点周益民是很明确的，即"诗化"的诗是一种喻指。很显然，这儿的"诗化"不是使语文教学诗歌化，也不是教师的教学语言像诗一样美。我国古代有关于"诗教"的概念，孔子关于"诗教"的论述是很多的，比如"兴于诗，立于礼，成于乐"、"《诗》三百，一言以蔽之，曰：'思无邪'"。孔子的"诗教"是指"诗"教。但是，值得注意的是，重视诗教（也包括乐教）是儒家审美教育的主要特点。同时，道家的老庄美学思想中也有很多关于诗的教育论述。此后，儒道互补以至儒、道、释的合流形成了我国古代美育思想。古代常常以诗喻美，儒的典雅、道的超脱、禅的空灵往往寓于诗中。诗喻指美的高雅的境界。由此我以为，"诗化"实质上是审美化，"诗化语文"的主旨就是使语文教学提升到审美教育的层次。

需要讨论的是，为什么用"诗化"来喻指审美化。这是由诗在审美中的地位和功能决定的。我国有许多诗话，最早的是钟嵘的《诗品》。《诗品》中提出许多精湛的思想，指出："诗有三义焉：一曰兴，二曰比，三曰赋。……宏斯三义，酌而用之，干之以风力，润之以丹彩，使味之者无极，闻之者动心，是诗之至也。"诗之至者，味之无极，闻之动心，到达极高的审美境界。用诗化喻指审美化是顺理成章的事。英国诗人雪莱也论及过诗与美的关系。他说："诗是生活的惟妙惟肖的表象，表现了它的永恒的真实。故事与诗不同……诗则依据人性中若干不变方式来创造情节，这些方式也存在于创造主的心中，因为创造主之心就是一切心灵的反映。……诗也是一面镜子，但它把被歪曲的对象化为美。"诗化语文，就是让语文向审美回归，正如周益民所说的，这是语文回归的应有情怀。

诗化语文与审美

审美是把握世界的一种方式。众所周知，认识也是一种把握世界的方式，但审美与认识在把握世界上是有区别的。其主要区别是，审美趋向于消弭主客体之间的对立，要么趋同，即"审美主体将自己的生命投注到客体里，它是对自我的肯定和欣赏"，亦即"移情"；要么物我两忘，亦即超越具体的自我，并摒弃审美客体的具体形象，而将审美客体的"具象中所蕴藏的理念的感性形式表现出来"，亦即抽象。所以，诗化语文是引领儿童用审美的方式去反映、确认和把握世界，而非单纯地用认识的方法去把握世界。其主要特征是：

1. 诗化语文让教室里的儿童走进文本中人物的心灵世界，让两个生命息息相通。在《天鹅的故事》的教学中，周益民在指导学生读了文本，引导学生诉说体会后，让学生来做一回老天鹅，亲历老天鹅破冰的过程及其体验。此时，学生已经把自己的心投射到老天鹅身上，和老天鹅融为一体，学生已不是教室里的儿童，而是文本中的老天鹅了。这样，学生才真正体验到老天鹅的行动是一首诗，心声是一首歌；学生的那种聆听、感悟才是入情的、真情的、深情的；他们也才真正受到感染和教育。让学生把自己当作文本中的人物来学习，这种方法越来越多地为大家所用，诗化语文的不同之处，亦即高明之处，是有理性的支撑，因而自觉，指向明确。为此，诗化语文十分注意情境的创设和"进入"的铺垫。在这篇课文的教学中，教师采用旁白式的点拨，对学生的心灵和智慧进行挑战："难道你就没有看到冰面上那片片白羽、斑斑血迹？""难道真是钢铁之躯，就不怕那钻心的疼痛、刺骨的寒冷？""何苦要忍受这般苦痛？"层层推进，将学生引向深度的思维。这是一种对话。此时的对话已不是师生的对话，而是消弭了审美主体（教师、学生）、客体（老天鹅）间的对立后的心灵碰撞。正如他自己所言，"师生都不再是一个简单的阅读者、解释者，而是作品的一个作者，是文本的一个角色"。这样，就具有诗一般的激情和浪漫，又具有史诗般的崇高境界。

2. 审美教育引领学生把握的是共性的特殊的表达状态，因而是个性的，同时也是感性的。诗化语文正是遵循审美教育的要义，注重个性的表达和对感性的把握。长期以来，语文教学习惯于且满足于对文章的共性把握以及对理念的揭示和显明，学生的学习常常处于笼统的理解、泛泛而论的状态，止于主题思想、人物精神条条的记忆背诵，语文教学枯燥乏味，无血肉无情感，无想象探究的空间，亦无深度的体验。诗化语文力图克服这一弊端，从共性走向个性，从理性走向感性，因而语文中人物的呈现、事件的展开更具体，更形象，也就更具情感性，更有感染力。《天鹅的故事》的教学，抓住天鹅破冰的声音，比如扑打冰面的嘭嘭声、冰层裂开的嚓嚓声、天鹅"克哩—克哩—克哩"的叫声，让学生反复吟诵，并学着天鹅身临其境地去呼叫，极具感性，极具个性。诗化语文实际上是通过各种手段描绘形象化的意境，营造一种整体意蕴，进而逐步提升到中国古代审美教育的境界，即文与质的统一、形与神的结合、刚与柔的和谐、动与静的协调，使形象活跃在学生的朗读中、情感激越在学生的想象中、理念闪现在生动鲜活的感性中，从某种角度看，语文诗化应该是审美教育的形象化和情感化。

3. 诗化语文中的审美交流是用艺术来表征的。美国的阿恩海姆说："唯有艺术有与艺术对话的权利。"诗化语文常常是艺术地展开教学过程。"老天鹅腾空而起，利用下落的冲力，像石头似的把自己的胸脯和翅膀重重扑打在冰面上"，这一陈述句，周益民将其分行排列，使之成为一首长短诗。这是对课文表达方式的艺术化改造。有时候，陈述方式的诗化表达，会获得一种无法预料的力量和效果。你看，分行后的文字发生了奇妙的变化，似乎获得了生命，充满了力量，每一个字都铮铮有声，每一行都像鼓槌敲打着人们的心灵，老天鹅的一举一动、所想所说都活了起来。在呈现和展开的方式上，《天鹅的故事》的教学还运用了音乐，在学生朗读时，俄罗斯合唱歌曲《俄罗斯上空的天鹅》响起来了，此时的合唱已不是歌唱者在唱，而是学生的心灵在歌唱。此外，还有画面。总之，诗化语文并不是使语文变成诗，但是少不了诗的表达和诗意的营造；诗化语文不是艺术表演，但少不了用艺术手段交流和对话。正是在以艺术为表征的交流和对话中，语文诗化了，语文教育审美化了。正如周益民在《理想速写》中所言："艺术为语言拓宽了空间，让通往儿童心灵的走道更为开阔。"

诗化语文引领和帮助儿童用审美的方式把握语文、把握世界，其价值不可低估。

"诗化"不是"虚化"

诗化语文仍在研究和探索的过程中，既需要逐步搞清诗化语文是什么，又需要提醒大家诗化语文不是什么，或者不应该怎么做。

诗化语文不是语文的诗歌化，这是显而易见的。

诗化是不是诗意化？关键是怎么理解诗意。如果我们把诗意理解为，以文本为基础，根据语境和形象，用艺术的手段营造一种情境和意蕴，让学生浸润在氛围与意境中，那么，我以为诗化正是诗意化，诗意化既是诗化的内涵，也是诗化语文追求的境界。但是，如果把诗意理解为语言的华丽、情境的趣味生动，追求诗一般的浪漫和情调，那么，对诗化语文的理解就褊狭了、简单化了，而且语文教学势必华而不实。显然这不是诗化语文的本旨。

与此相关的，诗化语文也不是简单地运用艺术手段进行教学，也不是语文教学的艺术化。诚如前述，审美教育需要以艺术为交流的表征，但艺术手段和方法只是"表征"，只能是手段，只能是形式。倘若诗化语文是语文教学的艺术化，那就可能不是语文了。而且艺术手段的运用，也不是"将课堂变得绚烂缤纷"，"朴素是优雅的灵魂，也是'诗'的质地"。周益民的观点是可取的，是很可贵的。

我特别想说的是，诗化应是空灵化，而不应是虚空化。诗化很可能使语文虚无缥缈、空洞、随意，因而无从把握。这是最为大家所争议的，也是我们所担忧的。雨果在论述诗与艺术美的时候说过这么一段话："通过真实充分地写出伟大，通过伟大充分地写出真实，这就是戏剧诗人的目的。伟大和真实这两个词包括了一切。真实包括了道德，伟大包括了美。"诗要引导人们向着高尚伟大迈进，但诗是真实生活的映照。诗，有翅膀，也应有脚跟，她的脚跟不能离开大地。"空的思想对我国诗人的影响很大。但读遍那些写'空'的诗句，人们会发现，诗歌中的'空'字往往并未传达出诗的意境。原因就在于诗人所面对的自然是一个具体的实在的客体……"（王建疆：《自然的玄化、情化、空灵化与中国诗歌意境的生成》，《学术月刊》2004年第5期）他们虽然在谈诗，但完全适用于诗化语文。诗化语文的空灵化，绝不是语文教学的虚空化。其实，我以为，诗化语文必须思考和把握语文的工具性与人文性的统一，诗化要观照人文性，同样也要落实工具性。在工具性与人文性的统一中生成的才是真正的语文，也才是真正的"诗化语文"，否则是虚化语文、空化语文，还可能是非语文。我注意到周益民的教学现场的一个细节，即填空练习："老天鹅真＿＿＿，你看它＿＿＿。"让学生明白老天鹅一系列行动的意义。这是对内容的理解和拓展，也是语言文字的理解和运用。诗化语文并不忽视语文的本体和本位，相反，十分重视语言文字，重视语言文字的落实。所以，诗化语文不应是工具性的淡化，更不是工具性的淡出。诗化的意蕴要落实在语境和语言文字的学习中。这是我们对诗化语文的理解，也是对诗化语文的真诚提醒。

诗化语文与精神探求

诗化语文显示出精神探求的力度。周益民说："向往美好，渴盼温情，恋慕感动，应该是人性恒远的追求，也应该是语文的应有之义吧。"的确，诗化语文是有崇高的精神追求的，这种精神追求首先表现在，语文教学要引领和促进学生的精神发育，唤醒学生人性中最宝贵的东西：善良、真诚、美好、民族的灵魂，以及人类的爱，等等。值得我们注意的是，当前文学作品中追求"欲望化描写"，超越人文话语进入性别话语，虚拟化世界中的庸俗、低俗，以及对红色经典文学的轻慢和随意的"个性化"改写，致使文化内涵稀薄，缺乏足够的精神维度，使学生产生诸多疑惑。这些也正在影响着语文教材和语文教学。审美教育就是引领人们进入崇高的精神境界。我以为诗化语文，力图从审美的角度，用道德理想来引领学生提升生活的意义，升华高尚的情感，进行精神建构，健全学生人格，使之精神发育更安全、更健康、更良好。从《天鹅的故事》的教学现场来看，这种思想非常鲜明。老天鹅那种为了别人、为了集体，甘愿忍受疼痛和寒冷的奋斗精神、献身精神，在朗读中、对话中、想象中，在音乐声中、画面中，栩栩如生，感染着学生，也感染着所有的人。语文教学不管怎么改，学生思想的引领、情操的陶冶、精神的培育是不能丢弃的。可喜的是诗化语文正是有这种执著的追求的，而这种精神上的培育在"诗意"中一点一滴渗透，随机、自然、真实、有效。

精神探求的力度同样地表现在教师的精神品格和教学的精神气质上。诗化语文对教师各方面的要求都很高，尤其是对教师的思想品德素养是一极大挑战。周益民广泛阅读，常常"散步在别人的知识与灵魂之中"（尼采语），他"喜欢被文字打动的感觉"，"触摸整个故事的内在呼吸节奏"，就是要使自己的精神得到升华，以自己生命的力量让孩子们获得生命意义的体验和生命力量的不断壮大。我以为，诗化语文锤炼着教师的精神品格和教学的精神气质。

从儿童出发

毕加索说，每一个儿童都是艺术家。审美是儿童的天性。诗化语文，"其逻辑起点首先应该建筑在对儿童的认识上"。可以说，诗化语文是从儿童出发的，是从儿童的审美天性出发的。其实，儿童就是一首诗，但是"非诗化语文"逐步淹没了、湮灭了儿童的诗性、诗意和创造性，使语文成了容器，使儿童成了工具。在以学生发展为本的今天，语文应该找到回家的路。"诗化语文"是一条充满诗意的回家之路。

诗化语文，请一路走好。（成尚荣）